시골에서
농사짓지
않고
사는 법

시골에서 농사짓지 않고 사는 법

지리산 자락에 정착한
어느 디자이너의
행.복.한. 귀.촌.일.기.

권산 지음

북하우스

여는 글
거처를 위하여

　　– 거기서 뭐하나?

지인들조차 가끔 나에게 던지는 질문이다.

나의 대답은 퉁명스럽다.

　　– 내가 여기서 뭐하겠나?

서울이었다면 겪지 않아도 되는 질문이다. 단지 시골에 산다는 이유로 겪어야 하는 질문이다. 따라서 서울이건 시골이건 무시해도 되는 질문이다. 세상에는 서울에 사는 디자이너도 있고 시골에서 사는 디자이너도 있다. 사는 곳이 바뀐다고 먹고사는 방식을 바꿀 필요는 없다. "거기서 뭐하나"라는 질문 속에는 "도대체 너의 생각은 뭐냐?"라는 밑장을 한 장 깔고 있다. 특별하게 생각이 바뀐 것도 없다. 그래서 역시 나의 대답은 또 퉁명스럽다. "넌 특별한 생각 가지고 서울에서 사냐?" 조금 더 친절하자면, 그냥 살다보니 그렇게 된 것뿐이다. 특별할 것 없다.

나는 단지 거처를 옮겼을 뿐이다.

2006년 여름 초입에 서울에서 구례로 거처를 옮겼다.

시골에서 살아본 적이 없었다. 시골에서 살아야겠다는 꿈을 품고 살지도 않았다. 어느 날, 불현듯 '내려가야겠다'라는 생각이 들었고 그로부터 일 년 후 서울을 떠났다. 물론 쉬운 일은 아니다. 하지만 사람들이 상상하는 것만큼 복잡한 일도 아니다. 꼭 어렵게 진행할 이유도 없는 일이다.

언젠가부터 아주 간단한 잣대를 가지고 있었다. '내가 행복해야 한다.' 그것에 충실한 방향으로 행동한다. 행동으로 표현되지 않는 생각은 공상이거나 맥주를 위한 땅콩 몇 알과 다르지 않다. 보기에 따라 '저 사람 참 쉽게 산다'라고 생각할 수도 있겠지만 그렇지는 않다. 나 역시 초행길이다. 앞일에 대해 가늠도 해보고 잘 안 되면 어떡하나 하는 두려움도 있었다. 다만 귀촌이란 것을 인생을 건 도박에 비견할 만큼 심각한 승부수로 생각하지 않은 것뿐이다. 나는 판돈도 없었다.

조금 더 자유로워진 나를 발견한다. 자신이 정한 룰이 아닌, 시스템이 정한 룰에 따라 사는 것을 당연시할 필요는 없다. 내 생각으로 살자, 뭐 그런 것이다. 아, 물론 가능하면 사람들에게 해로운 방법으로 밥벌이하지 말자고 권하기는 한다.

나는 두 마을과 구체적인 관계를 맺고 살아간다. 사무실이 있는 오미동과 집이 있는 상사마을이다. 전반적으로 두 마을 사람들로부터 존중받는다는 느낌을 항상 받는다. 나 역시 그들을 존중한다. 현금이 아닌 것을 주고받는 것이 있다. 나는 어떤 장면에서 그들이 필요로 하는 내 기능을 제공한다. 마을 사람들이 나를 활용할 때와 내가 그들의 도움을 필요로 할 때 양쪽의 저울질을 세심하게 한다. 내가 더 많은 일을 맡아 저울의 추가 내 쪽으로 기울 수 있도록 '내 깐에는' 신경을 쓴다. 피해는 주지 않아야 하기 때문이다. 그런 정도의 룰만 지켜도 존중받을 수 있다.

우리들의 삶이 많은 변화를 겪듯 우리가 사는 공간도 많은 변화를 감당한다. 수도 없이 거처를 옮겨왔고 생각해보면 그 변동의 대부분은 나의 의지가 아니었다. 어느 날부터 나의 뜻대로 살고 싶었고 조금씩 그렇게 살아가는 중이다. 그리고 지금은 조금 더 온전하게 나의 뜻이 반영되는 거처를 생각한다.

거처居處. 자리를 잡고 사는 일이다.

2010년 8월 오미동 사무실에서

차례

여는 글 거처를 위하여 • 4
프롤로그 서울에서 우연히 먹고살기 • 10

1부 신입 신고식

디자이너 부부의 구례 착륙기 • 22
살구나무와 이웃들 그리고 신입생 • 40
배추 모종이 김치가 되기까지 • 57
정해년 마을총회 • 74
밥이 하늘이다 • 88
– 오미동에서 볍씨가 밥이 되기까지를 바라만 보고 기록하다
설은 질어야 좋고 보름은 밝아야 좋다 • 110

2부 시골에서 농사짓지 않고 사는 법

마을신문을 만들다 • 130
유기농 우리밀 프로젝트 • 146
우리밀 판매, 낙후한 곡물상의 에필로그 • 172
아 유 레디! • 196
세번째 김장, 네번째 겨울 • 212

3부 이웃과의 인터뷰

젊은 대장장이 박경종 • 230
24시 '인정수퍼'의 레드 우먼, 문덕순 • 242
농부 홍순영 • 254
연곡분교에서 • 277
귀촌 신입생 • 292
– 마을 사무장 박용석과 사무장댁 윤은주

4부 어떻게 살아야 할까?

場, 色, 살림 • 310
묵은지쌈 앞에서 • 326
소유와 소비에 관한 영화 같은 생각 • 336
땅과 말씀의 아포리즘 • 350
– 지정댁과 대평댁 그리고 국밥집에서

에필로그 내일은 조금 더 행복해질 계획이다 • 366

프롤로그
서울에서 우연히 먹고살기

다르게 살고 싶다

서울 시절 일기장 같았던 개인 사이트(www.iam1963.com)에 이런 글이 있다.

> 새살
>
> 2005년 4월 1일.
>
> 한 달여 전부터 손이 가렵고 각질이 일어난다. 늘 있는 주부습진이 좀 심해진 것이라는 자체 진단을 내렸다. 그런데 쉽게 나아질 기미가 보

이지 않는다. 오른손 아랫부분만 문제다. 1995년경부터 사용했으니 태블릿이라고 부르는 펜마우스를 이용해서 작업한 시간이 십여 년이 지났다. 연필을 쥐는 자세가 내가 컴퓨터 앞에서 취하는 오른손의 기본자세다. 최근 두 달 동안 태블릿을 손에 쥔 것은 스무 시간이 넘지 않을 것이다. 일을 거의 하지 않은 것이다. 대책 없이 그냥 그렇게 무기력하게 나를 던져놓고 있었다. 지난 십 년 동안 미세한 마찰이지만 지속적으로 태블릿 받침판 위에 놓였던 오른손 부위는 마모되었고 한동안 같은 부위에 가해지던 자극이 없어지자 새살이 돋아난 것이다. 그래서 가려웠던 모양이다. 처음 든 생각은 '요즘 정말 일을 거의 하지 않았군'이었다. 그리고 새살로 인한 가려움이 싫지 않다는 느낌도 들었다. 계획한 것도 아닌데 마치 내 삶이 이제 어떤 변화의 입구에 서 있다는 그런 진지한 기분도 들고 그렇다. 오후에 니어링 부부의 글을 읽다가 뜬금없이, 시간이 좀 걸리더라도 내 손으로 우리 가족이 살 집을 지어야겠다는 생각을 했다. 그 집을 짓고 나면 삶 전체에 새살이 돋아날 것이다.

2005년 2월에 두 주 간의 일본여행에서 돌아온 이후, 나의 마음은 스스로 일상을 폐업했다. 아무것도 하고 싶지 않았다. 완전히 무대책의 시간을 보내고 있었다. 다시 무언가를 시작한다면 이제까지 내가 한 일과 전혀 다른 일을 하고 싶었다. 남자파출부 같은 것이 적절할 듯싶었다. 그래서 연신내 집 앞의 은평구 고용안정센터에 가서 파출부로 구직신청서를 작성하기도 했다. 살림이라면 내가 잘할 수 있는 영역일 듯했다. 그리고 매일 일을 하지 않아도 될 것 같았다. 그러나 연락은 오지 않았다.

나는 어떤 일들을 하고 살아왔나? 나는 이제까지 어떻게 돈을 벌었나? 그 모든 것들은 나의 의지였나? 일하지 않았던 몇 주일 동안 정신건강에 그다지 좋지 않은 '인생 잠시 리와인드rewind 하기'를 했다.

세상이 생각과 다르게 뒤집어졌을 때

미술대학을 졸업했다. 그것도 서양화를 전공했다. 나는 대학졸업장이 필요 없다는 확신이 있었지만, 아버지를 영원히 속일 수 없어 결국 육 년 만에 졸업장을 받고 학교를 나왔다. 학적과에서 개인적으로 수령한 보라색 졸업장 케이스가 살짝 부끄러웠던 기억이 난다.

그림을 시작하면서부터 나의 직업은 '화가'로 정해졌고 수입은 거의 없겠지만 '평생직장'은 이미 확보한 것이나 다름없다고 생각해 취업 스트레스는 없었다. 또한 나는 '민중미술운동단체'라는 작은 회사의 직원이었다. 여기에서 우리는 월급이 아니라 일주일에 스무 장쯤 되는 두 줄의 버스회수권(요즘으로 보자면 교통카드)을 지급받았다. 지금 생각하면 그렇게 탄탄한 직장은 아니었다. 그 직장에서 나는 주로 글 쓰는 일을 했다. 과장, 부장 따위의 적당한 호칭이 없다보니 청탁원고 이름 뒤 또는 강연을 나갈 때 사람들은 '미술평론가'라는 수식어를 달아줬다. 일찍 붓을 놓아버렸기 때문에 할 수 없이 몇 년간은 미술평론가 시늉을 해야 했다. 어찌되었건 목적만 이루면 되는 것이다. 세상을 뒤집어버리는 것. 다른 것은 필요 없었다.

1991년 가을. 부산 사직터미널. 대합실로 나오는데 TV에서 뉴스가 흘러나왔다. 소련연방 붕괴에 관한 속보였다. 1995년 5월, 민예총에서의 단발성 강연을 마지막으로 나의 의지를 접었다. 그게 접는다고 접어지는 접이의자도 아닌데 말이다. 이후로 일 년 정도 나는 나의 주변으로부터 잠적했다. 떠나가는 사람들을 붙잡고 내가 했던 소리를 내가 듣고 싶지는 않았다. 이미 서른 살을 넘었다. 신입사원 입사원서 같은 것을 넣어본 경험도 없는데 신입사원으로 지원할 수 있는 나이를 넘어섰다. 그렇다고 경력사원의 요건인 '경력'도 없었다. 느닷없이 '나 이제 뭐하지?'라는 화두를 맞이하는 것은 고통스러웠다. 영혼이 없어졌다는 생각이 들었다.

직장이 필요하다

1997년 가을. 이혼을 결정한 날, 나는 오후에 바로 일자리를 찾아 나섰다. 살기 위해서였다. 친구 녀석의 유리공장에 당분간 몸을 맡기기로 했다. 기술이 없다보니 납 등의 금속을 사이즈에 맞게 자르거나 완제품을 광나게 닦는 일이 나의 주 임무였다. 하루에 두어 차례 들어오는 유리를 지하로 옮기는 일은 모두가 함께했다. 가장 힘든 것은 그 모든 일이 하루 종일 서서 진행된다는 점이었다. 삼 일 만에 먹물 출신은 피오줌을 싸기 시작했다.

유리공장을 그만두고 컴퓨터학원에서 사람들을 가르치기 시작했다. 사람들은 내가 유리공장에 있는 것보다 그곳이 어울린다고 했지만 나는 그곳이 정말 불편했다. 월말이면 맡고 있는 클래스의 등록률을 닦달하는 시스템이었다. 일 년이나 버티면서 다녔다. 일 년을 버틸 수 있었던 동력은 부산역 지하도 광장의 노숙자들이었다. 1998년 겨울, IMF 시절이었다. 광장의 노숙자들을 바라보면서 그 속의 나를 보았다. 통렬한 슬픔이 밀려왔다. 내 새끼의 손을 잡고 같은 시간, 같은 장소에 서 있는 나를 본

가슴이 답답하면 해운대 바다를 찾았다.

것이다.

    구차스러움을 견디지 못하는 것은 나의 문제점이다. 컴퓨터학원 강사를 그만두고 1999년부터 웹디자인을 주력으로 하는 디자인팀을 꾸렸다. 사무실이란 것은 유지비용이 드는데, 나는 '영업능력'이라는 DNA가 없는 생명체였다. 항상 일이 밀려 있는 상태였지만 그중 돈이 되는 일은 30퍼센트를 넘지 않았다. 사무실에서 몇 걸음 걸어나가면 바다였다. 바다가 없었다면 아마도 나는 자체 폭발했을 것이다.

서울에서 우연히 먹고살기
    2002년 1월 5일. 마지막 통일호 침대차를 타고 서울로 향했다. 취직이었다. 실질적인 첫 직장으로 생각해도 될 것이다. 그것은 정말 촌스러운 상황이었다. 박정희 시절도 아니고 서울로 상경하는 밤기차라니.

위성채널 중에서 가장 시청률이 낮을 것으로 예상되는 방송국의 웹팀을 운영하는 것이 나의 역할이었다. 사장의 스카우트 제의를 받았을 때 "내 할 일을 착오 없이 수행할 테니 남은 시간에 내가 뭘하건 관여하지 말것!"이라는 요구를 했고 그 조건에서 월급쟁이가 되기로 했다. 그로부터 이십이 개월 정도를 빠듯하게 채우고 2003년 10월에 직장은 문을 닫았다. 그 이십이 개월은 자체로 장편 희극영화와 같았다. 입사한 지 한 달 만에 개국도 하지 않은 방송국은 경영진의 주도권 싸움으로 물고 뜯는 강호세상이 되었다. 그리고 나는 입사한 지 한 달 만에 명함만 폼 나고 월급은 웹팀장과 같은 별 영양가 없는 제작본부장이 되어 있었다. 경영진이 엎치락뒤치락할 때마다 나는 웹팀장으로 강등되었다가 다시 본부장으로 승진하는 희한한 놀이가 반복되었다. 부산의 친구들이 가끔 전화했다.

- 야, 서울 재밌나?
- 음… 서울은 말이야, 보수적 브로커 아니면 진보적 브로커들이 시민의 절반인 동네야.

나는 경영진과 불화할 수밖에 없었고 그들은 그들의 '마름'이 자신들을 천박하게 바라본다는 것을 알아버렸다. 무엇보다 경영진이 프로그램 편성에 관여하는 순간부터 나는 그들을 향한 일체의 문을 닫아버렸다. 마지막까지 남은 나와 몇 명의 직원들은 삼 개월 분량의 임금을 더 받는 조건으로 폐업에 합의했다. 그리고 얼마 지나지 않아 일간지 사회면에서 문 닫은 회사의 경영진들 중 일부가 당분간 큰집에서 살게 되었다는 기사를 보았다.

서울로 이전한 이유였던 직장이 사라졌지만 서울을 떠날 생각은 없었다. 개인 사업의 웹디자인 작업에 있어 서울은 아무래도 가장 많은 기회를 제공하는 시장이었다. 몇 번 사무실을 여는 방안을 생각했지만 역시 그냥 집에서 작업하는 것이 가장 현명하다는 결론에 도달했다. 언젠가부터 뿌리 깊게 각인된 두 가지 결정이 있었다.

1. 모든 납품은 데이터data 상태로만 한다.
2. 돈을 더 많이 벌기 위한 물리적 조건을 마련하기 위해 돈을 쓰지 않는다.

그 상태에서 2006년까지 작업하고 돈 벌고 저축하지 않으면서 연신내 골목 어디 즈음에선가 새롭게 가족을 이룬 우리는 비교적 즐겁게 살아갔다. 그러나 역시 우연히 먹고살았다는 혐의를 지우기는 힘들다.

나는 무엇을 위해 일을 하는 것이지?

다시 2005년 2월 어느 날, 도대체 지금까지 나와 팀이 만든 사이트가 몇 개인지 헤아려보았다. 1999년부터 2005년까지 대략 리뉴얼까지 포함해서 2백 개 정도의 사이트를 제작했다는 산수에 도달했다. 칠 년 동안 2백 개면 일 년에 서른 개 가까운 사이트를 오픈시켰다는 소리다. 그 정도로 일을 했다면 아담한 건물 한두 개는 소유하고도 남았을 것 같은데… 나는 무엇을 위해 일을 하는 것이지?

분명한 것은 불안한 미래를 향해 별 다른 대안 없이 습관적으로 한 걸음 한 걸음씩 앞으로 나아가고 있다는 사실이었다. 멈출 수 없기 때문이다. 멈추는 순간 작동되던 모든 살림은 일순간에 쑥대밭이 되기 때문이다.

연신내 집 베란다 창으로 보이는 하늘은 항상 협소했다. 하늘 크기가 도시생활자의 형편을 말해준다.

두 달여 동안 절반은 폐인 같은 자세로 우두커니 앉아 있는 나에게 '월인정원(마누라의 블로그 닉네임)'은 "지리산이라도 다녀오시지"라는 권고를 했다. 구례에 이틀 머물렀다. 서울로 올라오는 길에 터미널까지 차를 태워준 K형에게 담담하게 말했다.

    – 내년 이맘때 완전히 내려올게요.

    뱉어내고 나니 서울로 가서 다시 일을 시작할 수 있을 것 같았다. 마음이 밝아졌다. 가능하면 남은 인생을 노골적으로 나를 위해 살자는 생각이 점점 강하게 자리 잡았다. 내가 불행하면 주변도 불행해진다.

시골로 내려갈 준비는 하고 있나?

주변 사람들에게 "내년(2006년) 봄에는 서울을 떠날 것이다"라는 소문을 내었다. 주변의 반응은 초기에는 "왜 내려가는데?"와 "뭐해서 먹고살 건데?"였고 연말 지나고 2006년이 되었을 때에는 "내려갈 준비는 하고 있나?"로 바뀌었다. 내려갈 준비라… 그것은 어떻게 하는 것이지? 처분해야 할 재산이 있는 것도 아니었으니 뭘 정리하고 어쩌구 할 일은 없었다. 움직이기 삼 개월 전 정도에 세 얻어 살고 있는 집주인에게 "우리 나가요"라고 하면 될 것이다.

아이 교육문제는 간단치 않았다. 2005년 여름에 '구례에서 중학교를 다닌다면'이라는 전제에서 지리산 자락의 대안학교를 방문했었다. 돌아와서 아이에게 그 학교 사이트를 보여주고 "너 이런 학교 다닐 수 있겠냐?"라고 물었다. 몇 십 분 동안 학교 사이트를 둘러보고 난 아이가 말했다.

― 아빠, 이 학교 나와서 사회생활 하겠나?

아이는 다시 부산으로 내려갔다. 중학교 입학을 앞두고 있었다. 제 엄마와 한번 살아보고 싶다고 했다. 두 사람이 모두 원하니 그리하라고 했다. 문장은 간명하지만 상념은 길었다.

시골에 연착륙하기 위해서는 부부가 모두 귀촌을 원하느냐는 전제가 있다. 그렇지 않다면 둘이 왔다가 하나만 남는 경우도 있기 때문이다. 우리 부부는? 이런 문제는 전혀 없었다. 월인정원은 빵을 만드는 여자다. 새하얀 수입밀이 아닌 거친 우리통밀로 빵을 만든다. 구례에는 우리밀운동본부가 있고, 이곳은 우리밀을 되살린 지역이기도 하다. 또한 그녀는 요가 선생님이기도 하다. 요가를 시작한 이유는 웹디자이너라는 직업적 특성상 목과 어깨, 등, 팔, 손목이 정상적이지 않아서였다. 서울에서 양의원과 한의원을 모두 섭렵했지만 그들은 답을 주지 못했다. 요가를 시작하면서 스스로를 치유하기 시작했다. 통밀빵과 요가는 좀더 '처음의 우리'에게 가까이 다가서는 통로이다. 어쩌면 그녀가 더 자연과 가까운 곳에서 살고 싶어했는지도 모른다.

3월이 되면서 마음이 조금 급해졌다. 서서히 내려가서 살 집을 확정해야 했다. 기본적인 정보는 K형이 알아봐주기로 했지만 역시 직접 내려가서 당사자가 살펴보는 방법이 최선이다. 꽃 필 무렵부터 K형과 통화가 잦았다.

- 긍께로… 거시기… 자네 자산상태가 어느 정돈가? 그걸 알아야 맞춰서 알아보지.
- 제롭니다, 형.
- 아니 글지 말고 걍 편하게 이야기혀봐.
- 제롭니다. 적당한 월셋집 알아봐주세요. 서울보다는 훨씬 저렴하지 않나요?

구례읍내에서 나름대로 참신한 다가구주택으로 결정했다. 시골 읍내에서 선택을 고민할 만한 물량은 없었다. 2006년 5월 31일로 이사하는 날을 잡았다. 그리고 주절거린 그대로 거처를 서울에서 구례로 옮겼다.

1부
신입 신고식

왜 왔어요?
뭐해서 먹고살 겁니까?
서울이 좋지 않아요?
서울 아가씨들 예쁘죠?
노고단 가봤어요?

그런데 왜 왔어요?
...

디자이너 부부의
구례 착륙기

2006년 5월 30일. 개인 사이트에 서울 살림 마지막 글을 올렸다.

연신내 연가戀歌 – 엔딩 크레딧

오늘 떠납니다.

몇몇 친구들은 알고 계시지만 대다수 사람들을 속였습니다. 그냥 그렇게 갑자기 떠나고 싶었습니다. 꼭 만나고 가야겠다고 생각한 사람들을 거의 만나지 못했습니다. 며칠, 몇몇 분들과 잠시 뵈었는데 "이별이 아니다"라고 말했습니다. 그러나 이별은 이별이지요. 하지만 다른 차원의 만남을 위해 충분히 감내할 만한 이별이고 기다림이라는 생각이 듭니다. 밥벌이와 이사준비가 합체하면서 지난 일주일 동안 거의 날이 밝아 잠이 들었습니다. 언제나 모든 일은 끝 무렵에 '하루만 더' '한 시간만 더'라는 바람을 간절하게 만듭니다. 지금도 그렇습니다. 잠자지 않고 아침을 맞이했습니다. 섭섭함에 화나시더라도 6월 1일경에나 질책 전화 주십시오. 먼저 갑니다. 천천히 오십시오.

도착

2006년 6월 1일.

　이삿짐 차가 연신내 골목을 빠져나간 것은 오후 여섯 시가 되지 않은 시간이었다. 막상 짐을 들어내는 작업은 삼십 분 만에 끝이 났다. 시간으로 보자면 지난 사십팔 시간 동안의 직접 포장 작업이 무망할 정도로 다섯 명의 '이사선수'들의 손길은 놀라운 속도였다. 하여튼 그렇게 순천에서 올라온 트럭은 골목을 빠져나갔고 우리는 빈집으로 들어가서 마무리 청소를 했다. 빈집에서 마지막 샤워를 했고 저녁을 먹었고 투독하우스에 들러 세상에서 가장 맛있는 에스프레소를, 시키지도 않았는데 로미아빠가 곱빼기로 차려주어서, 입안으로 탁 털어넣었다. 당분간 이런 맛의 커피를 마시지 못할 것이다.

　그리고 자리에서 일어났다. 좀 일찍 고속버스를 타러 나섰다. 구례행 버스는 이미 끝이 났고 우리는 일단 남원으로 들어갈 생각이었다. 남원에서 찜질방을 가건, PC방을 가건, 구례로 바로 이동을 하건 일단 내려가서 결판을 볼 요량이었다.

　남원에 떨어진 것이 새벽 두 시가 되기 전이었다. 첫 휴게소까지의 한 시간 정도가 내가 이틀 동안 청한 잠의 전부였다. 막상 남원에 도착하고 보니 그냥 구례로 바로 이동하는 것이 좋겠다는 합의가 이루어졌다. 해장국집으로 향하던 택시는 구례로 방향을 다시 바꾸었고 기사 아저씨와 이런저런 이야기를 나누며 17번 국도를 질주했다.

　PC방에서 세 시간을 버티다가 아침 7시에 이미 도착한 이삿짐 차와 재회했다. 냉장고와 TV는 레커 트럭의 와이어에 매달려 대롱대롱 2층 창으로 날아갔다. 특이한 방식이었다. 구례읍에는 사다리차가 없었던 것이다.

잠을 청할 수 있는 공간을 확보하는 정도로 짐을 밀어놓고 샤워하고 우리는 기절에 돌입했다. 얼마나 시간이 지난 것일까? 깨어보니 밤이다. 저녁 여덟 시가 넘었다. 퉁퉁 부은 눈으로 두 사람은 미친 듯이 밤거리를 질주했다. 그러나 아홉 시 가까운 시간에 구례읍의 식당들은 대부분 문을 닫는다. 셔터를 내리고 있던 시장통 입구의 식당에서 겨우 밥을 얻어먹을 수 있었다. 구례에 도착한 첫날부터 사발면으로 끼니를 해결할 뻔했다. 구례에서의 첫날밤이다. 이사를 한 것인지 여행을 온 것인지 구분이 되지 않았다. 옆에 있는 월인정원에게 물었다.

– 여행 온 것 같지? 그런데 서울로 돌아가지 않아도 되잖아.

읍내 집

읍내 집은 많이 시끄러웠다. 집을 보러 왔을 때에는 한적한 소읍의 풍경 속에 자리한 그렇고 그런 다가구주택이라고 생각했다. 막상 살아보니 읍내 중앙의 시장통 외곽에 자리 잡고 있어 차량과 오토바이, 스쿠터 등의 소음이 심하다. 이미 초여름이라 엄청나게 큰 창은 채광에는 그만이지만 그만큼 소음도 심하다. 소음의 주요 원인은 바로 티켓다방이었다. 집 주변으로 '태양' '명지' '송이' '오빠' 등의 시골다방이 네다섯 개 포진하고 있는데, 바로 집 뒷마당 주차장 같은 공간이 이들 다방의 '선수'들이 쉬거나 밤이면 고기를 구워먹는 공간인 것이다. 그러니까 오밤중에 내가 담배를 피우러 나올라치면 현관문 위의 등이 탁 켜지고 파라솔 아래서 하하호호 하고 있던 최소한의 복장을 한 아가씨들이 일제히 2층의 나를 주목할 수밖에 없는 상황이 연출되는 것이다. 그녀들의 옷차림이란 것이 좀 민망한 수준이라 나는 어쩔 수 없이 옥상으로 올라가거나 화장실에서 담배를 피워야 했다. 이 아가씨들의 스쿠터 운전은 언제나 거칠고 시끄럽다.

하도 시끄러워서 읍내사람들에게 물어보았다.

— 원래 이래요?

— 선거 땜시.

선거철이라 급조된 다방이 더 늘어났다고 하니 윤락이 주업인 이 시골 티켓다방의 한철도 이제 끝이 난 것이다. 내 표현으로 '인민의 딸'들이자 남정네들 표현으로 '오봉순이'들도 이틀여 전부터 좀 뜸해 보이긴 하다. 대략 밤 열 시경이면 동네 대부분의 불들은 꺼지지만 자정 넘은 시간 웃음소리와 함께 출발하는 스쿠터나 마티즈 시동 거는 소리는 곧 다시금 인민의 딸들이 출정하는 신호인지라 정적에 싸인 동네를 깨우는 것이다. 하여튼 이런저런 사정으로 구례읍 봉동리 집은 시끄러웠다. 이십오 년 정도를 이어온 낮밤이 뒤바뀐 생활은 구례로 내려온 지 일주일 만에 거의 교정되었다.

뭐하는 곳이냐? — 지리산닷컴 www.jirisan.com

서울 친구들이 시골 내려가면 뭐할 거냐고 물었을 때 딱히 대답할 말이 없었던 탓에 "지리산닷컴 운영할 것"이라는 소리를 했다. 그 대답은 쉽고 편리한데 그 다음 질문이 항상 문제였다. "그 사이트에서 밥이 나와?" "지리산닷컴이 뭐하자는 사이트야?"

2000년 무렵에 만들어서 주변 사람들이 열심히 놀았던 커뮤니티 사이트가 있었다. 그 사이트에서 당시 일본에서 미디어 관련한 공부를 하는 어떤 사람을 만나게 되었다. 광주에서 대학을 나왔고 사진을 찍는 사람. 일본으로 가기 전에 한 언론사에서 사진기자로 일을 했다고 들었다.

일 년이 지나고 이른 봄에 그 사람은 당시 부산 해운대에 있던 내 사무실로 찾아왔다. 광안리 횟집에서 봄숭어를 앞에 두고 그는 메일로 몇 번 언급했던 지리산닷컴이라는 사이트에 대한 구상을 이야기했다. 그의 긴 이야기를 들었다. 말투가 느린 편이었고 실무적인 어투가 아니었다. 다 듣고 난 나의 첫 마디는, "코뮌이네요. 사이버 지리산 꼬뮌." 그러나 포괄적으로 그의 구상은 비정형의 아메바와 같은 것이었다.

그는 단순한 웹디자이너를 구하거나 만나기 위해 나를 찾아온 것은 아닌 듯했다. '같이할 사람'이 그가 구하거나 원하는 인력의 실체였다. 내가 서울로 거처를 옮긴 2002년 봄에 그는 도쿄에서 그의 고향 구례로 완전히 거처를 옮겼다. 나는 서울에서 정착해야 했고 그는 다시 고향에 터를 잡기 위한 시간을 필요로 했다. 그는 서울로 가끔 나를 찾아왔고 나 역시 쉬고 싶을 때는 구례를 찾았다. 나는 여전히 그가 원하는 사이트를 디자인하고 총괄 진행하는 실무적인 관점을 가지고 있었고 그는 지리산닷컴을 함께할 사람은 지리산으로 내려와야 한다고 생각했다. 나는 계속 서울에서 전쟁을 치르고 있었고 그는 구례에서 정착할 땅을 일구기 위해 황무지 같은 땅과 싸우고 있었다. 그렇게 사 년의 세월이 흘렀고 나는 결국 지리산 서편의 구례로 거처를 옮겼다. 2002년부터 2006년 사이의 구례는 나에게 휴식 또는 치유의 공간이었다. 어쩌면 간혹 누리던 그 기분을 길게 느끼고 싶었던 것이다. 구례로 내려온 이후 '그 사람'은 '지리산닷컴의 K형'으로 외부에 소개되었다.

지리산닷컴 K형이 고향 친구인 공무원 K형의 읍내 사진작업실 공간을 빌려두었다. 이를테면 사무실이라기보다 내 컴퓨터를 놓고 놀 수 있는 공간을 마련한 것이다. 거의 혼자만의 공간이 생긴 것이다. 얼마 지나지 않아 간판이라고 주장할 수 있는 사인물을 부착했다. 당장 뭔가를 운영할 아무런 준비가 없었지만 지리산닷컴 K형과 나는 일단 저 로고타입을 처음으로 외부에 공개했다. 저 로고타입이 만들어진 것은 이미 2004년 무렵이었다. 사이트 만들어서 이러저러하게 한번 운영해보자는 이야기를 나눈 것이 2001년이었다. K형이 'jirisan.com'이란 도메인을 취득한 것이 1998년이었다. 여하튼 저 간략한 간판은 우리들에게는 밖으로 향한 사인물이라기보다 K형과 나를 위한 하나의 깃발이었다. K형에게 말했다. 일 년은 그냥 놀고 싶다고. 지리산닷컴은 그렇게 다시 일 년 자동 연기가 되었다.

  2007년 8월 1일에 테스트버전 지리산닷컴을 열었다. 도메인을 취득한 날로부터 십 년이 지났으니 제법 지연되었다. 지리산닷컴은 수익성 사이트가 아니다. 포괄적으로는 미디어 성격의 사이트를 지향하지만 '옆집 지정댁 소가 새끼를 낳았습니다'라는 소식이 메인 뉴스로 올라갈 수 있는 사이트이니 통념상의 미디어와는 거리가 있다. 부인할 수 없이 기존의 언론은 자체로 권력이고 '상품성 있는 뉴스' 이외의 이야기들은 세상 밖으로 소식을 전할 수 없다. '소외된 소식'들을 전하는 것이 지리산닷컴의 역할이고 그 일은 서울에서 할 수 있는 일이 아니다. 2010년 현재 지리산닷컴은 매일 아침 지리산 자락의 풍광을 주민(가입한 회원들을 그렇게 부른다)들에게 바탕화면용 사이즈의 사진과 짧은 글을 보태서 메일로 보낸다. 그리고 일주일에 한 번 정도 르포 형식의 긴 글을 게시한다. 이 책에 실린 대부분의 글과 사진은 지리산닷컴의 긴 글 중에서 선별한 것이니 이 책이 '지금' 지리산닷컴의 모습이기도 하다.

  지리산닷컴은 사람들에게 무엇을 말하려고 하는가?

지리산닷컴의 최초 사무실은 공무원 K형의 구례 읍내 사진 작업공간을 빼앗은 것이었다. 공무원 K형은 선천적 장애가 있는데 '거절'이라는 DNA가 없다.

계절에 한 번은 지리산 K형의 농장을 찾았다.

열심히, 평화롭게 도시에서 잘 살아가는 사람들에게 작은 돌멩이를 톡톡 던지는 일을 하고 있다. 매일 아침 보내는 물음표 없는 '행복하십니까'라는 편지 제목은, 지리산닷컴이 주절거리는 소리를 강요할 생각이 없다는 우리들의 알리바이를 위한 장치다. "혹시 행복하지 않은 것 아냐?"라고 물어보는 것은 좀 노골적이니까. 지리산에 기대어 우리들의 안부를 묻는 것이다.

긴급 명령 ― 국가고시

구례에 와서 내가 가장 먼저 해야 할 일은 중요한 국가고시 자격증을 따는 일이었다. 운전면허증.

마흔넷. 평생 도시에서 살았던 남자는 운전면허증이 없었다. 가끔 술 못 먹는 내가 운전도 못 하니 아무런 도움이 안 된다는 술 좋아하는 친구들의 불평을 제외하고는 살아가는 데 전혀 불편함이 없었다. 그러나 시골에서는 상황이 다르다. 닥치면 한다. 최대한 빨리 과업을 완수하려 했지만 하루에 이수할 수 있는 연수시간의 한계와 절차상의 문제로 결국 한 달이 걸렸다. 오 분에 차 한 대 정도 지나가는 도로주행 코스를 달리는 동안 가장 큰 걸림돌은 옆 좌석의 감독관이었다. '호기심천국' 감독관은 주행 중인 수험생에게 끊임없이 반복되는 질문을 속사포처럼 쏟아내었다.

- 왜 왔어요? 뭐해서 먹고살 겁니까? 서울이 좋지 않아요? 서울 아가씨들 예쁘죠? 노고단 가봤어요? 그런데 왜 왔어요?…

읍내 텃밭 — '생쇼'를 해라

지리산닷컴 K형의 형수님이 읍내에 우리 몫의 텃밭을 마련해두었다는 사실을 알았을 때 나는 속으로 '이건 아냐!'를 외쳤다. 나는 그런 일을 잘할 수 있는 사람이 아니다. 무엇보다 도시 사람들이 시골로 옮기면 무슨 원죄를 갚는 일이라고 유기농·무농약 텃밭운동에 돌입하는 것을 어색하게 생각하고 있었다. 더구나 나는 귀농이나 귀촌에 전혀 관심이 없었던 사람이었고 따라서 그에 따른 어떤 준비도 하지 않았고 필요성도 느끼지 못했다. 여긴 읍내가 아니던가? 그러나 상황은 이미 시작되어버렸다.

서너 평의 텃밭농사를 위해 몇 가지 물품이 필요했다. 월인정원이장에서 '물신'이라고 부르는 모내기용 장화를 사가지고 왔을 때는 이 사태를 어떻게 해결해야 할지 정말 난감했다. 차라리 홍대 앞이라면 제법 먹혀들 것 같은 현란한 컬러의, 관능적인 자태의 물신을 신고 읍내를 활보했다면? 상상만으로도 땀이 났다. 나는 구례장에서 가장 넓은 밀짚모자를 구입했다. 챙이 거대해서 정말 불편했다. 호미 한 자루와 물통도 샀다. 그리고 남들이 뭔가를 심을 때 항상 한 박자 늦게 따라하는 농사를 일 년 정도 지속했다. 일 년 동안 도대체 우리가 키워보지 않은 작물은 없었다. 작물을 심을 때마다 읍내의 화제가 되었다.

토마토와 오이는 지지대를 세워줘야 한다고 해서 처음에는 일자로 세웠다. 동네 사람들이 다 웃었다. 토마토 사이에 지지대를 세우고 그 양쪽의 토마토를 끌어다 지지대에 묶는 것이 아니라 지지대 두 개를 비스듬히 엇갈리게 고정하여 그 가운데로 토마토 줄기를 묶는 것이었다. 모를 수도 있는 것이지 사람들이 왜 웃나. 우리 밭의 고추는 여름이 다 가도록 연두색이었다. 애들이 그 어떤 영양분도 받아먹은 것이 없고 오로지 자력갱생으로 잡초와 벌레와 싸워 뭘 생산하려니 동네 사람들 왈 '불쌍해서 못 보겠다'라는 평가를 받는 고추가 되었다. 그러나 역시 가장 결정적인 장면은 열무농사였다. 당시에 남긴 글이 있다.

> 2007년 5월 29일
> 꽃밭인가. 아니다. 우리 밭이다. 꽃을 키우려 했는가. 아니다. 열무를 키우려 했다.
> 어떻게 하다가 이 지경이 되었는가. 나도 모른다. 알고 이러겠는가.
> 4월 8일. 곡성장에서 열무씨를 샀다. 종묘상에서 파는 것이 아니라 할머니가 직접 당신의 손으로 거둔 종자라고 하셨다. 뭘 알겠냐만은 좋아 보였다. 왜 그런 것 있지 않은가. 시골이라 상품화된 것보다 좀 더 신뢰가 가는 그런. 그래서 구입을 했고 며칠 후에 우리 밭으로서는 제법 넓은 면적에 씨를 뿌렸다. 그때 나의 자세는 밀레의 〈씨 뿌리는

사람〉의 숭고함 그대로였다.

나는 열무김치를 좋아한다. 십여 일 전부터 열무는 꽃을 피우기 시작했다. 잎이 올라오는 시점부터 바로 꽃이 피기 시작했다. 이것이 무슨 조화인지 알 수 없었다. 다른 사람 밭은 눈을 씻고 봐도 이런 기이한 현상이 없다. 며칠 더 기다렸다. 꽃은 더 화사해졌다. '퇴비부족론'과, '열무아니다론'이 등장하기 시작했다. 손님들이 도착한 날 쌈채소 때문에 밭으로 갔는데 정말 눈에 띄게 화사한 지경이었다. 뭔가 특단의 조치를 취해야겠다는 생각이 들었다. 이틀이 지난 월요일 오후에 너무 촘촘한 열무를 좀 뽑겠다고 올라간 밭은 유채꽃도 아닌 아리송한, 하지만 예쁜 색의 꽃이 만연한 완연한 꽃밭이 되어 있었다. 일단 수습 차원에서 꽃대가 분명한 것들은 다 뽑았다.

가능하면 얼굴을 숙이고 작업을 진행했다. 정말 동네 사람들 보기 쪽팔리는 것이다. 기념촬영하고 황망히 밭을 벗어났다. 저 비닐 꽃다발을 들고 집까지 걸어왔으니 오늘 즈음엔 읍내에 소문이 파다했을 것이다. "그것들 봤나? 열무 꽃다발 들고 내려가는 거."

반복되는 질문들 — "왜 내려왔나?" "어떻게 먹고살 건가?"

"왜 내려왔나?"라는 질문은 사 년이 지난 지금도 듣는 말이라 이제 공식답변을 정해두었다.

— 서울에서 실패해서 내려왔습니다.

그러면 한 가지 질문이 남는다. 역시 먹고사는 방식에 관한 것이다. 나는 웹디자이너다. 그런데 이 직업을 시골에서 설명하는 것이 도시처럼 간명하지 않다. "그게 뭔데?"와 "그런 일이 여기 있어?"라는 질문으로 꼬리에 꼬리를 문다.

이곳에서 사업자등록증을 내기 위해서는 순천세무서로 가야 한다. 개인사업자등록증을 발급받기 위해 서류를 작성한다. 주종목에 적어넣은 '웹디자인'이라는 용어가 역시 문제다.

— 웹디자인이 뭡니까?

— …홈페이지 만드는 겁니다.

— 아!

세무서 직원은 책을 뒤적거리며 종목을 확인하고 기록해넣는다.

— 광고디자인은 간판 만드는 겁니까?

— 간판은 만들지 않습니다. 그냥 포괄적 디자인 작업입니다.

— 그런데 구례에서 이 웹디자인이라는 사업이 되겠습니까?

— 구례에는 일이 거의 없다고 봐야지요. 서울 일들을 해야겠지요.

— 구례에 있는데 어떻게 서울 일을 합니까?

— 그건 제가 알아서 할 일이지요.

— 아 네.

그리고 십 초 후.

– 구례에서 서울로 일을 주문하는 거 아닌가요?

– 아니요. 하… 제가 서울에서 일을 했으니 기존 거래처들이 있겠지요.

– 그래도 구례로 일을 줄까요?

– 그러니까 그건 제 문제라구요!

십 초 후.

– 그런데 왜 구례로 오셨나요? 서울 사시던 분이….

사무실이 배달되다 — 마을로 들어가다

2007년 5월 23일.

원래는 24일 초파일에 이사를 할 예정이었으나 비가 온다는 소식에 하루 앞당겼다.

23일 새벽에 사무실이 도착했다. 말 그대로 집이 도착했다. 컨테이너 박스로 만든, 집이라기보다 시설물이다. 대략 칠 평 정도의 사무실이다. 완제품 상태의 이 사무실을 새벽에 트레일러로 운반해서 크레인으로 낙하지점에 안착시키는 것이 이사의 절정이자 최대 고비다.

하루 전에 원래 밭이었던 땅의 위치에 K형이 흙다짐을 해두었다. 내가 사용하게 될 사무실 자리에 막상 나는 처음 와보는 것이다. 전기선과 전화선을 넘어야 하는, 곡예와 같은 크레인 운전이 한동안 계속되었다. 집과 텃밭 사이 좁은 골목길로 트레일러를 후진해서 마무리 운반을 한차례 더 하면서 사무실 배달은 끝이 났다. 골목길 포장이 좀 깨졌다.

삼십여 가구. 이곳은 구례군 토지면 오미리五美里다. 오미리 들판을 눈앞으로 두고 우측으로 100미터 위치에 운조루雲鳥樓가 있고 배달된 사무실은 오미리 한가운데에 자리하고 있다.

　　오미리와 상사마을을 하루에도 몇 번씩 왕복하면서 길가의 풀 하나, 스치는 바람결에도 소름이 돋는 오르가슴을 느낀다. 읍내와는 판이하게 다른 분위기다. 읍내는 일정하게 도시적인 분위기가 존재한다. 더구나 이곳 사람들은 읍내를 '시내'라고 표현한다. 읍내에서는 시선을 나눠 받을 수 있는 주변 행인들이 있다. 진행방향이 있어 앞만 보고 걸을 수 있다. 하지만 이곳에서는 외면할 수 없다. 상대방에 대한 나의 입장을 꼭 표명해야 한다. 지난 일 년 동안의 읍내 생활이 자위 수준이었다면 시골마을로 진입한 이 순간은 마치 난생처음 삽입성교를 하는 상태와 같은 기분이다. 나는 이곳에 내려온 이후 항상 이곳의 '주민'이 되기를 원했다. 도시에서 내려온 그렇고 그런, 전원생활을 꿈꾸는 젊은 사람이 아닌 이곳 사람들 속으로 스며드는 주민이 되고 싶었다. 이제 그 첫발이다.

이 마을은 나에게 익숙한 마을이다. 누구에게나 어느 장소를 방문한 '처음'이 있을 것이다. 그 첫인상이 많은 것을 결정한다. 80년대 중반 어느 날, 토지에서 버스를 내려 운조루를 바라고 이어진 길을 따라 오미동을 찾았을 때, 길은 황톳길이었고 나는 아주 긴 머리의 깡마른 대학생이었다.

1991년 가을 어느 날. 남원에서 하동을 바라고 19번국도 위를 빠르게 지나치고 있었다. 익어가는 들판이 늦은 오후 햇살에 빛나고 있었고 나는 아직도 그때 차 안에 흐르던 음악이 어떤 곡이었는지 기억하고 있다. 많이 지쳐 있었다. 고개를 창에 기대고 스쳐가는 마을을 보며 멍한 눈으로 소리 내어 말했다.

― 여기서 살고 싶다.

그로부터 십육 년이 흐른 2007년 5월 어느 날. K형은 그때 내가 살고 싶었던 마을의 어느 텃밭 위에 사무실을 마련해주었다. 내 책상에 작업용 매킨토시와 인터넷용 PC를 세팅했다.

세상의 어떤 디자이너가 이런 창밖 풍경을 가질 수 있을까?

나는 농사짓지 않고 시골에서 사는 디자이너다.

살구나무와 이웃들 그리고 신입생

6월이었다.

꽃이 그러하듯 열매 또한 어느 날 갑자기 그 실체를 보여준다는 사실을 알게 되었다. 어느 순간 비약적인 변신을 하는데 마치 번데기에서 나비로의 변화에 비견할 만큼 혁명적이다. 또는 내가 자연의 변화를 감지하는 데 워낙에 둔한 탓이기도 할 것이다. 식물에 대해 아는 게 없다는 것은 자명한 사실이다. 여하튼 그렇게 6월 어느 날 지리산닷컴 사무실로 들어가는 골목 바닥에 갑자기 살구 열매가 굴러 내려오기 시작했다.

시골에 살면서 아주 명확하게 깨달은 하나의 사실은 '식물들의 그 한순간'은 정말 찰나라는 것이다. 그 순간을 놓치면 그 모습을 보기 위해 다시 일 년을 기다려야 한다. 하지만 일 년 후의 모습이 오늘과 같을 수는 없다. 그래서 지금 내가 보고 있는 것이 가장 소중하고 아름다운 순간이다.

사무실을 읍내에서 오미동으로 옮겨온 지 한 달이 지나서 노란 열매를 보고서야 살구나무는 '나에게도' 살구나무가 되었다. 어떤 사물의 이름을 알고 있는 것과 그 이름의 실체를 만나는 것은 전혀 다른 차원이다. 마을 사람들은 이 살구나무를 '떡살구'라고 불렀다. 차지고 달다. 물론 요즘 사서 먹는 과일들의 비정상적인 당도만큼은 아니다. 나무의 열매를 직접 따본 것은 이 마을에서 처음이다. 앵두가 처음이었고 매실이 그다음이었다. 그리고 연이어 살구를 직접 만져본다. 살구가 느낌이 가장 좋았다. 무엇보다 요즘 흔한 과일도 아니고 시골에서도 이제 드문 과실수다.

그렇게 큰 나무는 아니지만 잎이 풍성하고 잘생긴 나무다. 적당히 휘어진 밑둥치와 뻗어나간 가지의 모습은 개인적으로 마음에 드는 사물을 발견했을 때 자주 사용하는 표현인 '디스 이즈 나무'에 해당하는 것이었다. 나무는 나무답게, 개는 개답게, 사람은 사람답게. 그렇게 사무실 입구와 골목에는 앵두나무, 대추나무, 살구나무, 감나무들이 참으로 사람의 마음을 편안하게 만들어주는 이웃으로 자리하고 있었다.

문제가 터진 것은 마을의 오폐수관 공사가 시작되면서부터다. 공사를 한다는 사실은 진작부터 알고 있었지만 그 공사로 인해 이 오래된 골목길이 조금 확장되고 지적도 그대로 조정된다는 사실은 몰랐다. 설계에 의하면 윗집에 해당하는 운암댁 대문에서부터 그 아래 지정댁의 담벼락 자리까지를 포클레인으로 파내야 한다. 살구나무를 들어내야 하는 것이다. 지정댁의 입을 통해 우연히 들었다.

— 긍께로 살구나무 뽑아뿔고 나믄 보로꾸 담을 쌓을라믄. 그동안 담 없이 살았는디 이참에 해치워뿔라고.

– 예! 살구나무를 뽑아요? 어디로 옮겨요?

– 언제(아니), 그냥 뽑는 거이제. 저 웃마을에 나무허는 사람이 있는데 값을 적당허니 쳐주믄 팔고.

며칠 후 '나무하는' 할아버지가 방문했다. 마침 지정댁 마당에서 담배를 피우고 있었던 나는 상황을 관찰했다.

– 얼매 쳐줄라요?

– 장비가 들어와야 흔께, 요 낭구 한나 보고 장비값 넣을랑께… 오만 완 드리께라.

– 머시여? 오만 완? 냅두시요. 밸소리를 다 듣겠네.

나무 값 흥정은 그렇게 파투가 나버렸다. 나무하는 사람이 가고 나서 열 받아 있는 지정댁에게 물었다.

– 엄니, 이제 어쩔 거요?

– 뭘 어쨔. 기냥 뽑아뿔어야제.

– 저 나무가 몇 년 되었는데요?

– 응께 저거 아부지 살아 지실 때… 큰딸 낳고 거시기 보자… 한 삼십사 년?

나무 나이 서른네 해. 청년이다. 순간적으로 '이건 아니다'라는 생각이 들었다.

– 저 나무 저희 사무실에서 살게요.

– 잉? 나사 그라믄 좋제. 자네가 산다믄 뭐 기냥 파 가꼬 가.

– 아뇨, 나무 장사보다는 좀더 쳐드릴게요. 그렇게 하는 것으로 합시다.

공사가 시작될 무렵에 나무는 지리산닷컴 K형의 농장 '산에사네'로 옮겨가기로 했다. 그렇게 정리하는 데 지정댁의 동의와 K형의 '나의 마음에 대한 배려'가 도움으로 작용했다. 땅 한 평 없는 내가 나무를 어떻게 할 수 있겠는가.

그러나 상황은 엉뚱하게 굴러갔다. 2007년 11월 5일. 월요일이었고 K형이 하필 장기출타를 시작한 날이었다. 오전에 추수가 끝난 이 골목의 두 집 상황을 체크한 공사팀이 골목으로 포클레인을 진입시켰다.

아침부터 나는 마음이 안절부절못했다. 장거리 이동 중인 형에게 전화를 해서 방안을 강구한 것이 '며칠은 사무실 앞에 임시로 심는다. 다음주에 산으로 옮긴다'였다. 마침 오전에 다른 일로 방문한 옆 마을 한옥 쌍산재의 주인장이 상황을 보았다. 이른 점심을 같이 하는데 "내가 그 나무 살까요" 하는 것이다. 나무에 대해서 정말 파리 똥집보다 더 적은 지식을 가진 나는 흔쾌히 동의했다. K형의 농장은 해발 800미터이다. 나무에 대해 파리 똥집보다 적은 지식을 가진 나이지만 갑자기 해발고도가 그렇게 바뀌면 살구나무가 쉽게 적응할 수 있을지 진작부터 걱정스럽긴 했었다. 갑작스런 결정이었지만 다행이었다. 나무에는 더 좋을 듯했다.

점심시간 지나 골목에서는 바로 포클레인 작업이 시작되었다.

살구나무를 옮겨갈 사람의 트럭이 도착했고 나무의 새로운 주인장과 나무를 잘 아시는 어르신이 함께 오셔서 작업을 지휘했다. 주변 잡목을 전기톱으로 정리했다. 그리고 나무의 주변을 파내고 골목 쪽으로 뿌리째 기울여내고 줄을 걸어 트럭으로 들어올리는 공정이다. 잘 모르지만 이런 나무를 옮기기 위해서는 사전작업이 필요하다고 들었는데 시간이 없었다. 그냥 바로 정리하고 포클레인 작업해서 들어올리는 수밖에.

사실 지정댁이 좀 원망스럽기도 했다. 자신의 손으로 심은 서른 살 넘은 나무를 어찌 그렇게 쉽게 포기할 수 있는지 야속하다는 생각이 들었다. 지리산닷컴에서 매일 아침 보내드리는 '지리산편지'에 가장 빈번하게 등장하는 여우주연 지정댁이니 더욱 그러했다. 작업은 계속 진행되었고 나무는 이제 골목 쪽으로 기울어졌다. 가지에 손상이 많았다. 굵기가 그렇게 두꺼운 나무는 아니었지만 살구나무 지름이 30센티미터 정도면 제법 큰 편이라고 했다. 우지끈 가지 부러지는 소리가 들린다. 저렇게 큰 가지들이 부러져도 괜찮은 것인지 마음이 조마조마하다. 이 살구나무에 대해 적어둔 이전 글이 있다. 그날 나의 마음은 아래와 같았던 모양이다.

> 골목으로 뻗어 있는 아주 큰 살구나무 꼭대기에 대나무 작대기를 넣고 흔들었다. 한번 후려칠 때마다 길바닥으로 살구가 쏟아져내렸다. 경사로를 따라 굴러가는 살구들을 포획하기 위해 대나무 작대기를 골목 어귀에 장벽처럼 막아두었다. 살구나무를 흔들기 조금 전까지 나는 분명히 일러스트와 포토샵을 오가며 맥박수를 높이고 있었다. 백 개 정도 되는 살구를 포획해서 살구나무 주인 할머니와 이웃 할머니들에게 조금씩 나누어드렸다. 그리고 그 순간이 내 평생에 처음으로 살구를 직접 따본 경험이었다는 경이로운 행복감이 밀려왔다. 좁은 사무실에 오후 내내 살구향이 지천이다.

평생을 도시에서만 마흔다섯 해를 보낸 남자의 이런 묘사는 남들이 보면 참 우스운 이야기일 것이다. 하지만 시골 영감이 아침 출근 시간에 신도림역 1호선에서 2호선으로 환승하는 대모험을 하는 것에 버금가는 벅찬 경험이라는 것은 부인할 수 없는 사실이다. 그래서 살구나무 가지의 '우지끈' 소리는 분명히 묵직한 통증을 내 가슴으로 전달했다. 나무가 쓰러질 때 땅바닥으로부터 진동이 느껴졌다. 나뭇가지가 부러지고 작은 뿌리를 잘라

베어지기 전 지정댁의 담벼락 역할을 했던 살구나무.

나무를 옮기기 위해 포클레인으로 작업 중이다. 옮기는 과정 중에 어쩔 수 없이 가지를 정리했다.

내는 동안 나는 분명히 이번 살구나무 건에 대해서 후회하고 있었다. 괜한 관여를 한 것이다. 내가 뭘 안다고, 내가 뭔 환경주의자도 아니고, 평소에 그렇게 살아온 것도 아닌 주제에, 순간적인 감상주의가 명백했다.

이 덩치를 옮기려면 어쩔 수 없는 과정이고, 나무를 심고 나무가 살아남는 것에 전혀 문제가 없다는 정리 작업을 카메라 파인더로 보는 내내 마음은 불편했다. 아침에 포클레인 들어온 것 보고 사무실 창문 닫고 음악 볼륨 높이고 몇 시간만 있다가 사무실 밖으로 나왔다면 나에게는 아무 일도 일어나지 않았을 것이다. 세상에서 가장 편하고 쉬운 것이 외면이다.

이제 나무는 트럭으로 옮겨졌다.

가장 힘든 과정이 끝이 났다. 손상이 많았지만 진행될수록 나는 빨리 이 일이 끝나기를 원했다. 서른 해 넘게 땅속에 있던 뿌리가 드러났고 흙은 황토색이었다. 나무의 무게는 상당했다. 트럭 뒷바퀴가 제법 내려앉을 정도였다. 이제 나무는 서른네 해를 살아온 자리를 떠날 것이다. 그것은 논 벌러 서울로 떠난, 사람이라는 생명체의 스스로를 위한 결단이 아니다. 나무를 심은 것도, 나무를 뽑은 것도 나무가 결정한 것은 아무것도 없다.

나무가 오미동을 떠난다. 골목을 빠져나오는 트럭 앞뒤를 봐주고 급하게 셔터를 눌렀다. 괜한 일을 했다는 후회 때문에 마음이 흔들렸는지 사진도 흔들렸다. 멀어지는 나무의 '몰골'이 더욱더 나의 이런 마음에 부채질을 했다.

트럭으로 나무를 옮기고 보내는 것으로 이별을 대신하려 했다. 다음날 새로운 자리에 심어진 살구나무를 촬영하는 선에서 이 일을 끝내려고 했는데, 떠나는 나무를 보는 순간 급하게 시동을 걸고 살구나무 뒤를 좇았다. 트럭은 아주 천천히 이동할 수밖에 없었다. 첫째는 무게 때문이고 둘째는 전깃줄 때문이다. 운조루 앞에서 나무는 전깃줄에 걸렸고 그대로 밀고 나가면 전깃줄을 끊어먹을 수도 있을 만큼 팽팽하게 당겨졌다.

마음자리가 뒤숭숭해서 그런 것인지 나무가 전깃줄에 매달려 오미동을 떠나고 싶어하지 않는 자신의 완강한 저항을 표현하는 듯했다. 그동안 포토샵에서 무수히 많은 전깃줄을 제거했는데 현실에서 내가 제거할 수 있는 전깃줄은 단 하나도 없었다. 아슬아슬하게 넘어섰다. 그리고 꼭대기 가지가 또 부러졌다. 트럭이 전진할수록 나무의 부피는 점점 줄어갔다. 살구나무와 주변의 나뭇가지가 서로 손을 맞잡고 놓아주질 않는 것이다. 트럭이 전진할수록 뒤따르는 나의 눈앞으로 살구나무 잎과 잔가지들이 어지럽게 쏟아져내렸다. 이미 부러진 살구나무의 마디들이 내 차 바퀴에 깔렸고 그 '빠직' 하는 파열음은 바퀴를 통해 내 발바닥으로 전달되었다. '빠직' 과 '노루'는 동의어가 아니지만 나는 살구나무의 뒤를 따라가며 6월 어느 날의 고라니 새끼가 생각났다.

> 살아라
>
> 2007년 6월 21일.
>
> 점심 무렵에 집으로 가는데 어떤 젊은 아낙이 도로변 밭에 서서 애타게 도움을 요청한다. 이게 단순한 히치하이킹은 아니란 생각이 들어 차를 후진했다.
>
> "아저씨, 사슴 좀 구해주세요."
>
> 이게 뭔 말인가? 도로변 아래로 하사마을 들판은 무지하게 넓다. 수로는 마을 위쪽에 위치한 도로를 따라 이어져 있다. 수로 속에 아주

어린 사슴(고라니로 판명)이 빠져 있었다. 머리끝에서 발끝까지 40센티미터나 될까. 아주 어린놈이다. 지난밤이나 새벽에 먹이 구하러 내려온 어미를 따라왔다가 변을 당한 모양이다. 다 큰 놈들도 한번 빠지면 힘들어하는 수로다. 어미는 날이 밝아 와서야 어쩔 수 없는 상황을 뒤로하고 산으로 돌아갔을 것이다. 젊은 아주머니는 얼굴이 상기되어 안타까워하는 중이었다.

"제가 지금 임신 중이라 그냥 가지 못하겠네요. 좀 구해주세요."

나 역시 난감한 상황이지만 일단 차를 세운 이상 멋있는 척해야 하지 않겠는가. 아주머니 장화를 빌려 신고 수로로 들어갔다. 사람이 다가서자 어린 사슴은 마치 새처럼 짹짹거렸다. 도망치려 발버둥 쳤다. 익숙하지 않은 내 손으로 잡았다. 뭉클한 느낌이 와서 순간적으로 나 역시 몸서리를 쳤다.

다시 작정하고 녀석을 단단히 잡아올렸다. 밭고랑에 내렸다. 녀석은 꼼짝도 하지 못했다. 가쁘게 호흡하면서 몸을 떨었다. 이제 어떻게 해야 할까? 대책 없을 땐 군청의 K형에게 전화한다. 내용을 이야기하고 어떤 단체건 데리러 와달라고 SOS를 타전했다. 수로의 물은 차갑다. 심하게 떨고 있는 녀석을 위해 운전석 내 허리를 받치고 있던 담요로 감싸안았다. 팔딱거리는 아주 약한 몸짓과 체온, 뭉클한 생명의 비린내가 확 끼쳐왔다. 십여 분 후에 환경단체 사람들이 도착했다. 나는 황급히 자리를 떠났다. 도로에 내려놓은 녀석이 이미 나를 따라다니기 시작했기 때문이다. 제발, 살아라.

풍성했던 6월의 살구나무와 비교하면 지금의 몰골은 만신창이다.

따지고 보자면 '지정댁 방식'이 이곳 사람들 방식이고 그녀들로서는 당연한 것이기도 하다. 나는 여전히 이곳 사람이 아니다. 어쩌면 영원히 이곳 주민이 될 수 없을지도 모른다. 하지만 완전한 이곳 사람이 되는 것은 농약과 화학비료를 인정하고 나 역시 그렇게 생각하고 행동하게 되는 날은 아닐 것이다. 나와 생각이 다르다고 그녀들이 살아왔던 더 많은 이야기들을 통째로 하나의 잣대로 규정하는 우를 범해서는 안 된다.

'자연이다, 생태다' 도시에서는 책에서 읽은 글들을 보고, 또는 간혹 여행길에 만나는 돌담과 흙길의 소담함에 마음을 두었지만 막상 시골에서 돌담과 흙마당은 애물단지다. 사는 사람들에게 돌담은 매년 보수해야 하는 귀찮고 낙후한 어쩔 수 없는 담벼락이며, 흙마당은 고추 하나 내어 말리지 못하는 질척거리는 땅에 불과하다. 철이면 철마다 건조시켜야 할 작물이 어디 한두 가진가? 도시 사람들은 자연건조 태양초에 유기농이다 뭐다를 더해서 원하지만, 막상 그들이 찾는 자연광 건조를 쉽게 하기 위해서는 시멘트 마당이 적격이다. 시멘트 마당이 없었다면 도시에서 먹는 고추의 구 할은 건조기에서 말릴 수밖에 없었을 것이다. 돌담과 자연건조 태양초는 공존하기 힘든 것이 농촌의 현실이다. 지정댁은 '보로꾸 담'을 원하고 도시 사람들은 '자연건조 태양초'를 원한다.

내가 왜 농약을 하지 않는지 그녀들도 잘 안다. '뭔 말인지 알어. 한번 혀봐.' 이것이 그녀들이 나를 바라보는 기본 시선일 것이다. 나는 그 '차이'를 인정하고 완강하게 저항하거나 부정하지 않는다. 어느 정도 머물다보니 농약조차 그녀들 기준으로는 '작물들이 짠혀서' 약을 주고 주사를 처방하는 일인 것이다. 아이러니하게도 그녀들은 작물들을 사랑해서 화학비료와 농약을 정기적이고 습관적으로 뿌려준다.

그렇게 뿌리고 남은 농약을 이른 새벽에 두어 번 나의 텃밭에 뿌린 사실을 알고 있지만 그것을 무슨 인생철학이 손상된 것처럼 시비 걸 생각은 전혀 없다. 그녀들 방식으로 나를 도운 것이다. 무엇보다 나의 텃밭은 생계형이 아니다. 분명한 것은 나의 생각을 이야기할 수는 있지만 주장하지는 않겠다는 생각 또한 그녀들의 본심을 염두에 둔 때문이기도 하다는 점이다.

그녀들도 안다. 그래서 간혹 해거름에 나에게 말하는 것이다.

– 고추 따갖고 가. 끝물이라 요즘은 약 안 흔께 걱정 말어.

나에게 가장 필요한 것은 무농약 텃밭이 아니라 이런 일상의 신뢰와 배려다.

트럭은 가급적이면 전깃줄 없는 길을 따라 이동했다.

일상적으로 나와 이웃들 사이에는 보이지 않는 룰이 존재한다. 이곳 아주머니, 엄니, 할머니들은 지리산닷컴 사무실 문턱을 넘어서지 않는다. 용건이 있을 때면 가장 가까운 지정댁이나 운암댁, 대구댁, 대평댁은 각자의 방식으로 밖에서 나를 부르고 대꾸를 기다린다. 이제 창문이나 현관문 두드리는 소리와 박자, 강도만으로 누가 나를 찾는지 알 수 있다. 하지만 그녀들은 절대 지리산닷컴 문턱 경계선을 넘지 않는다. 차 한잔 마시자는 나의 제안은 항상 거절당한다.

– 뭣흐게. 컴터 일 흔다고 바쁜디.

– 발에 흙이 많애서.

– 나 커피 못 마셔.

나의 초청을 거절하는 그녀들의 이유는 다양하다. 그리고 불쑥 창

마음자리가 뒤숭숭해서 그런 것인지

나무가 전깃줄에 매달려 오미동을 떠나고 싶어하지 않는

자신의 완강한 저항을 표현하는 듯했다.

트럭이 전진할수록 나무의 부피는 점점 줄어갔다.

살구나무와 주변의 나뭇가지가 서로 손을 맞잡고

놓아주질 않는 것이다.

문을 두드리고 나의 인기척을 확인하면 밖에서 창문을 열고 감자나 옥수수 접시를 넣어주고 간다. 그녀들에게는 한가로이 앉아 커피를 나누며 방담을 나누는 문화가 없다. 그것은 사치다. 시간낭비이며 그 시간에 '깨나 털겠다' 라는 것이 살아온 이력이 남긴 유전적 문신이다.

      시골은 태생적으로, 구조적으로 도시와 다른 방식의 번잡스러움과 간섭이 많은 곳이다. 말이 나의 입술을 빠져나가기도 전인데 내가 하려 했던 말은 이미 마을 입구에 도착한 경우가 허다하다. 도시는 익명을 보장하지만 이곳은 익명이 존재할 수 없다. 마을에 외지 사람이 등장하면 금세 마을로 소리 없이 전해진다. 이를테면 '요즘 젊은 것들은 어른 앞에서 담배를 펴쌓더만' 이라는 불특정 다수를 향한 불만이, '그 컨테이너 박스 있자녀? 아 그 즐믄 놈이 길 가상에 따악 하니 서서 담배를 펴쌓네'와 같은 구체적 대상을 향한 비난으로 진화한다.

      문제는 이런 상황이 귀찮고 마음에 들지 않는다고 마을과 담을 쌓는 경우이다. 그러면 마을의 그녀들은 친절을 주머니 깊숙한 곳으로 집어넣어버린다. 사생활을 존중하는 방식과 문화가 다른 것이다. 도시에서 온 사람들은 사생활을 침범당했다고 생각하고 이곳의 그녀들은 무시당했다고 생각한다.

      드디어 살구나무가 새로운 보금자리에 도착했다. 천 년 된 약수터 앞을 지키는 것이 살구나무의 새로운 역할이다. 뽑고 이동하는 중에는 마음이 어두웠는데 나무의 새로운 보금자리에 도착하니 마음이 좀 풀린다. 거름과 기존 흙을 포클레인으로 혼합해서 뿌려넣었다. 나는 여전히 살구나무가 과연 내년 봄에 몇 남지 않은 가지 끝에서 연두색 새잎을 보여줄 것인지 확신할 수 없었다. 사람으로 생각해보라. 얼마나 많은 부분을 절단 당하면서 여기까지 온 것인가. 하지만 이런 우려는 역시 출발 전이나 지금 이 순간이나 나 혼자만의 것인 듯하다.

― 암시랑토 안 혀. 산당께. 아 낭구(나무)가 그리 약한 거이 아니랑께.
― 큰 가지가 너무 많이 부러졌는데 괜찮을까요?
― 고생은 좀 혔는디 낭구 본 모양은 한 삼 년 지나믄 나올 것이구만.

이제 마지막 단계다. 나무는 다시 포클레인에 들려 뿌리를 내릴 흙 속으로 안착될 것이다. 조금만 더 힘내라. 사는 곳을 떠난다는 것, 전혀 낯선 땅에 정착한다는 것이 어찌 쉬운 일이겠는가.

다음날 아침.

안녕을 확인하기 위해 나는 살구나무에게 먼저 출근했다. 어제 오후 내가 떠난 다음에 다시 최종적으로 나무는 '다듬어지는' 고통을 감수한 모양이다. 포기할 수밖에 없는 가지는 잘라내는 것이 옳다고 하니 나무에 대해 파리 똥집보다 적은 지식을 가진 나는 다만 가시적인 상처 앞에서 반응할 뿐이다. 겨울이 코앞이다.

나는 살구나무가 내년 봄에 새로운 가지를 활짝 펼쳐줄 것인지 확신하지 못한다. 어쩌면 최악의 경우 살구나무는 죽을 것이다. 장년의 나무지만 알 수 없는 노릇이다. 만약 이 나무가 죽는다고 해도 나로서는 어찌할 도리가 없다. 마음 한구석에서 '역시 부질없는 짓이었어'라는 먹물의 자괴감으로 담배 연기나 허공으로 날릴지도 모를 일이다.

살구나무는 옮겼지만 사무실 앞의 상징 같았던 대추나무는 사라졌다. 살구나무 미션을 끝낸 다음날, 일하다가 담배 피우러 나오니 한 시간

추석이 오기 전에 사무실 입구의 대추나무 열매를 따고 있다. 나무 주인인 운암댁과 지정댁, 대평댁, 대구댁이 함께 작업을 하고 있다.

여 만에 대추나무가 사라진 것이다. "어차피 새 꽃이 펴서 죽을 나무였어." 멍한 표정의 나에게 대추나무 주인인 운암댁이 말을 보태었다. 지난 추석 아버님 제사상에 올린 대추는 이 나무에서 딴 것이었다. 정말 소리 소문 없이 내 눈앞의 나무가 또 그렇게 사라졌다. 아마도 '컨테이너(지리산닷컴을 지칭하는 마을 사람들의 표현) 삼촌 알기 전에' 대추나무를 뽑기로 했을 것이다.

왼쪽 사진의 모습은 2007년 9월 추석 전이다. 운암댁이 사다리에 올라 대추를 따고 지정댁, 대평댁, 대구댁이 대추를 줍고 받았다. 나는 햇살 아래에서 낄낄거리며 흰소리를 던지고 그 모습을 카메라에 담고 있었다. 영화 〈공동경비구역 JSA〉의 마지막 장면은 좋았던 시절의 이병헌과 송강호 등이 서로 마주보면서 침 뱉기 놀이를 하는, 햇볕 좋은 날의 스틸 사진이었다. 이 장면이 나와 내 이웃 그녀들이 누릴 화양연화 花樣年華는 아닐 것이다. 나와 그녀들의 화양연화는 좀더 많은 갈등과 생각의 차이를 확인한 다음이리라. 세상의 모든 차이가 결별을 뜻하거나 단절을 의미하지는 않을 것이다.

살구나무는 살았지만 대추나무는 죽었다.
대추나무는 죽었지만 살구나무는 살았다.
두번째 문장을 택하고 싶다.

오미동에서 상사마을 고택 쌍산재 앞으로 옮겨진 지정댁의 살구나무. 살구나무는 2010년 현재 잘 자라고 있다. 고라니 새끼는 이후에 우연히 알게 되었는데 현장에서 바로 산으로 풀어주었다고 한다.

배추 모종이
김치가 되기까지

벼가 고개를 숙이기 전부터 배추와 무는 준비되고 있었다. 물론 나는 그때를 알지 못한다. 그런 일들은 언제나 어느 장날이 되면 일시에 모종들이 쏟아져나오고, 평상시의 장보다 훨씬 더 많은 물건과 사람 들이 쏟아져나오곤 했다. 그런 장날은 절로 흥이 나고 해거름 장거리에 유난히 불콰한 얼굴의 영감들이 늦도록 남아 있곤 했다. 바로 '그때'는 공지사항으로 알려지는 것도 아니고 점조직을 통해 전달되는 사발통문으로 정해지는 것도 아닌 듯하다. 그냥 저절로 그렇게들 움직인다. '그때'의, 그토록 완벽한 일치단결에 관해 물어봤자 뾰족한 답을 들을 수도 없었다. 아마도 앞으로 몇 년 동안 '그때'를 포착하는 일에 항상 한 박자 늦을 것이다.

운암댁과 지정댁이 모종판에서 흙장난을 하고 있었다. 그녀들은 당신들의 마당에서 은밀하고 조용하게 그 일을 준비하고 있었고, "그게 뭐요?"라는 나의 물음에 두 사람은 서로 얼굴을 바라보고 멍하니 아무 말도 하지 않았다. 기가 막히다는 것이지. 배추 모종도 모르는 놈과 같은 하늘을 이고 살아가는 것이 정말 암담하다는 표정으로. 그래서 나는 알게 된 것이다. 이제 배추 모종을 준비해야 할 때가 왔다는 것을. 진작부터 금년 텃밭놀이의 절정은 배추에 있다고 염두에 두고 있었다.

운암댁 – 월매나 흘라고?

나 – 100포기는 해야지요.

지정댁 – 호랭이 물어가겠네(엉뚱한 소리 하고 있네). 가따 앵길 것도 없구마이.

그래 '가따 앵길 것도 없는' 극소량의 배추 모종은 두 이웃이 만들고 있는 배추 모종에서 남는 것을 얻기로 하고 배추농사를 위해 여름내 묵혀두었던 사무실 앞의 땅을 트랙터로 뒤집고 퇴비를 몇 포 뿌리고 하는 나름의 대역사를 시작했다.

모기도 입이 비뚤어진다는 처서處暑를 막 지나서 이웃들이 무씨를 먼저 뿌린다고 해서 같이 심기로 했다. 읍내 종묘상에서 육천 원 주고 무씨를 구입했다. 조합 것이 좋다, 종묘상 것이 좋다 말씀들이 분분했고 저마다 자신의 믿음을 양보할 것 같지는 않았다. 믿음의 근거는 공통적인데 작년에도 그 씨들이 '참말로' 좋았단 것이었다. 마을로 돌아와서 사무실 입구 감나무 아래에서 즉석 임원회의가 열렸다. 나는 대평댁이 조금 전에 구입한 무씨 절반을 나누어 갖기로 했다. 대구댁 역시 운암댁이 며칠 전 조합에서 구입해둔 것을 나누어 갖기로 했다. 아침에 운조루의 정수 씨가 트랙터로 사무실 앞 잡초밭을 뒤집어준 것에 대한 보답은 운암댁, 대평댁,

대구댁, 지리산닷컴이 오천 원씩 분담하여 해주기로 했지만 정수 씨가 극구 받지 않기로 하는 바람에 모두 이구동성으로 정수 씨를 칭송하는 것으로 마감했다.

― 그러면 제가 대평 아주머니께 삼천 원 드리면 되는 겁니다.
― 글제. 원래 이런 것은 정확혀야 혀.

트랙터 값 이만 원을 나 혼자 내겠다고 아침에 말씀드렸다가 집중 포격을 받은 다음이라 나는 고분고분해졌다. 원래 이런 것은 정확해야 한다. 돈 만 원 우습다는 듯 베풀고자 하는 호의는 결코 호의가 아닌 것이다. 또 배운다.

갑작스럽게 운암댁이 영감님 모시고 서울로 줄행랑을 놓아버리고 이웃들 배추 모종 사업은 암초를 만났고 시들한 모종판을 바라보다가 주변 사람들은 모두 육묘장에서 배추 모종을 구입하기로 했다. 엄니들은 오천

실질적인 첫 배추농사라 아침저녁으로 코앞의 배추밭을 살펴본다. 153포기가 맞는지.

원에 128개 들어 있는 모종들을 앞다투어 골랐지만 나는 75개와 105개 들어 있는 모종판을 골랐다. 보기에도 그 아이들이 남달리 실해 보였다. 이후로 나의 배추가 후반기까지 상종가를 달리자 엄니들은 이구동성으로 '자네 것은 비싼 긍께'라는 말로 나의 전문 농부로서의 업적을 폄훼했다. 아무튼 지리산닷컴 사무실 앞으로 몇 고랑의 밭을 만들고 배추와 무는 심어졌다. 아마추어들은 이런 장면에서 꼭 개수를 확인한다. 153포기였다.

배추를 옮기고 며칠 지난 후부터 귀찮을 정도로 "그 모종이 젤루 쌩쌩하구만"이라는 덕담을 들어야 했고 나름대로 물 주고 벌레 잡기를 하루도 거르지 않고 계속했다. 텃밭의 작물을 칭찬하는 것은 그 작물의 주인을 칭찬하는 것이다. 오미동에 사무실이 자리한 지 넉 달 정도 경과한 이후였고 '정체를 알 수 없는 젊은 것들이 과연 저 컨테이너 박스 안에서 뭘 하나'라는 궁금증은 같이 배추와 무를 키우는 것으로 상당히 많이 사라졌다. 어차피 나 혼자 백 평 넘는 밭을 돌보기는 힘든 노릇이고 어설프게 텃밭을 일구다가는 '게으르고 한심한 놈'으로 낙인 찍힐 가능성도 높았다. 이곳에서 사람에 대한 평가는 텃밭 한 고랑 돌보는 자세에서 판가름 나버린다. 이웃들에게 한 고랑씩 '앵긴' 결과 좌 대평, 우 지정 이외에도 몇몇 댁들과 아름다운 대화의 물꼬를 튼 것이다. '컴터'와 '인뜨넷'에 관한 것이라면 함께할 내용이 없었지만 배추와 무라면 그녀들은 나에게 자신 있게 접근할 수 있었다. 물론 때로 그녀들의 자신감은 내가 의도하지 않았던 방향으로 전개되기도 했다.

배추 모종 옮기기 전, 너무 긴 비에 덩어리진 채 딱딱해진 밭고랑에 호미질을 해야 했다. 뙤약볕이지만 제법 시간이 걸리는 일이라 토닥거리고 있자니 한 분 두 분 품앗이로 모여들었다. "사무실이 농사일을 뭐 알겠어"라는 여론은 워낙에 확고했다. 배추보다 먼저 뿌려둔 무는 싹이 확실했다. 모두들 지리산닷컴의 무 고랑을 칭찬하느라 침이 말랐다.

 – 근데 약(농약)을 안 흔담서?
 – 예. 그냥 재미 삼아 하는 텃밭이고 제 입으로 들어갈 것이라.
 – 그래도 한 두어 번은 해줘얄 텐디. 안 그러믄 일일허니 손으로 벌거지(벌레)를
  잡아줘야 흔당께.
 – 잡지요 뭐. 얼마나 넓다고 못 잡겠습니까.

이런 수작들을 나누고 있는데 지정댁이 이상하리만큼 조용했다.

구례군 문척면 섬진강변의 코스모스.

살다보면 자주 절정의 때를 놓친다.

농약 이야기 나오면서부터 그랬던 것 같았다. 얼핏 보니 삐죽하니 웃고 있는 듯했다. 가만가만….

- 지정 엄니, 혹시….
- 혔어. 쪼깨. 새벽에 약 앵기고 들오다가 벌거지가 뵈이길래… 아 그거 한 번 정도는 암시랑토 안 혀.

이제 엄니들이자 동지들과의 전쟁이다. 경고판도 설치해야겠다.

'한 번만 더 나으 밭고랑에 약하다고 손대불믄 그 엄니 호박 구댕이에 석유를 확 부서불랑께!'

추석이 지나고 언제나처럼 꽃들은 어느 날 갑자기 일제히 피어나고 계절은 시각적으로 확연히 그 본색을 드러내었다. 며칠 나들이를 소홀히하면 일주일 전에 지나쳤던 길도 완전히 다른 얼굴로 나를 맞이하곤 했다. 그것은 당혹스러울 정도로 빠른 속도였고 어쩌면 나는 어느 나무, 어느 꽃의 그 절정의 순간을 보지 못한 채 모니터만 들여다보고 있었던 것이다. 지리산닷컴 사무실이 읍내에 있다가 시골로 들어온 이후 주변으로 카메라 들고 마실 나가는 일이 확연하게 줄어들었다. 지난 일 년 동안 나는 이 '환장할' 광경을 이곳에 사는 대부분의 사람들이 구경하지 않는다는 사실에 경악했지만, 서서히 줄어드는 나의 나들이는 그것에 대한 무심함이 아니라 '원래 그러한 일상'으로 나 역시 서서히 진입하고 있다는 신호로 받아들였다. 무엇보다 농사를 짓는 사람들에게 마을 이외의 곳으로 놀이를 떠나는 일은 사치스러운 것이기도 했다.

여름부터 차근차근 따서 말려왔던 고추들이 서서히 이웃집들의 마당을 점령하고 있었다. 지정댁이 겨울이 오면 소용될 고추 근을 가늠하고 있었다. 나는 읍내에 버리고 온 텃밭의 고추 마흔 주를 생각했다. 낮 동안 사무실에 머물 수밖에 없는 조건 때문인지 봄부터 읍내 텃밭은 거의 방치된 상태였다. 초여름부터 텃밭은 밀림이 되었고 오가는 사람들의 눈살을 찌푸리게 만들었을 것이다. 의욕적으로 심은 마흔 주의 고추는 몇 번 풋고추를 따 먹은 이후 거의 기능정지 상태였다. 읍내 텃밭으로 발길이 가지 않았다. 보지 않아도 상황은 뻔한 것이고 풀이라도 뽑겠다고 덤빈다면 지나가는 사람들이 "저 친구군" 하고 비웃을 것 같았다. 부인할 수 없이 그런 평가가 두려웠다. 결국 여름을 넘어 설 무렵 두어 번 날을 잡아 잡초 제거 차원이 아니라 거의 '인간 포클레인'이 되어 풀을 제거하고 다른 사람에게 밭을 넘겼다. 그것은 분명 쓸쓸한 기억이었다. 다시는 책임질 수 없는 텃밭 장난은 하지 않겠다고 결심했다. 그래서 지금 지리산닷컴 앞마당의 열 평 남짓한 배추밭을 시작하는 것이 쉽지 않았다. 고추를 말리고 한 근 두 근 그 양을 늘려가는 이웃들을 볼 때마다 좀 힘들어도 읍내 텃밭의 고추까지는 마감했어야 했다는 후회가 생기는 것은 어쩔 수 없었다.

시골 텃밭농사에서 고추는 그 역할로 보자면 주연급이다.

더위가 한풀 접어든 어느 아침 장. 처음 경험한 고추전은 시각적으로 하나의 충격이었다. 다른 때보다 이른 시간인데도 장은 활기찼다. 아주머니, 할머니들이 앞 다투어 말린 고추를 팔러 나왔다. 여름 내내 인근 마을, 집이란 집의 모든 마당과 도로변에서는 말리려고 늘어놓은 고추와 참깨가 있었다. 그 고추들이 한날한시에 쏟아져나온 것이다. 사무실로 돌아와서 지정댁에게 물었다.

- 장에 고추가 많이 나왔습디다. 김장 고추를 오늘 사는 게 쌀까요? 추석 무렵이 쌀까요?

마당에서 고추와 참깨를 뒤적이던 지정댁은 무심하게 대꾸했다.

- 시방 나오는 꼬치(고추)는 손지들 등록금이여. 인자 가실(가을) 등록금 낼 참인께.

모종 만들고 심고 따서 말리는 동안 주름진 손은 고추를 쓰다듬었던 모양이다. 마치 친손자 어루만지듯 말이다. 도시로 나간 새끼들 힘들어 하는 것 나누겠다고. 그래서 고추가 그리 붉었던 모양이다.

가을은 정말 풍족했다. 거지도 배가 부르다는 말을 처음 실감했다. '왜 저 감나무는 손을 대지 않지?'라는 궁금함은 '때'가 되면 여지없이 단 하나의 낭비도 없이 수확하고 활용하는 모습을 보는 것으로 결론이 났다.

이웃들의 머릿속에는 작물의 수확 시기와 활용 방안이 데이터베이스로 내장되어 있었다. 이미 천 번의 가을을 보낸 유전적 로드맵으로 무장한 이웃들은 이 가을에 쉼 없이 노동하며 그 모든 열매를 챙겼다. 시골에서 사는 사람들이 실제 노동에 투여하는 시간이 얼마나 될까? 평균을 가늠하기 힘들지만 연간 사 개월 정도 될 것이다. 물론 하루 여덟 시간 노동을 기준으로 보자면 미루어 짐작컨대 그러하다. 그 노동은 어느 순간 며칠 동안 집중적으로 투여된다.

요즘으로 보자면 대학원까지는 필수적으로 끝내고 그럴싸한 직장에서 받는 연봉에 비교할 수입은 아니지만 그만큼 지출 또한 비교할 수 없이 약소하니 결과적으로는 도시와 시골에 사는 사람들 중 과연 누가 더 풍족하고 여유로운 인생을 즐기는지는 확언하기 힘들다. 박투하며 항상 날이 선 신경으로 늦게까지 일하는 도시인들의 습관적 조급함으로 바라보면 시골살이는 감당하기 힘든 느려터진 속도다. 하지만 결과적으로 그것은 느림이 아니다. 제때를 노리고 풀 속에 웅크리고 있는 살쾡이의 감각 같은 본능적 움직임이 있다. 분명한 것은 시골에서 사는 것이 도시에서 사는 것보다 훨씬 시간적으로 여유롭다는 것이다. 생각의 문제다.

배추가 속이 차오를 무렵, 볏짚으로 묶었다. 또 지정댁으로부터 소리를 들었다. 볏짚의 굵은 가닥이 밖으로 나오도록 묶어야 하는데 거꾸로 한 것이다. 하지만 나도 이제 지정댁 대응방법을 아는지라 대략 무시한다. 그리고 역시 농사를 짓지 않는 대구댁에게 나의 방법을 전파시켰다.

 - 대구댁, 이게 서울에서는 전부 이렇게 한다니깐.
 - 에이, 이 삼촌이 누굴 촌사람으로 아나! 서울서 뭔 배추를 짓나?

- 어허, 모르는 소리. 요즘 농약이다 뭐다 다들 말이 많아 가지고 아파트 베란다에 배추 심는 게 유행이라니깐! 글고 대구댁 촌사람이잖아!
- 옴마야, 진짜로?
- 아, 인터넷에서 '배추 묶기' 라고 검색해보세요! 사진이 어떻게 나오나. 지정댁 말은 옛날 말이라니깐. 농약이나 알지 지정댁이 뭘 알아!

서리가 내리기 시작했다. 다른 해보다 늦은 서리였고 그 덕에 금년 단풍이 유난했다는 소리도 들렸다. 겨울이 마을 입구 길모퉁이 즈음에 당도한 것이다. 서리가 내리고 처음으로 기온이 영하로 내려간 다음날 오후, 무를 뽑았다. 저장방법이 문제였다.

- 곰통(고무통)에다가 신문지에 싸갖고 딱 여놓으믄 암시랑토 안 흐당께.

배추는 얼었다 풀리기를 몇 번 반복했다. 11월 30일 아침에 배추를 뽑았다.

읍내 철물점에서 큰 고무통을 샀다. 기분이 좋았다. 나도 저장할 것이 있는 것이다. 그것은 수익률 높은 펀드는 아니지만 분명히 배가 불러오는 어떤 만족감이 있었다. 이분법은 곤란하지만 역시 도시적 시스템에서 느낄 수 없었던 어떤 감동이 있었다. 가능하면 이런 종류의 느낌을 받을 수 있는 일의 개수와 횟수를 늘리는 방향으로 자연스럽게 생각의 중심은 이동할 수밖에 없다. 그러면 기존 사회시스템 속에서 나의 경쟁력은 점차적으로 약화될 것이다.

열 평 텃밭에서 일을 할 때 나는 고무장화에 보릿단으로 만든 챙이 넓은 '디스 이즈 농부모자'를 쓰고 일한다. "허이고 뭔 대단한 농사짓는다고 염병허고 자빠졌네"라는 이웃의 농담에 "양복을 준비 못했네요"라고 대꾸하고 온갖 '오버질'을 하지만 역시 기분이 좋다. 시래기는 말리고 무는 고무통으로 들어갔다.

들판은 완전히 비워졌지만 이미 자운영 잎이 올라오고 있었다.

아침으로 물안개가 피어오를 무렵이었고 배추를 뽑아야 할 시기가 되었나.

서울로 간 운암댁과 자식에게 김치를 담가서 보내지 않아도 되는 대평댁, 그리고 나의 배추만 텃밭에 남았다. 배추잎은 아침에 얼었다가 점심 지나면 풀리기를 며칠째 반복하고 있었다. 주변에서 김장을 시작하니 조바심이 나기도 했다. 여전히 배추를 뽑지 않고 있는 대평댁의 "동짓날이나 지(김장)를 담갔제"라는 말씀이 유일한 위안이었다. 배추는 얼었다 풀리기를 반복하고 있었지만 나는 서울과 광주와 부산을 오르락내리락했고 이동하지 않는 나머지 시간은 모니터만 들여다봐야 하는 상황이었다. 며칠 동안 옆 마을 이장님이 만들어달라고 한 굼벵이 판매 사이트를 만든다고 굼벵이 사진 찍고 디자인하다가 다음날은 모딜리아니 전시회 사이트를 디자인해야 했다. 굼벵이 사진과 모딜리아니의 마지막 연인, 자살한 잔 에뷔테른의 사진을 동시에 만지는 것은 우스웠지만 나의 현실이기도 했다.

굼벵이 사이트를 디자인할 때에도, 모딜리아니와 잔 사이트를 디자인할 때에도 내 머리 한쪽에는 배추와 무, 김장이 뒤엉켜 있었다. 누군가 모든 밥벌이는 숭고하다고 했지만 나는 스스로 남은 인생이 좀더 단순해져야겠다는 생각을 했다. 하지만 아직은 뭔가를 디자인해야 돈을 마련할 수 있고 153포기 배추로 연명할 수는 없는 노릇이다. '그 어떤 고지서'도 받지 않는 삶은 153포기 배추로는 턱없는 꿈이었다.

노고단에 확연하게 눈이 쌓이고 모딜리아니도 떠나보내고 또 전혀 다른 디자인을 해야 하는 직전에 두 주일 가까이 코를 처박고 있던 모니터를 껐다. 더 이상 미루기는 힘들었다. 김장을 해야 한다. 김장이 밥벌이보다 숭고한 일인지 확신할 수는 없었지만 지금이 아니면 김장은 불가능한 미션이 되어버린다. 김장은 단 하루의 노동이 아니라 최소한 삼 일을 필요로 하는 푸짐한 일감이다. 배추를 뽑고 절이고 물을 빼고 양념을 치대는 기술과 시간을 요하는 막노동이다. 김장은 일 년 살림의 마감이다.

마침내 배추를 뽑았다. 임무를 다한 배추들은 나의 메르세데스 아반떼 트렁크와 실크원단 뒷좌석에 모셔졌다. 우리 동네 표현으로 '청방'과 '알배차'는 드디어 새로운 모습을 예정한 드라이브에 나선 것이다. 다른 집보다 늦게 뽑아 미안허요. 고생혔소!

해가 지기 전에 배추를 운반해서 소금 간을 해야 했다. 일손이 급했다. 빠르게 배추 다듬고 간수에 잠수시켰다가 바로 소금 뿌리는 기계적인 '노가다'가 시작되었다. 80포기를 준비한다. 식구도 없는데 뭔 김장을 그렇게 많이 하냐는 소리를 듣지만 이듬해 이 무렵까지 묵은지를 먹어보겠다는 숨길 수 없는 로망이었다. 김치냉장고는 없다. 장독에 김치 담는 것 역시 또 한번 해보고 싶었던 일이다. 장독이 있는 인생을 살고 싶소!

배추를 뽑은 날 이른 아침. 장날이었고 나는 고추전 거리에서 잠복근무를 했다. 김장도 끝물이라 고추전이 활발하지는 않지만 그래도 장날이면 어김없이 아주머니, 할머니, 할아버지 몇 분은 고추를 머리에 이고 나오셨다. 고추가게로 넘어가기 전에 낚아채는 미션이다. 근에 천 원 한 장은 싸다. 마수걸이가 뻔하니 가격 흥정하고 마음에 들지 않는다고 그냥 빠져나오는 것은 있을 수 없는 일이다. 고추에 관심 없는 척 두어 번 고추 거리를 거닐다가 태양건조와 건조기를 오락가락한 것으로 보이는 잘생긴 고추를 잡았다.

- 엄니 얼마요?

- 육천 완.

- 몇 근이요?

- 스무 근이세.

- 주쇼.

- 하이고 고맙소 총각, 아직(아침)에 떨어뿔고 들가겠네.

- 저 총각 아닌데요. -,.- 학생인데요.

그날 밤 스무 근 고추 꼭지 딴다고 얼굴에 있는 모든 구멍에서 물이 나왔다.

배추를 절인 다음날 하루 물을 빼고 다시 하루가 지났다. 아침에 읍내 방앗간에서 고추와 마늘, 생강을 함께 빻고 양념을 준비했다. 옷장 깊숙하게 넣어두었던 낡은 외투로 무장하고 작업에 돌입했다. 날씨는 따뜻

했고 일하기 딱 좋은 환경이었다. 마을의 아주머니와 할머니들이 마당을 수시로 들락거리며 "남자가 지를 담는다며?" 현장견학이 이어졌다.

　　김치는 차곡차곡 장독으로 들어갔다. 간이 "지금 딱 맞다"는 관전자들의 의견에 따라 소금이 추가로 뿌려졌다. 무는 이미 동치미로 담가서 그늘에 장독으로 놓인 상태였고 갓김치도 조금 담갔다. 역시 처음 하는 많은 양의 김장이라 양념을 가늠하는 것이 힘들었다. 말미에 양념이 부족했고 잠시 고민하다가 남은 배추는 소금을 뿌려 그대로 백김치로 만들었다. 역시 소금과 물 이외의 어떤 양념도 가미되지 않은 말 그대로 백김치가 된 것이다. '지치대는 일'은 그렇게 두어 시간 만에 종료됐다.

나 참, 남자 김장 담그는 것 첨 보내!

김장은 끝이 났다. 장독이라는 장독은 모두 징발했고 좀 담을 수 있겠다 싶은 그릇은 모조리 양념김장과 백김치, 동치미로 채워졌다. 집 한구석, 그늘과 햇볕이 번갈아 방문하는 자리에 모셔두었다. 아무래도 좀 싱거운 듯해서 조만간 다시 손을 좀 봐야 할 것 같다. 이 역시 지연된 숭고한 밥벌이가 끝나야 가능할 것이다. 맛은 잘 모르겠다. 김장이라는 하나의 연간 행사를 난생처음 진행하면서 나에게 맛이란 것은 부수적인 문제였다. 물론 맛이 있다면 금상첨화겠지만 김장이라는 행위가 필요하고 중요했던 이유는 그것에 '이곳살이'의 중요한 알갱이가 담겨 있다는 생각 때문이었다.

흔히들 하는 말 그대로 '남'들 사는 것처럼 살고 싶었다. 그 '남'이란 도시로 나간 불특정한 '남'이 아니라 계절과 세월의 순환이 제대로 작동하는 땅에서 살았던, 나로부터 수천 년도 아니고 수백 년도 아닌, 불과 반세기 전의 '나'를 뜻하는 것이다. 그래서 나의 김장은 소문 많이 나고 번잡스럽고 우스꽝스럽고 이 사람 저 사람 청해서 밥을 나누고 하는 난장판을 애당초 예정한 것이었다. '남들 사는 것처럼'이란 결국 '사람 사는 것처럼'일 것이다. 내 손으로 모종을 심고 배추를 키우고 김치를 담근 온전한 몇 개월의 과정은 부가세 별도 천만 원짜리 일을 열개 쯤 확보하는 것과는 다른 기분이다.

분명한 것은 김장은 '돈이 하늘이다'라는 세상의 대세에 대해 나 나름으로 '밥이 하늘이다'라고 항변할 수 있는 수단이기 때문이다. 김치를 사서 먹을 수밖에 없는 '편리함'에 대해 김장을 직접 담근 행위는 가장 공격적인 '불편한 방법에의 찬양'이다. 따라서 스스로 키우고 스스로 담근 행위, 김장은 내 인생의 전환점이다.

무조건 맛있어야 하는 나의 첫 김장.

정해년 마을총회

2007년 12월 29일 토요일.

지리산닷컴의 공간적 좌표인 구례군 토지면 오미동의 2007년 마을 총회가 열렸다. 나는 물론 토지면 오미동에 살림집을 마련하고 있지는 않다. 당시에 아직은 읍내에 살고 있었다. 따라서 전입자가 아니니 사실 마을총회에 참석할 자격은 없다. 이를테면 총회에서 진행되는 안건에 대한 주민으로서의 의결권은 없다. 지리산닷컴이란 가상의 마을에서 가짜 이장으로 행세하고 있는 나에게 오미리 진짜 이장님이 오셔서 마을총회에 참석해도 되지만 바쁘면 열두 시 즈음에 식사하러 오란 말을 전하셨다. 한 해를 마무리하는 자리에 와서 '점심이나 한 그릇' 하자는 이장님의 말씀은 어느 정도 경계심을 허물었다는 의사표현이기도 하니 참석하는 것이 옳은 일이다.

2007년 마지막 마을총회다. 모심기를 시작할 무렵에 첫 마을총회가 있었다. 마침 그 무렵에 지리산닷컴이 오미동에 착륙했었고 마을총회 자리에서 정식으로 신고식을 했다. 여름총회는 일종의 마을단합회 같은 자리였다. 그리고 시간이 또 그리 흘러버렸다.

오전 열 시 반부터 한 해를 마무리하는 총회는 시작되었다. 총회의 모든 과정을 기록하고 싶었지만 이런 장면에서는 밥시간에 등장하는 것이 마을 어르신들 말씀 나누시기에 좋겠단 생각이 들었다. 소문에 의하면 마을에 따라 총회(대동회라고 부른다)가 격하게 진행되는 경우도 있다고 한다. 혹시 그런 불편한 장면에 '외지 것'이 끼어 앉아 있으면 어색할 것이다. 정오가 가까워서야 마을 노인회관으로 이동했다. 총회는 여전히 계속되고 있었다. 비교적 두꺼운 피부를 가진 뻔뻔한 가짜 이장은 방문을 열고 들어섰다.

– 어허, 뭔 사진기자를 불렀남.

좌중에 가벼운 웃음이 흘렀다.

마을과 정면으로 마주하고 있는 오봉산은 눈이 내리자 그 모습이 확연해졌다. 역시 마을에서 바라보는 오봉산은 산의 후면임이 틀림없다는 생각이 들었다. 눈은 집중적이지 않았고 내렸다 그치기를 반복했다. 함박눈이 아니었기에 그리 많이 쌓일 것 같지는 않았다. 눈 없는 마을에서 나고 자란 탓인지 가끔 눈으로 인한 의도하지 않은 고립을 상상할 때가 있었다. 어찌할 수 없는 상황, 이른바 천재지변으로 인한 불가항력적 상황을 맞이하면 초조함은 사라지고 오히려 편안해질 수도 있으리란 상상을 하곤 했다. 하여 이런 정도의 눈이 만들어내는 풍경에도 흡족한 마음이 된다.

미국의 모든 주에서 여성참정권이 구현된 것이 대략 1920년인 모양이다. 마을회관이 아닌 마을 노인회관의 방은 남과 여가 구분되어 있는데 마을총회 날도 이런 방배치는 변하지 않았다. 물론 일상으로 할머니들과 할아버지들을 구분해서 방을 사용하는 것이 편할 수는 있을 것이다. 하지만 총회는 남자들만으로 진행하고 있었고 여성들은 건넌방에서, 노인들은 TV를 시청하시거나 주무시고 젊은 층이 음식을 준비하고 있었다.

아직 마을총회가 끝나지 않았다는 것은 의례적으로 마지막 안건인 이장 선출 건을 처리하지 않았다는 의미이고 지리산닷컴 이장의 오랜 정치적 로망인 '진짜 이장' 출마 가능성은 남아 있는 것이다. 물론 출마는 불가능한 조건이지만 가능하다고 해도 상당히 불리한 상황이었다. 무엇보다 주변 할머니들과의 교류가 활발한 가짜 이장에게 여성참정권 문제는 치명적이고, 참정권이 주어져도 운암댁과 지정댁은 서울 아들네로 떠나서 감감무소식이고 대평댁은 이날 모임에 보이지 않으며 기타 몇몇 댁들도 자리에 없다. 나 이런… 일인시위라도 벌여야 할 판이다.

'오미동은 빨랑 여성참정권을 허하라!'
'오미동 여성들은 이 불평등 상황에 대해 언능 봉기하라!'

방으로 들어갔을 때, 마을로 전입해오는 사람들에게서 상조금과 기금을 받을 것인가 말 것인가 하는 문제가 논의되고 있었다. 시골에서는 수십 년 동안 함께 살아온 자연 공동체적 정서가 많이 남아 있다. 그 공동체 의식은 물론 수백 년, 많게는 수천 년을 이어온 완강한 유전적 개념이다. 자세히 들여다보면 전혀 이해하지 못할 장면은 아니다.

마을에는 이른바 '동재'라는 공동자산이 있다. 마을 소유의 논과 밭, 산이 있다. 아주 오래전에 그 마을의 부유한 집안에서 출연한 것이 시초가 되었을 것이다. 세월이 흘렀지만 자연부락에서는 이 동재를 이용해서 공통의 사업을 벌이거나 마을회관을 짓거나 마을주차장을 마련하는 등의 일을 하고 있다. 결국 전입자들에게 '기금'을 받는 것은 그들에게 바로 이 동재의 집행에 대한 의결권을 부여하는 멤버십카드 발급에 해당하는 것이다.

동재의 규모에 따라 기금의 액수도 천차만별이다. 바로 이 대목이 요즘은 쉽지 않다. 별 생각 없이 전원을 꿈꾸며 시골로 이주해왔는데 마을에서 돈을 내어놓으라고 한다면 당황하거나 불쾌할 수 있다. 뭔가 '삥'을 뜯기는 기분이 드는 것이다. '뭐야 이거! 텃세 부리냐?'라고 일전을 불사하는 성격파도 있을 수 있다. 그래서 도시에서건 시골에서건 '정보 파악'

이 중요하다. 한번 정리를 해보자.

외지 사람이 어느 마을의 주민이 되는 방법은 네 가지 또는 네 단계의 과정과 레벨이 있다.

첫째, 전입신고를 하면 행정적으로 그 마을의 주민이 된다. 도시에서는 이것으로 그 마을의 주민이 되었음을 증명하고 실질적인 효력이 발생한다. 시골마을에서는 이 단계로는 마을 주민이라는 실질적인 인정을 받지는 못한다. 그냥 '지 맘대로 살러 온 것'에 불과하다.

둘째, 마을상조회에 가입한다. 마을의 애경사에 자동적으로 참여하는 것이다. 보통 몇 십만 원 또는 연회비를 받는 방식이다. 마을 내에서 '자세가 되었군'이라는 정서적인 마을 주민 허가증을 발급받을 수 있다.

셋째, 모든 마을이 그런 것은 아니지만 마을기금을 출연하고 그 마을의 동재에 관한 의결권을 획득하는 경우는 확실한 멤버십카드를 발급받은 것이나 마찬가지다. '거의 진짜 마을 주민'으로 인정받는다. 행정법적으로, 관습법적으로 모두 통과한 것이다. 간혹 상조회 가입과 마을기금 출연을 혼동해서 큰소리가 나기도 한다.

넷째, 돈이고 뭣이고 간에 어떻게든 별 노력을 다해 그 마을에서 '우리 부락 사람'이라는 인정을 받는 것이 마지막 관문이다. 이것은 『반야심경』이나 『구약성서』 『탈무드』에나 나오는 잠언이거나 애당초 불가능한 미션이다.

이장 – 현재 우리 마을은 새로 들어오는 사람들에게 상조금을 받지 않고 있습니다.

노인1 – 다른 마을은 어떤가?

이장 – 옆 ○○마을은 오만 원 받는 걸로 알고 있고, 아래 △△마을은 이십만 원 받는 걸로 알고 있습니다.

노인1 – 그려, 워째야 쓰까이.

젊은이1 – 받아야지요. 강 들어와서 인사도 없이 살믄 그러더라고요.

노인2 – 그럼 타 마을하고 돈을 맞추면 되겠네.

노인3 – 그란디 나가 조깨 섭섭한 거이 있당께.

노인1 – 뭐인디?

노인3 – 처번(지난번)에 처어 ㅁㅁ네 초상났을 직에 마을에서 인사를 흐들 안 했더만.

이장 – 그것은 말입니다. 그 집서 그동안 다른 집 초상이나 뭐나 통 인사를 하지 않아서 그런 것 아닙니까? 아 긍께 어느 집서 그 집이라고 인사를 할 리가 없지요. 어르신이야 한 집안이니께 그렇게 말씀허실 수도 있지만서두….

노인2 – 그라제. 그라믄 안 되제.

이장 – 어차피 돈을 받건 받지 않건 경조사비 나가는 것은 마을에서 판단할 것이니께 대차 중요한 일은 아니지만 같은 마을 사람이다는 생각으로 거시기할 생각이면 거시기해도 되겠지요.

노인2 – 그러믄 이장이 알아서 금액을 정하고 이 문제는 이만치 흐세.

    건넌방에서는 끝자락이 보이기 시작하는 마을총회에 맞춰 음식을 준비하느라 분주하다. 오늘은 돼지고기를 굽고 생선과 쇠고깃국, 나물 등 속과 김치를 올린 정식의 밥상을 준비하는 모양이다. 이제 카메라 들이대는 것이 그렇게 어색하지는 않다. 대구댁이 소리한다.

    – 삼촌은 조구(조기)는 와 찍는데?

한쪽에 누워 계신 왕언니들 중 두어 분이 나를 보고 뭐하는 놈인가 하는 표정이시다. 옆에 있던 금강댁의 설명이 들어간다.

  – 와 그 지정댁 옆에 컨테너 사무실 있자나요.

이제 마지막 안건만 남았다. 여하튼 이장 선출 건은 피해갈 수는 없는 장면이다. 돌출 발언이 등장한다.

젊은이2 – 이장 임기를 이 년으로 허건 삼 년으로 허건 일단 연임은 하지 않도록 허지요? 긍께 연임은 못 허지만 그다음에는 출마할 수 있도록 허구요.
(가짜 이장 방백 – 저에게 출마의 기회를 주시면 이 한몸 뽀사지도록 한번 해 볼랍니다.)
노인2 – 연임흐면 뭔 문제가 있당가?
젊은이2 – 그거이 아무래도 길어지면 뭔 잡음이 생길 수도 있고….
(가짜 이장 방백 – 제가 이장이 되면 오미동에서 읍내까지 운하를 한번 거시기해불랍니다.)
노인4 – 잡음은 뭔 잡음, 기냥 흐던 사람이 계속 흘 수도 있는 거이제.
젊은이1 – 그래도 이장 임기를 정해야지요.
(가짜 이장 방백 – 아니요, 그래도 경선은 해야 하지 않겠습니까? 여보세요, 여보세요.)
노인1 – 그라제. 대충 삼 년 정도로 혀.
노인2 – 지금 이장이 일 년 되얐는가?
노인3 – 그라제.
노인2 – 그럼 시방서부텀 삼 년으로 혀.
노인1 – 모두 동의허시지요?

(가짜 이장 방백 - 동의할 수 없어욧! 경선 없는 민주주의는 엄청 문제 많다니 깐욧!)

노인4 - 아, 기양 한 십 년쯤으로 해뻐리랑게. 뭣 흐러 자꼬 바꽈.

젊은이2 - 그래도 타 마을하고 거시기는 맞춰야지요.

노인1, 2, 3 - 아, 되았어, 그냥 그렇게 혀.

노인4 - 박수나 한번 치고 통과시킴세(일동 박수).

(가짜 이장 방백 - 아니 세상에 이런 법이 어디 있어요. 달구새끼를 비틀어도 새벽은 온다구욧!)

노인2 - 인자 끝났으믄 밥 묵제.

(가짜 이장 방백 - 좋아요. 어차피 밥 때문에 왔는데.)

그렇게 이장 선출은 끝이 났다. 심각한 갈등도 논쟁도 없었다. 때때로 마을에 따라 이장 선출 문제로 잡음이 많은 모양이다. 다행스러운 모양새다. 농촌에 이런저런 예산이 날아다니면서부터 이장 자리를 두고 얼굴

연말이나 연초에 있는 마을총회에는 대부분의 마을 사람들이 참석한다.

붉히는 경우도 있는 모양이다. 시골에서 이장은 최소단위 공동체 부락의 수장인데, 요즘은 FTA다 뭐다 해서 농가수입 문제나 인구유입에 대한 군단위 노력의 일환으로 각종 지원책이 많기 때문에 이권이 발생할 수도 있다. 돈이 들어오면 잡음이 발생한다. 관건선거가 당연했던 시절이나 임명직 자치단체장 시절의 일부 이장들이 이런저런 마을 이권과 관련한 돈을 독식한 이력도 이장 자리를 두고 박 터지는 원인 중 하나일 것이다. 평생을 같이 살아온 마을이라 이런 경우 대놓고 욕을 하지는 못한다. 그냥 암묵적으로 다음 이장 선거에서 제외시키는 것이 자연스럽다.

오미동은 다른 마을보다 젊은 층(환갑 이하)의 숫자가 적은 편이다. 문제는 오히려 젊은 층이 많은 곳에서 발생한다. 젊다보니 생각이 많고 농사 이외의 생계 방안을 궁리하다보니 자연히 '기획'이 많고 '기획'은 '돈'을 필요로 하고 '돈'은 '잡음'을 발생시키는 주범이다. 서른 가구, 실질적으로 육십 명이 되지 않는 작은 마을 오미동의 이장 선출은 그렇게 마감되었다.

밥상이 차려졌다.

이장 경선이 무산되었지만 나는 밥상을 차리는 데 나름대로 열심히 협조한다. 원래 '주방본색'이다보니 건넌방을 들락거리며 음식을 나르는 것이 어색하지 않다. 남자가 부엌을 들락거린다고 간혹 할머니들에게 소리도 듣지만 의식적으로라도 음식 나르는 일을 계속한다. 시골에서 남자들은 보편적으로 이런 장면에서 움직임이 없다. 시골은 아직 간 큰 남자들의 천국이다. 식사를 하면서 자연스럽게 이야기는 이어진다.

이장 – 공동으로 사용할 농기구 몇 개를 사야겠구만요.

노인1 – 그런 건 일일허니 보고허고 허락받을 생각 말고 자네 알아서 허시게.

젊은이1 – 오십만 원 이하는 그냥 이장이 알아서 허도록 하지요.

노인2 – 오십만 원이면 겁나 큰돈이여.

젊은이2 – 하이고 어르신 우리 이장이 어련히 알아서 할까요. 푼돈 때마다 어떻게 일일허니 도장받고 다니겠습니까.

노인1 – 그려. 그런 건 그냥 이장이 알아서 혀.

식사 중에 가장 큰 안건은 역시 봄철 관광 문제였다. 농한기에 관광버스를 한번 타야 하는데 시기와 참석인원에 대한 의견이 분분했다.

노인4 – 처번참맹키로 버스 딱 반틈 채워갖고 갈라믄 가들 말고.

노인3 – 아, 그것이사 시한(겨울)인께 서울 자석들 집에 가고, 공공근로 나간다고 그런 거이제.

역시 마을총회의 하이라이트는 밥상이다. 밥상이 가장 강력한 소통의 도구다.

노인2 - 긍께 공공근로 피해서 날을 잡아야 흔당께.

노인1 - 설 지나고 가더라고.

노인5 - 너머 빠르지 안 혀?

노인1 - 아, 기양 봄 오기 전에 가는 거이 좋드랑께. 봄 되믄 일도 많고.

노인3 - 한 백만 완 허믄 강가?

노인2 - 거시기 결산 거시기 봐. 작년에 얼매 들었는지.

이장 - 백만 원으로 안 됩니다. 작년에 이백만 원 들었슴돠.

노인4 - 그거이 다 회 묵는다고 그리 된 것이여. 회들을 좀 많이 묵었가니.

노인3 - 하이튼간 구정 지나고 언능 다녀오더라고.

분명한 것은 봄일 시작되기 전에 관광을 다녀와야 한다는 것이고 어디를 다녀올 것인지는 마을의 젊은 사람들이 알아보는 것으로 정리되었다. 마을의 젊은 사람들은 오십대 형님들이다.

마을은 자긍심이 강하다. 사실 모든 마을이 그렇다. 마을의 문제점은 외부로 새어나가지 않는다. 하지만 각 마을들은 서로의 문제점을 알고 있다. 함구할 뿐이다. 대부분의 경우 마을은 평화롭다. 일상적인 시시비비는 수십 년을 함께 살아온 사람들에게 '살아가믄서 생기는' 당연한 현상일 뿐이다. 모여서 마을의 대표를 선출한다는 형식이 참 좋다. 필요한 대목이 있다면 여성들도 함께 결정에 참여한다. 하지만 별 이견이 없다는 암묵적인 동의는 굳이 이런 문제에 대한 시시비비를 논할 만큼 절박한 것이 아니다.

이곳에서 갈등은 큰 관심을 유발하지 않는다. 수면 위로 부상하는 경우가 무척 드물다. 남의 마음 상하게 만들어서 나에게 좋을 것 없기 때문이다. 하지만 일상적으로 개인과 한 집안의 의견은 충분히 전달된다. 노인 중심의 마을에서 갈등은 사소한 것이다. 큰 갈등은 항상 이권이 존재하는 곳에서 발생한다. 대부분의 마을은 변화를 그리 달가워하지 않는다. 바라보는 시각에 따라 이것은 정체상태일 수도 있다. 하지만 달리 보면 안정감이기도 하다. 사람 사는 세상의 모든 마을이 변화를 화두로 삼아야 할 이유는 없다. 대다수의 우리들은 '변화'라는 것을 너무 당연한 명제로 받아들이는 경향도 있다. 또는 변화와 발전을 동일한 의미로 인식하기도 한다.

의외로 많은 사람들이 도시를 떠나 한적한 시골마을에서 여생을 보내기를 원한다. 그러나 시골에서의 생활은 때로 '참여'를 통해 '존중'을 표현해야 하는 경우가 있다. 사람이 사는 곳에서 이것은 피할 수 없는 필연적인 장면이다.

정해년을 보내는 마지막 날, 마을에는 눈이 내렸다. 노고단과 왕시루봉이 내려다보고 있는 마을에 밤이 내렸고 그렇게 또 한 해를 마감했다.

밥이 하늘이다
– 오미동에서 볍씨가 밥이 되기까지를 바라만 보고 기록하다

2008년 5월 1일.

볍씨. 씨벼 또는 종도種稻.

지정댁이 햇볕 좋은 날 볍씨를 모판에 뿌리는 것으로 일 년 쌀농사의 시작을 알렸다. 물론 이전에 볍씨를 소독하고 물에 담궈두

는 며칠이 있었다. 도시에서만 살아온 나는 가능한 한 쌀농사의 모든 과정을 살펴보고 기록해두기로 작정했다. 지정댁의 손길이 다른 때보다 정성스럽고 주의 깊었다.

뿌려진 볍씨 위로 부드러운 흙이 덮어지고 물을 뿌린다. 이렇게 일일이 손으로 하는 방법도 있고 기계로 대신하는 방법도 있다. 마당에서 만들어진 모판은 피복을 입고 며칠 대기한다. 올벼, 밀이나 보리를 심지 않은 들판으로 먼저 나갈 모판들이다.

2008년 5월 6일.

이즈음 들판엔 밀과 보리가 익어간다. 지리산 자락은 일교차가 큰 편이고 비교적 냉한 기운이 많아 밀이 잘 자란다. 여전히 밀과 보리, 밀보리, 맥주보리를 정확하게 구분하지 못하지만 그래도 이제 어느 정도는 안다. 도시에서 온 손님들에게 "저건 밀, 이건 보리"라고 자신 있게 설명하지만 이곳 사람들 앞에서는 그냥 입 다물고 있는 편이다. 그리고 이곳에서는 밀을 보리라고 부르기도 한다. 고구마를 감자라고도 한다. 감자 삶았다고 불러서 가보면 고구마가 있어 "그러면 감자는 뭐라고 부르요?"라고 물었다고 '뒤지게' 욕을 먹기도 했다. 지나친 질문은 시골에서 대인관계에 좋지 않은 영향을 미친다.

하루이틀 머물다 갈 손님들에게는 상세한 설명을 해주는 것이 '나의 현지 적응력 과시'를 위해 좋다. 나의 손님들에게 들판의 황금물결이 보리건 밀이건 중요하지 않다. 그냥 그것이 대단히 아름다운 바람의 결을 표현한다는 사실만 중요하다. 심지어

밀밭 위로 바람이 분다. 곧 황금빛으로 변할 것이다.
베어질 것이고 같은 자리에 모를 심을 것이다.

어떤 이는 지리산닷컴 이장이 진짜 이 마을의 이장이라고 생각하기도 하니 그냥 그런 경우에는 농사전문가로 행세하는 것이 대인관계에 좋은 영향을 미친다. 심지어 손님들 중 일부는 계절을 망각하고 들판의 누런 것은 무조건 벼라는 확신을 갖기도 한다. 그래서 모심기도 하지 않은 들판의 밀을 보고 확신과 감동에 찬 문장을 나열하는 것이다.

- 야, 벌써 벼가 익었네.

아무튼 밀이건 보리건 황금물결을 이루고 베어져야 모심기를 할 수 있다.

2008년 5월 10일.

아침 일찍 서울로 출발하는 손님을 터미널에 바래다주고 평소보다 일찍 출근했다. 사무실 옆 이장댁 마당이 분주해 보였다. 담 위로 얼굴만 내밀고 염탐을 한다.

- 사진 안 찍남?

- 뭐 하는데요?

- 이모작.

- 이모작?

- 아, 못자리 욈긴다고!

일고여덟 명의 마을 사람들이 품앗이를 하고 있었다. 4월 말부터 마당에서 작업해서 못자리로 나간 것이 끝이 아니었던 모양이다. 늦게 나가는 모를 이모작이라고 불렀다. 대략 그렇게 알아듣는 것이 좋다. 이번에는 마당에서 모판 작업을 하고 바로 논으로 옮기는 모양이다. 대략 세 가구 정도의 논으로 배분되는 듯했고 품앗이에 동원된 집은 다섯 집 정도로 보였다. 작업은 컨베이어벨트 시스템으로 진행되었다.

모판을 집어넣고 – 흙을 담고 – 볍씨를 뿌리고 – 물을 뿌리고 – 다시 흙을 덮는 과정을 모두 기계를 이용해서 진행했다. 그 과정별로 인원이 배치되었다. 작업 난이도에 따라 자연스럽게 연령별 배치가 된 모습이었다. 트럭으로 바로 옮겨 차곡차곡 쌓는다. 이 과정을 모두 손으로 수행했던 시절은 어떠했을까. 참 지난한 과정이었을 것이다. 기계화는 필연적이다. 노동력이 없는데 다른 방도가 없다. 이날 아침에 작업한 것이 대략 400개 정도의 모판이다.

모판 작업은 넓은 논 전체에 볍씨를 바로 뿌리는 것이 아니라 모판 위에서 볍씨를 발아시켜 논의 못자리로 이동해서 키우기 위한 과정이다. 지정댁의 모판 작업은 채반을 흔드는 방식이었는데 그 과정이 힘들었다. 젊은 사람들은 기계를 이용할 수 있다. 대농은 그래서 젊은 사람들 몫이다. 정확하게는 기계를 가진 사람들이 대농을 한다. 마을에서 품을 파는 일은 아주 정확하게 작동한다. 상대방이 기계를 가졌다고 쉽게 부탁하는 일은 없다. 대가를 지불한다. 하지만 이날과 같은 품앗이에는 대가가 없다. 동일한 작업라인에 서서 균등하게 일을 진행한다. 품앗이의 미덕은 노인이나 젊은이나 어른이나 아이나 모두 균등한 노동력으로 취급받는 것에 있다. 노동력 교환 시 가치에 대한 평가가 타산적이지 않다. 참가했다는 사실이 중요하고 의리를 기반으로 한다.

사진만 찍고 가버리는 싹수 없는 놈이 되기에 딱 좋은 날이다. 딱 걸렸다.

카메라를 밀쳐두고 트럭에 올라 모판을 차곡차곡 채워넣는 일이 나의 몫으로 떨어졌다. 그래도 인원이 많고 이동거리가 짧아 지정댁 모판 옮

오미동 이장님 댁에서 모판작업 중인 마을 사람들. 만들어진 모판을 들판으로 옮긴다. 여럿이 하면 빠르고 편하다.

기던 날보다는 훨씬 수월하다. 경운기로 흙이 한 번 더 옮겨지고 트럭 두 대 분량이 모두 채워지기까지 대략 구십 분 정도 소요된 듯하다. 참외로 마른 목을 달래고 한담을 나누다가 논으로 이동했다.

 일 년 쌀농사 중 가장 노동집약적인 날인 듯하다. 모판을 못자리에 배치하기 위해 운반하는 이 과정이 제일 힘들었다. 허리를 구부리는 시간이 많고 줄을 서서 전달하는 작업의 특성상 쉬고 싶어도 쉴 수 없다. 한 판 작업이 끝날 때까지 꼼짝없이 계속해야 한다. 남자는 네 판씩, 여자는 두 판씩 옮겨주었다. 긴 장화, 이른바 '물신'을 신지 않았으니 내가 못자리로 들어설 가능성은 없다. 하지만 경사로에 기대어 서서 모판을 옮겨주는데

열이 이동하는 것과 같은 속도로 모판을 옮겨주어야 하니 논두렁 기울기 탓에 엉거주춤한 자세에서는 허리가 아프고 다리는 떨린다. 그 자체가 힘들다기보다 남아 있는 모판을 눈짐작하고 지루한 반복을 계속하는 것이 더 힘들다. 이런 정도 장면에서 다시 확신이 드는 것이다. '죽었다 깨어나도 나는 농사 못 짓는다.'

그렇다. 농사일은 끝없는 '과정의 반복'이다. 그것은 매 순간의 자전과 일 년을 주기로 한 공전을 평생 반복하는 것이다. 그리고 나머지는 하늘에 맡긴다. 이 과정을 끝내면 남은 대부분의 일은 기계가 대신할 것이다. 마을회관 쪽에서 소리가 들린다.

- 짜장면 시키신 분!

새참으로 자장면이 배달되었다. 평소 나의 식사시간으로 비교하자면 좀 일렀지만 오전 자장면은 작업 중에 반가운 손님인 것은 분명하다. 허기도 달래고 쉴 수도 있는 것 아닌가. 배달 온 옥산식당 형님은 돌아가지 않고 빈 그릇을 기다리며 이런저런 이야기를 나눈다. 점심 전에는 한가한 듯했다.

- 배갈 한 병 안 들고 왔어?

- 깜박했네.

- 고춧가루는?

- 여그 주머니에 갖고 있제. 우리집 고추 매워이잉.

과연 경험해본 중국집 고춧가루 중 제일 매웠다. 정신없이 자장면 한 그릇을 밀어넣고 어르신들 눈을 피해 담배연기 날리고 다시 작업장으로 이동했다. '찍사'로 등장했다가 자장면에 팔린 품팔이로 급 신분상승을 했으니 성공한 오전이라고 볼 수 있겠다. 하여간에 맛나요! 부탁도 안 했는데 곱빼기를 시켜주시다니.

　　- 곱빼기 아녀! 이거이 보통인데.

　　다시 작업이 시작되었다. 사진도 찍고 품앗이도 하려니 손도 마음도 바쁘다. 한번씩 나로 인해 컨베이어벨트가 멈춘다. 대통령 모심기가 아닌 것이다. 모판이 모두 놓이고 이제 물신 신은 사람들만 작업이 가능하다. 귀가 잘 들리지 않는 어르신 한 분이 함께해서 종종 작업장은 웃음바다가 된다.

　　- 아, 저리 가랑께!

　　- 긍께 가고 있자녀!

　　- 아니, 오지 말고 가란 말이여!

　　- 그랑께 가자녀!

　　- 아, 오지 말랑께!

　　피복을 한다. 일정한 기간이 지나면 피복은 벗겨질 것인데, 이것을 '보온못자리'라 부른다. 가장 일반적인 못자리 형식이다. 피복을 하려는데 작년에 사용하던 피복의 길이가 짧다. 운조루 엄니는 다시 사용하고 싶어하시지만 길이도 짧고 구멍도 많다. 아들은 새 피복을 준비했고 어머니는 헌 피복이 못내 아깝고 아쉬운 표정이다. 잠시 이를 두고 승강이가 있었지만 아들이 준비한 새 피복을 사용하는 것으로 의견은 정리되었다. 이제 작업은 마무리다.

　　모두들 흡족한 얼굴이다. 수고했다는 말들을 나눈다. 지정댁이 한시름 벗었다는 듯 한마디 던지고 작업을 마무리했다.

　　- 인자 쌀밥 묵그로 해놨응께.

　　흙투성이 카메라를 등에 메고 마을 사람들과 논길을 걸어나왔다.

"곱빼기 안 시켰는데?" "이거이 보통이여."

피복을 입히면 보온못자리 작업은 끝이 난다.

나로서는 예정에 없었던 일이었지만 마음이 새털처럼 가벼웠다. 나란히 논길을 걸어나오던 운조루 엄니께서 나에게 말씀하신다.

　　– 중간에 안 가고 끝꺼정 도와주니 고맙네.

　　물론 사진 몇 장 찍고 중간에 도망가고 싶었던 나는 속으로만 대답했다.

　　– 엄니는 일흔여섯 해를 해오신 일이지요.

　　이제 볍씨는 모로 변할 때까지 자랄 것이고 농부들은 기다릴 것이다. 물론 그냥 기다리는 것은 아니다. 물과 온도를 적절히 해야 하고 일종의 모종을 재배하는 과정이니 이 과정에서 쌀의 품질이 거의 결정된다. 사람이 태어나 백 일이 지나면 잔치를 한다. 그 정도 시간이 지났으면 죽지 않고 계속 살아갈 확률이 높아진 것이니 이를 축하하는 것이다. 볍씨가 발아하지 않거나 자라다가 썩거나 곰팡이가 피기도 한다. 며칠 후에 지정댁 모판을 쥐들이 헤집고 다녀서 새로이 손을 봐야 했다. 세심하게 살피고 필요하면 빨리 교체해야 한다. 아침저녁으로 모판의 물과 온도를 살핀다고 노인들의 발걸음이 부산했다. 볍씨가 모종으로 자라 직립하기를 기다리는 것이다.

　　2008년 5월 24일.

　　볍씨는 모종으로 변했고 곧 밀이 베어진 자리로 거처를 옮길 것이다. 베어질 밀과 심어질 모종은 들판에 공존한다. 땅은 이 모든 것을 받아들이고 자신의 역할을 수행한다. 하지만 두 곡식에 대한 농민의 마음은 다른 듯하다. 그것이 돈이 되건 말건 쌀은 쌀이고 일 년 농사의 주인공이다. 품을 비교하자면 쌀이 밀보다 더 많은 화폐로 교환되는 것도 아니다. 쌀은

밀을 벤 자리에 물을 대고 이른바 '로터리를 친다'. 모를 심을 것이다.

농민들에게 산수의 대상이 아니다. 쌀은 식량의 대표주자이고, 쌀이 있다면 연명할 수 있고, 최악의 경우에는 그것으로 족한 것이다.

2008년 6월 2일.
밀을 벤 자리에 물을 채우고 논을 갈았다. 금년에는 비료 값이 올라 문제가 있었다. 문제란 오른 가격만큼 쌀의 수익률이 떨어질 것이란, 눈앞의 불을 보듯 뻔한 이치와 비료공장의 태업으로 공급이 늦어진 일이었다.

2008년 6월 13일.

그럼에도 불구하고 모심기는 시작되었다. 밀을 베고 모를 심는 일은 동시에 이루어졌다. 들판의 모습은 하루가 달랐고 오전과 오후가 달랐다. 계단식 다랑논이 아니라면 경지 정리된 들판의 모심기는 기계가 대신한다. 기계는 젊은 사람들의 몫이고 한 단지(9백 평 정도)에 드는 기계 값(수고비)을 지급한다. 일본에서의 통계를 보면, 면적 차이가 있지만 논 한 단지에 투여되는 연간 노동시간이 대략 열네 시간 정도라고 한다. 하지만 우리나라 농촌 노인들이 그렇게 하겠는가? 논 주변으로 콩이며 팥이며 깨, 녹두… 뽑지 않으셔도 된다고 해도 풀을 뽑고….

2008년 7월 22일.
백일홍이 피기 시작할 때 들판은 다시 완연한 초록색이 되었다. 모내기가 끝나고 나면 이른바 '약'을 한다. 정해진 바는 없지만 3~5차례는 농약을 뿌린다. 요즘은 친환경단지로 지정하고 '친환경농약'을 뿌리기도 한다. 그것이 정말 친환경적인지는 잘 모르겠다. 농부들은 잡초와 벌레를 도저히 용서하시지 못한다. 인류의 농사農史는 풀과의 전쟁이었다. 그것은 거의 DNA에 각인된 유전적 차원의 반응인 듯하다. 논과 논 가장자리의 풀을 보고 그 논 주인의 성실성은 평가된다.

2008년 7월 30일.
모는 하루가 다르게 벼로 변해가고 있었고, 마을에서는 정자에 모여 함께 밥을 먹는 경우가 많았다. 이 무렵부터는 나도 대개 점심을 마을에서 해결했다. 그냥 숟가락 하나 들고 앉는 것이다.

백일홍이 피기 시작하면 들판은 완연한 초록색이 된다.

2008년 8월 24일.

　　콩잎이 반짝거리는 8월이 다 가도록 이곳에는 큰비도, 큰 바람도 없었다. 노인들은 논과 밭을 오갔고 논이야 물 문제가 없지만 밭들은 이미 마른장마의 후유증으로 타들어가고 있었다. 고추밭에는 탄저병이 왔다. 탄저가 오면 탄저'약'을 뿌린다. 검게 멍든 고추는 장에 내다팔 수 없는 '헛짓거리'이기 때문이다.

2008년 9월 9일.

　　모든 농사의 결과물은 어느 순간 비약적이었다. 어느 아침에 보면 이제까지와는 다른 모습을 보여준다. 벼의 녹색에 누른빛이 감돌기 시작하면 추석이 코앞이란 소리다. 더위가 한풀 숨이 죽고 고추 따서 말리는 손이 바빠진다. 배추 모종을 생각하기 시작하는 시기이다. 언제나처럼, 약속한 바는 없지만 모두 같은 시기에 같은 행동을 한다. 아무리 바빠도 그 시기에 작물을 심지 못하면 그것으로 끝이다.

2008년 9월 29일.

　　들판의 색감이 안정적으로 변해가고 나는 카메라를 들고 들판에 머무는 시간이 많아졌다. 빛이 순해졌고 색이 노련해지면 카메라는 자연스럽게 반응한다. 농촌의 일 년은 쌀과 함께 저무는 듯하다. 이곳의 한 해 끝이 보인다. 다른 작물들을 수확하는 일이 11월까지 이어지지만 들판의 분위기는 한 해의 마감을 향해 달려간다.

농촌의 일 년은 쌀과 함께 저무는 듯하다.

이곳의 한 해 끝이 보인다.

다른 작물들을 수확하는 일이 11월까지 이어지지만

들판의 분위기는

한 해의 마감을 향해 달려간다.

2008년 10월 8일.
때가 되었다. 올벼는 이미 추수를 시작했다.

2008년 10월 21일.
들판의 절반은 비워졌다. 나는 사진의 기준이 되는 운조루 논이 베어지는 때를 기다렸다. 오미동 이장님이 운조루 논을 베었다. 추수 작업 중에 기계가 고장 나서 다시 구입을 했다고 한다. 그 산수가 어떻게 되는지 물어보지는 않았다. 일 년 농사에 대한 산수는 어떻게 될까? 직불금 문제가 뭐가 새삼스럽다고 최근 뉴스에 나오는 것일까? 여하튼 쌀농사에 관한 산수를 한번 해보자.

논 한 단지를 기준으로 하자. 한 단지는 9백 평, 네 마지기 반이다. 모든 농사 과정을 직접 할 수는 없다. 노인들이 대다수인 농촌 현실이 그렇다. 일단 논을 한 번 뒤집는다. 마을마다 차이가 있겠지만 대략 칠만 원이다. 한 단지에 비료가 여덟 가마니 정도 들어간다. 한 가마니에 이만이천 원이었다. 십칠만육천 원이다. 다시 무논 상태를 한 번 더 뒤집는다. 칠만 원이다. 볍씨를 준비해야 한다. 나락 값 삼만 원이다.

부직포 등등의 기타 경비가 든다. 삼만 원 잡는다. 모심기를 기계로 해야 한다. 대략 십이만 원 정도 준다. 제초제를 뿌린다. 초기에 만오천 원, 중기에 삼만 원 해서 대략 사만오천 원이다. 농약을 3회 한다고 보자. 농약 값이 한 번에 칠만 원에 품삯까지 해서 십만 원 본다. 도합 삼십만 원.

추수를 해야 한다. 기계로 해야 한다. 십오만 원. 햇볕에 말리기도 하지만 매상하는 벼들은 건조기로 말리고 바로 나간다. 건조기 십만 원. 운반비 이만 원. 생각나는 대로 여기까지만 합산하면, 논 한 단지 일 년 농사짓는 데 드는 비용은 약 백십일만 원이다. 논 한 단지에 수확이 아주 많이 나오면 40킬로그램 기준 쉰 가마니다. 쌀의 매상가는 지역마다 차이가 있지만 이곳은 지난해에 한 가마니 오만 원이었다. 그래서 오만 원 곱하기 오십 하면 이백오십만 원이다.

논란이 되는 직불금은 평당 계산하는데 대략 한 단지에 이십만 원 나온다. 변동직불금이란 것이 있는데 이것도 대략 이십만 원 정도로 본다. 고로, 수확한 쌀 이백오십만 원 + 직불금 사십만 원 - 들어간 비용 백십일만 원 = 백칠십구만 원. 보통 세 단지 정도의 논을 가지고 계신 듯하니 이를 일반적인 경우로 환산하면 연간 쌀농사로 인한 수입은 오백삼십칠만 원이 된다. 쌀농사만 했을 경우 세 단지 논을 가진 농부의 연봉은 오백삼십칠만 원. 물론 이 모든 산수에서 인건비는 제외했다. 자본주의 사회에서 인건비는 인권의 척도인데 농민은 인권이 없다. 밭농사로 가능한 수입이 얼마나 될까. 대규모로 경작하는 선수들의 밭이 아닌 시골 노인들이 '만지작거리는' 밭이 대략 2백에서 3백 평 정도씩 될까. 고추, 콩, 깨, 또 뭐 있나? 감나무 몇 그루 있다고 보고 밤나무도 좀 있고… 간혹 공공근로에 참가하기도 한다. 연봉 천만 원 보면 될까? 쌀농사 중심의 귀농을 꿈꾸는, 마누라와 자식 두 명을 두고 있는 당신은 몇 단지의 논을 가져야 할까? 우스운 것은 농사는 사망 직전인데 농촌의 땅값은 오른다. 농사가 전망 있는 사업이라 그런 것이 아니란 것은 뻔한 사실이고. 말린 벼를 가마니에 담고 계시던 최광두 어르신께 여쭈어보았다.

  - 어르신, 그러면 도대체 농사를 왜 짓는 겁니까?

  - 묵고살라고.

거두어들인다고 끝이 아니다. 노인들의 가장 힘겨운 며칠은 벼를 말리는 이 무렵이다. 카메라가 송구스럽다.

벼를 말리고 담는 일이 쉽지 않다. 잠시 도왔는데도 진땀이 난다.

햇볕에 말린 나락이 꼭 좋은 것은 아니다. 건조율을 정확하게 조절할 수 없어 그렇다. 그럼에도 '쪼까 짓는' 농사의 주인들은 이 피곤한 과정을 마다하지 않는다. 사실은 건조비 아끼겠다는 노인들의 속마음이 더해진 과정이다. 혼자서는 하기 힘든 과정이라 간혹 사무실 문을 두드리고 아주 미안한 얼굴로 도움을 청하는 경우가 있다. 당연히 거절하기 힘든 일이니 잠시 돕고 나면 며칠 후에 되쌀이 담겨서 사무실 문 안으로 들여지곤 했다. 뭐 어차피 돈 벌자고 하는 농사가 아니다. 그냥 밥 먹자고 하는 일이다. 그리고 그 말은 들을 때마다 사람의 마음을 참 허허롭게 했다.

쌀값이 기름값만큼 오른다면 21세기에 14세기 스타일의 폭동이 일어날 것이다. 나 역시 쌀값이 지금의 세 배 정도 수준이 된다면 제법 압박을 받을 것이다. 쌀은 돈이 아니다. 쌀은 농사가 아니다. 쌀이 곧 우리다. 그것을 알기에 농민은 힘들다.

들판의 한 해가 저물어간다. 그 모든 불합리와, 거시기당이다 머시기당이다, 당의 이름만 달리한 같은 종류의 금배지 단 인간들이 싸우는 동안, 들판의 한 해는 끝이 나고 있다.

– 뭐 더러?

– 사진 찍으려고요.

– 하이고, 나 꼴이 시방 귀신 같은디.

나락을 말리고 콩을 터는 막바지 가을 들판에 땀 냄새가 짙다.

뒷집 어르신이 주신 귀한 햅쌀로 밥을 지었다. 그리고, 밥 한 그릇 모신다.

밥이 하늘입니다.
하늘 속에
사람이 있습니다.

설은 질어야 좋고
보름은 밝아야 좋다

2009년 2월 8일. 음력으로 정월 14일 아침 아홉 시.

마을청년회에서는 진작부터 일요일 아침 아홉 시까지 회원들의 집합을 수차례 문자로 통보한 다음이었다. 세 사람이 모였다. 청년회 전 총무 형님과 회원 한 분 그리고 나. 몇 분 동안 이런저런 잡담을 하며 기다렸으나 더 이상 사람들이 보이지 않아 행사를 주관하는 청년회 회장님과 이장님 중 누군가를 불러야 하지 않겠냐는 이야기를 나누었지만, 역시 마을회관 마이크를 한바탕 하려면 이장님이 적절하겠단 판단이 섰다. 이장님이 등장하고 마이크 소리가 마을로 울려퍼진다.

- 아아~ 리사무소에서 알려드립니다아~아~아. 대보름 달집 만들기 주비 때문에 청년회원들은 마을회관 앞으로 열 시까지 나와주십시오~오~오.
- 형님, 들었소? 시방 우리가 아홉 시부텀 이러구 나와 있는데 열 시까지 나오라네.

잠시 후 몇 사람씩 마을회관 앞으로 나오기 시작했다. 청년회는 사십대가 많고 드물게 삼십대 중후반, 적지 않은 수의 오십대 회원들이 있다. 여기는 구례군 마산면 사도리 상사마을이다.

이 마을의 청년회원은 대략 25명 정도 된다. 전라남도 전체를 통틀어도 제법 많은 '농촌형 청년'들이 서식하고 있는 마을이다. 그러나 대부분은 마을에서 밥벌이를 해결하기보다 읍내와 인근 소도시에서 직장을 다니거나 작은 사업을 하는 경우가 많다. 농사를 생계로 하는 청년회원은 거의 없단 소리다. 그러나 이런 날이면 평소에 보기 힘든 회원들도 '알아서 집합해서' 필요한 장면에 등장하는 센스를 발휘하는 것이다.

좀 늦었지만 청년회장님도 '썩소'를 날리면서 등장했다. 해외에서 돌아온 것이 하루 전 밤이다. 시차적응과 고도적응 등 체력적인 문제가 있겠지만 직책이 대보름 행사를 주관해야 하는 위치인지라 몸이 작살나건 말건 일단 나오는 것이 당연하다. 늦게 나온 청년회장에 대해서 일제히 비난성 발언을 퍼부었지만 그렇게 위협이 되지는 않은 듯했다.

― 회장을 무시 껍데기로 아니!

잠시 청년회장의 해외순방에 대한 이야기를 화제로 담배를 나누는 시간이 지나갔다. 동남아시아에서 이방인 대우는 받지 않을 외모인지라 흰소리가 주를 이루었지만 이런 시골에서 가족해외여행이란 엄청난 결단에 대한 칭송도 간간이 들렸다. 전년도 청년회장님의 반 토막 트럭이 일단 징발되어 마을 뒷산으로 향했다. 일부는 마을에 남아 여전히 저항 중인 회원들을 색출하고 제대로 된 트럭을 징발하는 임무 등을 수행하기로 했다.

― 작년에는 몇 차나 했소?

― 세 차는 했지요.

― 온다는 트럭은 몇 톤?

― 2.5톤인데 들어와질랑가?

― 하이고, 신작론디 들어오고도 남지라이.

전기톱 두 개를 들고 올라갔지만 누군가 묏자리를 봐둔 듯 이미 마을에서 필요로 하는 나무들은 베인 상태였다. 일이 수월하게 되었다. 주워 담는 것이 일이다. 달집을 만드는 데에는 주로 소나무와 대나무가 사용된다. 소나무는 오래 타고 대나무는 높이와 사운드 효과가 적절하다.

무슨 일을 하건 항상 '선수'들이 있기 마련이다. 대부분의 문제점은 이런 선수들에 의해 해결되는 법이다. 늦게 모였느니 어쩌니 해도 일하는 속도가 무척 빠르고 익숙하다. 우리나라 사람들 일하는 것 보면 억지로 끼워맞추는 것인지, 눈짐작이 정확한 것인지 판단하기 힘들다. 지금 밥벌이로 뭔 일을 하고 있건 농촌 출신들은, 더구나 지척에서 살고 있는 오랜 지기들은 간만의 막노동에도 금방 적응하고 일손이 척척이다. 우스갯소리들 해가며 트럭을 금방 채운다.

- 아 왜 또 우리 안(땅)을 벤다고 해싸?

- 돈 안 받고 간벌해주는 거이제.

- 아야, 거시기 전화해서 돼지 다리라도 하나 삶아야제.

- 일요일인디 부녀회에 연락하기 쪼까 거시기허요.

- 놔둬라. 내 알아서 연락할 꺼이니께.

삼십 분 조금 넘겨서 과적 트럭 하나 만들어서 내려보내고 일단 '담배 타임'이다. 전 청년회장 형님 혼자 운전해서 내려가서 저것을 어떻게 부릴 것인지 말들이 있었지만 대략 그것은 내려가서 해결할 수 있을 것이란 판단들이었다. 실제 그러하기도 하다. 전화가 온다. 나는 잠시 사무실을 다녀와야 했다.

- 몇 시에 짓기 시작할 것 같아요?

- 한 시? 여하튼 오래 안 걸려요.

달집 짓고 태우기까지 풀코스 기록을 해야겠기에 과정을 놓치는 일이 없어야 했다. 며칠째 날씨는 탁하다. 아무래도 비가 좀 와야 할 것인데 대보름날은 피하는 것이 좋을 것이다. 일단 일기예보로는 대보름에 비가

상사마을 청장년회 회원들이 대보름 달집태우기를 위해 품앗이 중이다.

온다고 한다. 차로 오 분 거리의 사무실로 들어와서 몇 가지 일들을 처리하고 있는데 이장님 전화가 온다.

    — 형님, 언제 오요? 지금 달집 세우는데.

    — 흐미! 십 분 안에 도착할게요.

눈썹이 휘날리는 속도로 운전을 했지만 그 사이에 나무 세 차 실어

내리고 달집을 거의 다 쌓아버렸다. 당연히 달집 짓는 광경을 본 적이 없는 나로서는 첫 기둥나무를 세우는 과정부터 찍고 싶었는데 말짱 도루묵이다. 기본형은 나왔고 살만 붙여나가면 되는 장면이었다.

― 아 씨, 무너뜨리고 다시 해! 나 오면 세우라니깨! 사진도 못 찍었는데.

이미 '담배 타임'이다. 일은 순조롭고 나무도 충분하다. 지금 하는 일은 제각각 달라도 이런 날은 몇 십년 전 그때 몰려다니던 때와 다를 바 없다. 오래간만에 손발을 맞추니 옛 이야기가 주요한 화제다. 그 시절에는 만식이 형님이 조무래기 거느린 왕초 노릇을 했지만 세월이 흐른 지금은 나이 한두 살 많은 것으로 왕초 먹는 것이 가능하지 않다. 지난 여름 청년회 모임 때 이런 세월의 변화를 설명하는 대화가 있었다.

― 이제 마을에서 우리도 말발이 좀 돼야~. 글지 않소, 형님?

― 아야, 그것은 우리도 나이 먹어간다는 소리여.

2008년에 이장 마이크로 부음을 세 번 들었나? 때로 시간은 반복적이지만 그 반복은 한 번도 똑같지는 않았다. 부음을 알리는 이장의 마이크는 반복적이지만 그 마이크를 잡는 사람은 바뀔 것이다. 자연스러운 일이기도 하고 허망한 일이기도 하다.

대부분은 도시에서도 살아봤고 실패도 해봤다. 그리고 지금은 제각각의 사연을 가슴에 묻어두고 고향에서 살고 있다. 오늘 찍은 사진을 보고 다시 '그 시절'을 이야기할 때 즈음에는 이 사람들이 마을의 노인회원이 돼 있을 것이다. 그때까지 내가 이 마을에 존재할지는 알 수 없는 노릇이다. 하지만 지금 이 마을의 이 순간을 기록하고 사람들과 즐기는 것에 충실하는 것이 나의 소임이다.

직장 때문에 막상 보름날에는 마을에 들어오지 못할 회원들이 있

"어야,

달집이 1반 쪽으로

기울어버렀어야."

다. 그래서 대보름 하루 전 품앗이에는 꼭 참석한다. 그것이 소속감이고 연대감이다. 언젠가 '돌아올 곳이 있다는 것'은 경제적인 여유를 의미하는 문학적 표현은 아닐 것이다. 돌아올 곳은 마음자리와 다르지 않다.

- 지금서부텀 막 꽂아요!

- 어야, 달집이 1반 쪽으로 기울어부렀어야.

- 넘어지는 쪽이 풍년 드는 것이여.

- 흐미 1반 풍년 들겄네.

1반으로 기울었다, 하사 쪽으로 기울었다, 반대편에서 보면 기울지 않았다, 말들이 분분했지만 달집은 몸집을 불려나가기 시작한다. 산만하지만 십수 명 남자들이 움직이니 진도가 빠를 수밖에 없다. 백바지 입은 회원이 늦게서야 스윽 등장한다.

- 완전 고문관이야, 백바지 입고 뭔 일을 한대?

- 아 이제꺼정 내가 거진 다 혔는디 뭔 소리 허요.

백바지와 찍사는 잠시 헛소리를 나누었지만 누구 하나 배바지와 찍사를 탓하지는 않는다.

- (나뭇가지를) 거꾸로 해야. 모양 나오게.

- 나무는 (충분한가)?

- 겁나게 있어 나무.

결정적인 장면에서 항상 청년회장이 파인더 속에 잡혔다.

- 하이고, 사진으로는 이번 일 절반은 청년회장이 한 것 같어.

- 형님 나는 안 나왔소? 아침부텀 허벌나게 혔는디.

- 원래 사진이란 것이 포토제닉한 면으로다가 튀는 사람이 있다니깐.

- 요라믄 나오요?

- 그란디 뭔 샛거리(새참)도 없나?

두부에 막걸리가 등장한다. 백바지와 찍사는 다시 시비를 할 수밖에 없다.

- 뭔 일은 하도 않은 사람이 샛거리는 젤 먼저 앉네.
- 총감독이랑께!
- 내가 좀 있다가 사진으로 아무 일도 안 한 거 딱 증명을 할 것잉게.
- 감리가 보통 일이 아닌디.

두부에 김치, 막걸리는 거부할 수 없는 조합이지 않은가. 지난밤의 주종이 소주였는지 의외로 소주 찾는 사람들이 많다. 날씨가 따뜻하다. 바람도 산들하다. 일요일이라 오래간만에 마을의 부모님 뵈러 잠시 들린 회원들도 있고 해서 두런두런 자리가 점점 넓어진다. 그렇게 술들을 나눈다. 중요한 것은 내 마음이 여전히 이곳에 있다는 것을 전달하는 것이다.

- 내가 봤을 때는 불 지르자마자 1반 쪽으로 넘어갈 것 같어.
- 그라믄 몸으로 막아부쇼.
- 그란디 회장헌티 보고도 안 하고 문자메세지를 보내부냐?
- 아, 회장이 해외에 나가 있어분께 전화가 안 되야분디 총무가 어쩌란 말이요?
- 형님이 회장이요?
- 환장하겄네. 사람들이 나가 회장이란 걸 모른다니께. 시방 정권 인수한 지 이 개월짼디.
- 앞쪽이 뽄때가 나야 혀. 앞쪽 인테리어 책음자(책임자)가 철호 형이여?

이제 볏짚을 채워넣고 끝내는 것이다. 남은 잔가지 나무들도 모두 달집 사이로 집어넣고 청소도 겸한다. 점검 차원에서 경험자들이 마지막

새참으로 두부와 막걸리가 배달되었다.

체크를 한다. 자체적으로 달집 만들기가 가능한 마을도 그렇게 흔치 않다. 노인들은 그냥 바라보고 가끔 조언을 할 뿐이다. 아마도 마을에서 달집을 만드는 일이 계속되는 것이 다행이라는 생각들을 하고 계실 것이다. 내일 바람이 적당하고 비가 오지 않는다면 무난할 것이다. 전 청년회장인 철호 형님이 혼잣말인 듯 소리했다.

– 마무리를 잘해야 혀. 그래야 욕을 안 얻어먹어.

새참을 먹었지만 점심시간이 지났고 시장기가 밀려온다. 회관에 점심이 준비되어 있다고 내려가자고 한다. 장갑도 끼지 않은 찍사는 좀 부끄럽지만 그래도 배고프기는 한가지다.

여럿이 모이면 돼지수육이 적당하다. 배추쌈에 손이 먼저 갔다. 청년회에서 일을 하는 동안 부녀회에서는 음식을 준비했다. 모두 이런 일에 이력이 났다. 일 끝내고 점심을 먹어서 그런지 다른 때보다 먹는 양이 많다. 여전히 '저 사람은 누군가?'라는 일부 할머니들의 눈동자가 나에게로 향한다. 다른 할머니들에 의해 나의 정체가 설명된다. '누구 집 아들내미'가 아닌 나로서는 계속 겪을 수밖에 없는 일이다.

이런 날의 식탁 풍경은 이곳에서는 참 당연한 일이지만 도시에 살고 있는 대한민국 백성의 90퍼센트는 경험하기 힘든 모습이다. 도시에서 결혼식이다 뭔 경조사다 해서 뷔페에서 떼 지어 식사를 하지만 그런 공간에서는 절대 느낄 수 없는 안도감이 존재하는 밥상이다. 청년회의 주문이 있기도 했지만 마을 일을 함께한 남자들에게 따뜻한 밥 한 그릇으로 노고를 위로하고 먹는 사람은 이 밥을 지어준 엄니들과 부녀회원들에게 역시 진심으로 감사한 마음을 가진다. 항상 느끼는 점이지만 24절기의 어느 날

마을에서 받는 밥상에는 항상 안도감이 흐른다. 익숙함일 것이다.

이건 이런 모임 자리에서 큰소리 나오는 경우는 없었다. 모두 이 밥상의 의미를 잘 알기 때문일 것이다. 마을의 모든 가구가 농사를 짓는 것은 아니지만 마을의 기본 정서는 절기와 풍년을 위한 예禮가 바탕이다. 하여 이런 밥상 앞에서 어찌 감사하지 않을 수 있겠는가. 문제는 형식이 아니라 존중이다. 돼지수육 삶은 국물에 김치와 우거지 넣고 끓인 국을 두 그릇 마셨다. 대보름 하루 전의 미션은 이렇게 끝이 났다. 장에 다녀오는 길에 보니 회관 앞에서 윷들을 노는 듯했다.

    2009년 2월 9일. 음력으로 정월 15일 대보름 오후 다섯 시.
    '農者天下之大本也(농자천하지대본야).'
    여전히 농사짓는 일이 천하의 큰 근본인지, 농자의 도道가 천하에서 최고로 큰 도인지는 모르겠지만 분명한 것은 농사는 용자傭者 또는 용자勇者가 짓는 것이다. 다행스럽게도 아침에 잠시 비가 왔을 뿐 더 이상의 비는 없었다. 구름도 달을 가릴 정도는 아닌 듯했다.
    이런 날의 고사상 주인공은 돼지머리다. 죽고 나서 웃는 짐승인 돼지의 머리는 고사상의 필수 항목이다. 돼지머리 삶아서 파는 정육점이 장사를 잘하기 위해서는 돼지가 활짝 웃어야 한다. 그것도 기술이다. 해학적이기도 하고 죽은 뒤의 웃음이라 뭔가 생각할 만도 하다. 왜 돼지머린가? 『역경易經』에 다음과 같이 전한다고 한다.

> "돼지는 북두칠성의 정령이 붙어 생겨난 짐승이라서 본래 하늘에서 살았는데, 온몸이 검다 하여 용龍의 미움을 받아 땅으로 쫓겨났다고 한다. 지금도 돼지 앞다리의 뒤쪽에 북두칠성처럼 검은 점 일곱 개가

> 나 있는 것은 돼지가 하늘에서 살았던 증명이라 하여 이것을 칠성점七
> 星點이라고 한다. 여기에 사람의 생사길흉을 관장하는 칠성신앙이 야
> 합하여 고사를 지낼 때 그 교감매체로서 돼지머리가 선택되었다는 것
> 이다."

그러나 돼지머리가 단골로 고삿상에 오르는 진짜 이유는 흔한 가축이었기 때문일 것이다. 소머리를 올리려면 농경사회에서 출혈이 너무 심하지 않았겠나.

윷놀이에서 도는 돼지, 개는 개, 걸은 양, 윷은 소, 모는 말을 뜻한다. '도'는 시작을 뜻한다. 그래서 윷놀이 중에 도를 던지고 나면 살림밑천이라고 말한다. 시작이라는 의미가 강하다. 그러니 대보름 달집태우기 고사상에 돼지머리는 더욱 필수다. 돼지는 한자로 '돈豚'이라 표기한다. 일본말로 오카네おかね, 영어로 머니money를 우리는 '돈'이라고 발음한다.

돼지꿈을 꾼 다음날 사람들은 복권을 구입한다. 자본주의에서 복福이란 대부분의 경우 돈을 갈구하는 것이다. 건강은 아마도 그다음 순위일 것이다. 돈으로 건강을 사거나 지킬 수 있기 때문일 것이다. 개인적으로 가장 싫어하고 짜증스러운 덕담이나 인사가 바로 '대박 터지세요'다. 박정희 시절의 '잘살아보세!' 이후 사십 년을 돈 버는 일에 온 나라와 백성이 매진해왔다. 벌 만큼 벌어도 죽도록 일해도 만족스럽지 않은 것이 이 사회의 특징이다. 그럼에도 불구하고 이 거대한 국가적 사채시장이 여전히 돌아가고 '돈 철학'이 사람들 사이에서 설득력을 유지하는 이유는 바로 확률의 희박성 때문이다. 확률의 희박성은 대박을 미끼로 내건 도박의 필수조건이다. 그럼에도 불구하고 촬영하다 말고 마누라가 달집에 연을 붙인다

마을의 어르신들부터 인사를 시작하면 대보름 행사가 시작된다.

처음 참가한 달집태우기 행사는 사람의 마음을 경건하게 만드는 그 무엇이 있다.

고 이만 원을 물렸다. 이런 경우는 놀이다. 동참한다는 의사표현이다. 그것이 대보름이다.

마을노인회 대표님과 연장자 어르신들을 우선으로 이장님이 술잔을 채운다. 이제 고사라는 오랜 제의祭儀 방식의 축제가 시작되는 것이다. 엄숙한 형식으로 시작해서 마시고 먹고 웃고 노래하고 춤출 것이다. 노래방 사업이 여전한 것은 민족성 때문이다. 할머니가 절을 하고 손녀는 따라한다. 물론 영문은 모를 것이다. 원래 영문도 모르고 따라한 일들이 각인되는 것이다.

여섯 시 무렵이 되자 아랫마을에서 달집 연기가 피어오르기 시작했다. 이 마을 저 마을들에서 일제히 달집태우기 행사를 시작한 것이다. 오른편으로 작은 산을 하나 둔 상사마을은 조금 더 늦게 불을 넣을 것이다. 달이 동쪽 산을 넘어서려면 다른 마을보다 좀 늦을 것이다.

불놀이는 불꽃이 타오르는 힘이 상징하는 양력揚力과 달이 상징하는 생산력이 만나는 놀이다. 대지의 힘을 불을 통해 달까지 밀어올리고 염원하는 것이다. 달은 흔히 여성을 상징한다. 생산성이다. 생산을 상징하는 강력한 두 가지 음양의 아이템이 합체하는 것이다. 8월 대보름이 마감이면 정월 대보름은 시작이다. 잔치를 하지 않을 수 없는 날이다.

고사상을 한쪽으로 치우고 풍물을 준비한다. 정해진 멤버는 없다. 상황에 맞게 대략 꽹과리, 징, 장구, 북 중에서 알아서 고른다. 어차피 나중에는 체력이 고갈될 것이고 술이 오른 다른 사람들이 사물을 넘겨받을 것이다. 전화가 온다. 지리산닷컴 사무실이 있는 오미동의 형님이다.

　　- 어야, 달집태우는 데 사진 안 찍냐?

　　- 거시기 저, 형님 제가 지금 상사에 있걸랑요. -,.-

- 상사 찍냐?

- 예. -,.-;

- 너 낮에 오미동에서 돼지고기 먹었자너!

- @,.@

마침내 불을 붙인다. 여럿이 함께 붙인다. 액막이 연 수십 장을 달집에 붙였고 이름이나 소원을 적어넣었다. 원래는 보름 전에 날리고 놀던 연을 정월대보름이 지나면 더 이상 날리지 않고 태우는 것이지만 이제 그렇게 놀던 연은 시골마을에도 없다.

불길은 순식간에 타올랐다. 주변의 모든 빛과 열기와 냉기까지 흡수해서 순식간에 타올랐다. 맹렬한 기세로 달집 꼭대기에 도달한 불꽃은 뒤를 이은 연기와 함께 하늘 높이 솟아올랐다. 이때 대나무가 먼저 '따닥 따닥 퍽!' 하는 소리와 함께 탄다. 대나무 타는 소리에 귀신이 도망간다고 했다. 불꽃의 기세와 연기가 도달한 높이는 마을의 힘을 상징한다.

달집이 고루 잘 타면 풍년이고, 도중에 꺼지면 흉년이다. 달집이 넘어지는 방향의 마을에 풍년이 들고 남보다 먼저 불을 붙이거나 헝겊을 매달면 아이를 잘 낳는다. 이 모든 것은 공동체를 위한 것이다. 설이 가족 중심의 수직적인 성격의 명절이라면 대보름은 공동체 전체를 위한 명절이다. 개방적이고 집단적이다. 진행 또한 수평적이다. 축제는 나에게서 우리로 확장된다. 그리고 사람들이 말했다.

- 설은 질어야 좋고 보름은 밝아야 좋다.

바람이 제법 불었다. 불을 붙이고 나서 더욱 그러하다. 열기가 주변 공기를 빨아들이는 힘일 것이다. 서북풍이었는데 좀 심상치 않다. 경운기에 큰 물통 하나 준비했지만 막상 '코끼리 비스킷'일 것이다. 청년회

총무님과 감사님이 호스를 들고 대기 중이다. 날아오는 불씨를 호스 물길로 잡을 심산이었지만 불길의 힘을 보고는 일단 살고 보자고 뛴다. 불길은 순식간에 주변의 모든 산소를 장악하고 흡수하고 뱉어내기를 반복했다. 그 열기는 감히 그 누구도 바람이 불어오는 방향을 향해 서 있을 수 없게 만들었다.

그러고는 불구경이다. 이날은 합법적으로 불놀이와 불구경이 가능한 유일한 날이다.

이상하지 않은가? 타오르는 불꽃 앞에서 마음이 차분해진다는 사실이. 그런데 저건 뭐지?

이장님이 나에게 눈짓으로 사인을 해주어서 동쪽을 바라보았다. 구름에 가려졌을 것이라 생각한 달이 오르고 있었다. 생각보다 한 시간이나 늦다니! 달은 순식간에 차올랐고 불꽃과 달과 사람은 삼위일체가 된다. 이런 광경이라면 금년 대보름은 제대로 된 모양새를 갖추었다.

회관에서 늦은 저녁밥과 술을 나누고 다시 출정이다. 마을 입구의 새로 지은 한옥과 고택을 시작으로 지신밟기에 들어간다. 새롭게 사업을 시작하는 집과 물수건 공장과 그리고 마을의 그 모든 집들을 방문했다. 늦도록 사물 소리가 밤하늘을 갈랐다. 사람들의 고함 소리가 골목길을 빠른 속도로 내달렸다. 체력들이 대단하다. 술의 힘인가? 자정이 넘어서야 꽹과리 소리가 멈추었다. 그렇게 구례군 마산면 사도리 상사마을의 정월대보름은 끝이 났다. 정월대보름이 끝이 나면 매화가 한두 송이씩 톡톡 터질 것이다. 이제 서서히 꽃향기가 올라온다. 겨울이 끝이 난 것이다.

달은 순식간에 차올랐고

불꽃과 달과 사람은 삼위일체가 된다.

이런 광경이라면 금년 대보름은

제대로 된 모양새를 갖추었다.

2부
시골에서 농사짓지 않고 사는 법

마을 사람들은 '오늘 해야 할 일'을 계속했고
나는 그것을 기록했다.
청년회 회장의 말이 간혹 생각난다.
"마을과 사람들을
풍경으로 바라보지 않았으면 좋겠습니다."
그 간극을 좁힐 수 있는 길은 무엇일까?

마을신문을 만들다

상사마을로 이사를 한 것은 2008년 6월 1일이다.

서울에서 구례로 내려온 이후 이 년 동안 읍내에 거처를 마련하고 있었다. 별다른 뜻이 있어 그런 것이 아니라 적당한 집을 마련하는 것이 쉽지 않았다. 여기서 '나의 적당함'이란, 매매가 아닌 전세거나 월세여야 하고, 수리를 거의 하지 않고 살 수 있는 집이어야 한다는 조건이다.

시골에서 정주를 위한 집을 구하는 방법 중 가장 일반적인 형태는 땅을 사고 그 땅 위에 집을 짓는 것이다. 시골에서는 도시에서처럼 부동산 매매가 활발하지 않다는 것을 염두에 두어야 한다. 땅이나 집의 재산가치가 도시에 비해 훨씬 떨어진다는 의미다. 다음으로 가능한 방법은 빈집털이다. 저렴한 방법이기도 하고 재수가 좋다면 그냥 들어가 살 수도 있다 하지만 막상 돌아다녀보면 그렇게 쉬운 일이 아니다. 우선 구례에는 빈집이 그렇게 많지 않았다. 그다음 문제는 빈집을 발견했다 하더라도 그냥 살기는 문제가 좀 있다. 수리를 해야 한다. 집의 상태에 따라 차이가 있겠지만 수백만 원에서 수천만 원까지 소요될 수 있다. 이 역시 불필요거나 비효율적인 투자에 해당한다. 이런 집의 경우 계약서를 확보하기 힘들다. "그냥 살면 되지 그깟 종이쪼가리는 뭣허게?"라는 대답이 흔하고, 무엇보다 어느 날 갑자기 고향 떠났던 빈집의 주인장이 사업에 실패해서 낙향하는 날에는 골치가 아파진다.

상사마을로 옮겨온 것은 특별한 뜻이 있었던 것이 아니다. 위에서 언급한 '적당한 조건'의 집이 있었기 때문이다. 조립식패널로 지은 집이다. 전원생활의 로망과는 전혀 관계없는 건축재로 만들었고 주변 경관도 한적함이라는 단어와는 거리가 멀다. 여름에 뜨겁고 겨울에 추운, 정말 살아 숨 쉬는 집이라 할 수 있다. 수리하지 않아도 되는 집이었고 크기도 적당했다. 15평 정도 되어 보였다. 특별한 가구가 없는 우리에게는 적절한 평수다. 우리 기준으로 집세가 착했다. 보증금 없이 월 십만 원. 이 집은 이사 들어오기 일 년 전부터 알고 있었고 일 년을 기다린 것이다. 물론 다음 타자가 우리라는 것을 집주인 어르신에게 말을 넣어두었다.

- 집세를 쪼까 더 받아야 쓰겄는디. 시한에 벽도 한 번 더 쌓아올렸고….
- 예, 말씀하십시오, 어르신.
- ….
- 아 편하게 말씀하세요, 어르신.
- 십일만 원.
- 콜!

집세 흥정은 그렇게 끝이 났다. 계약서는 없다.

7월 어느 날 저녁부터 상사마을청년회 모임에 참석했다. 자청해서 들어갔다. 마을의 대소사를 외면할 생각이 없었기에 진작부터 그렇게 작정하고 있었다. '마을주민 되기'는 당면한 과제였다. 소속감은 조직에 투신할 때 부여받는다. 나는 농사짓지 않게 생긴 외지에서 들어온 놈이다. 더구나 마을에 흔한 서구형의 목조주택이 아니라 그렇고 그런 허름한 집으로 들어온 놈이다. 도대체 뭐하는 놈인지 궁금하기도 할 것이다. 항상 나의 일을 설명하는 것이 힘들었다. 웹디자인, 포괄적 디자인으로 밥 먹고 살아간다는 대답은 쉽지만 그다음부터가 문제다. "왜 내려왔소"와 "구례에서 그런 일로 먹고살 수 있나"라는 것이 정해진 수순의 질문과 대답으로 이어지는 초입이다.

마을의 행사가 있을 때 사진을 찍었다. 한동안은 '사진박구'로 통했다. 청년회 안에서도 연말이 되도록 모임을 할 때마다 "6월에 이사온 권산이라고 합니다"라는 멘트를 날려야 했고 그때마다 "왜 내려왔소"와 "그런 일로 먹고살 수 있나"의 무한반복은 이어졌다. 언제까지 인사를 해야 하지?

마을신문 창간 작업에 참여하면서부터 나의 '마을주민 되기' 프로젝트는 약간 진척이 있었다. 2009년 2월이었다. 이장님으로부터 '마을신문 회의'에 참석해달라는 요청을 받았다. 항상 문제는 술자리인데 들리는 전설에 의하면 상사마을 청년회 조모, 최모 선생께서 술자리에서 "우리도 마을신문 같은 거 한번 만들어보자"라는 소리를 한 것이 출발점이었던 모양이다. 마을신문이라는 것은 매력적인 일감이다. 어쩌면 이전부터 기회가 된다면 만들어보고 싶었던 것이기도 하다.

창간호의 내용은 대부분 결정되어 있었다. 일반적인 마을소식과 소개, 일부 주민들의 원고가 전부였다. 일단 나에게 부여된 역할은 '편집'이었다. 마을 분들은 물론 내가 어떤 영역의 일을 하는 놈인지 정확하게 알지 못한다. 나는 이른바 직업적인 디자이너다. 능력이 쓸 만하건 형편없건 직업적으로 그렇다. 마을신문 작업에 직업적인 디자이너가 참여하는 것이 장점인지 단점인지를 판단하기 힘들었다. 하지만 나는 이 마을에 사는 주민이고 참여할 자격이 있다. 마을에 직업적인 디자이너가 산다는 것이 시골마을에서 흔한 일은 아니지만 이런 조건 역시 하나의 객관적인 사실이다.

A4 16면이라는 분량이 적지 않게 느껴졌다. 창간호는 컬러로 제작하기로 했다. 이장님께 '백만 원 힘들면 육십만 원도 힘듭니다'라는 논리로 설득했다. 천 부 인쇄하는 것으로 정해졌다. 인쇄는 서울에 맡기기로 했다. 읍내 쪽에서 인쇄 경험을 몇 번 한 이후라 나는 이 대목을 좀 강하게 주장했다. 통상은 지역 업자들에게 도움을 주는 것이 옳지만 나는 더 이상 신기한 인쇄기술을 경험하고 싶지 않았다.

교정 출력을 해보고 싶은데 구례에서는 방법이 없다. 을지로 출력소로 파일을 보내고 택배로 받는 방법도 있겠지만 시간 소비가 많다. 읍내 간판집으로 갔다. 현수막 출력하는 기계에 가장 종이에 근접한 코팅지를 걸어서 출력했다. 이가 없다보니 잇몸으로 살아간다. 만족스러웠다.

2009년 4월 9일. 면민체육대회를 하던 중에 인쇄 완료된 마을신문 창간호가 도착했다. 2009년 동안 마을브랜드화 작업과 연계한 제호를 정해야 하는데 창간호가 나올 때까지 결정이 안 돼 일단 '장수마을'이란 밋밋한 이름을 사용했다. 그러나 나는 이제까지 만들어본 어떤 인쇄물보다 달뜬 마음으로 박스포장을 뜯었다.

2면과 3면으로 이어지는 펼침면에 마을의 70여 가구들의 택호 또는 거주자의 이름을 표기했다. 행평댁으로 시작해서 선전댁, 편산댁, 넘실댁을 지나 신동댁, 대실댁 즈음에서 마을은 2반과 3반으로 양 갈림길을 두고 있는데 좌우로 당촌댁, 오동댁, 수평댁을 지나 사촌댁으로 2반이 거의 끝나고 본면댁, 천안댁, 서장댁을 지나 김봉용 씨 집까지 3반의 끝 무렵이 된다. 이후로도 이 펼침면은 마을 사람들 이야기가 나올 때 유용하게 사용하는 정보의 창고이자 히트상품이기도 했다. 대략 78가구 183명이 이른바 가장 정확한 '마을이장 통계'이나 역시 실거주자를 중심으로 보자면 85퍼센트 정도로 보면 될 것이다. 공통적으로 하시는 말씀들은, "우리 마을도 요렇게 봐불면 제법 실해야"라는 반응이었다.

노인들이 인구의 70퍼센트를 차지하는 마을의 신문은 우선 마을에서 소용되어야 한다. 그래서 본문 서체의 사이즈가 매킨토시 폰트로 14포인트이다. 특별한 재주를 가진 디자이너가 아닌 관계로 아주 마음에 드는 디자인은 어느 정도 포기했다. 판형은 A4이고 지면은 16면이다. 종이는 미색모조 100그램이고 전면 컬러판이다. 향우회와 마을을 자연스럽게 방문하는 내방객들에게 마을을 알리는 수단으로 활용할 것이다. 정기구독 회원을 확보하는 것이 관건이다. 2010년 현재 3백 명 정도의 정기구독자를 확보하고 있다. 중앙일간지와 경쟁하기에는 아직 힘이 좀 부족하다. 마을신문의 내용적 관건은 마을에서 살아가는 사람들의 이야기를 어떻게 수록할 것인가 하는 문제이다. 선정적이거나 진정성 있는 이야기가 없는 매체는 대단하건 사소하건 살아남을 수 없다.

- 근데… 내가 여기서 산 지 한 오 년 되거든, 그러면 난 도시 사람이니? 시골 사람이니?
- 어, 그래요. 근데 난 왜 몰랐지? 진짜 우리 동네 산 지 오 년 됐어요?
- 그럼… 그건 우리가 서로 마주칠 기회가 없었기 때문일 거야. 그건 그렇고 내 질문에 대답해봐!

이곳에는 을지로 출력소 같은 곳이 없어 읍내 간판집에서 마을신문 교정지를 뽑아보았다. 아래는 마을신문 창간호 1면 모습.

- 아저씨! 밥벌이를 어디에서 해요?
- 밥벌이? 글쎄… 먹고살 돈은 도시에서 생긴다고 해야겠지.
- 그렇죠?. 그럼 아저씨는 도시 사람이에요. 백 년을 여기 살아도 여기서 밥벌이를 해결하지 않으면 이 동네사람 아니에요.
- 음, 그렇군.

'페이크 다큐멘터리'란 제목을 달았으니 가상의 이야기다. 그러나 강 건너 죽마리에 사는 다큐멘터리 감독 조성봉 선생이 만든 이 가상의 이야기를 읽는 순간 내 의문의 많은 부분이 해결되는 광명을 얻었다. 나 역시 밥벌이의 대부분은 여전히 서울에서 조달하고 있다. 그뿐만 아니라 가급적이면 '구례 사람들 주머니 털어먹는 짓'은 하지 않는다는 원칙을 가지고 있다. 물론 이곳에서 돈을 받고 하는 일들도 있었다. 하지만 돈을 주고 나에게 의뢰하는 일들의 대부분을 거절하기도 했다. 그것은 다른 의미로 '돈'에 의해 이곳과 얽히는 상황을 방지하는 효과가 있기도 하다. 그래서 사활적이지 않은 것이다. 그 땅에서 살아가는데, 그 땅에서의 사냥에 사활적이지 않은 사람은 진정으로 그 지역 사람이 될 수는 없을 것이다. 그것은 지역을 사냥터로 삼고 있는 사람들로부터 같은 리그에 속한 사람이라는 인정을 받을 수 없다. 마을신문을 만드는 일은 이런 거리감을 어느 정도 줄일 수 있는 계기였다.

한계는 있지만 마을을 위한 일을 함께한다는 약간의 공통분모가 형성된 것이다. 이후 마을에서 카메라를 들이대는 일은 합법적인 행위가 되었다. 마을의 공식 사진사로 인정받은 것이다.

2009년 6월 6일 토요일. 창간호를 발행한 이후 회의에서 나는 거의 자발적으로 마을신문을 주관하는 편집장이라는 자리를 맡았다. 이왕 하는 일이라면 그냥 그렇게 꿰차고 하는 것이 효율적일 듯했다. 2호인 여름호를 준비할 무렵은 모심기 시즌이었다. 일상적으로 촬영해둔 사진도 요긴하지만 신문제작이 임박해오면 적절한 날에 집중적으로 마을을 돌아다닌다. 여름호의 주제는 모심기였다. 살고 있는 마을은 친환경농법의 쌀농사를 '해야' 한다. 우렁이농법이다. 마을에 우렁이농장이 있어 그곳을 먼저 찾았다.

- 형님, 얘들은 나이가 어떻게 돼요?
- 1령이제. 부화해서 육십 일 정도 지난 넘들.
- 얘들 수명은 얼마나 돼요?
- 삼 년 정도 되제. 번식력 때문에 문제여.
- 식용은 안 돼요?
- 되제. 삶아서 무치고.
- 그럼 언제 골뱅이무침 같이 한번 해먹어봅시다. 마을체험 프로그램에 메뉴로 올릴 수도 있잖아요. 제가 먹고 싶어서 하는 소리는 아니고 마을신문 때문에….
- 8월이나 살이 좀 오르믄 한번 해묵세.
- 손은 좀 어때요?
- 괜안혀.

마을신문에 소용될 이야기들은 이런 식으로 인터뷰인 듯 아닌 듯 최대한 자연스럽게 접근해서 수작을 거는 방식이다. 이야기를 하면서 별일 아닌 듯 카메라를 들이댄다.

- 숭헌디 뭣흔다고 사진을 찍어쌓소.

하지만 형수님은 환하게 웃고 있었다.

저수지 아래로 올라갔다. 작은 논 전체에 모판을 마련해놓았다. 이 정도 모판이면 몇 백 마지기 논으로 나간다.

- 마을신문 때문에 사진 좀 찍을게요.

일을 하시다가 흘깃 눈길 한번 주시고 알은척을 하신다. 용산댁이 모판을 차근차근 밖으로 내어놓는 작업반장 격이고 다른 두 아주머니가 함께 작업을 진행하고 있었다.

- 모 띤다고 정신없어야.

음, 좋은 말이다. 어쩌면 이것을 이번 신문 헤드라인으로 사용할지도 모르겠다. 본면댁이 모판을 논두렁으로 옮기고 있었다. 이제 별로 카메라를 의식하지 않으신다. 종종 사진을 찍다가 일을 돕는 경우가 있다. 마음의 불편함을 제거하는 편이 좋기 때문이다. 하지만 오늘은 힘들다.

- 수고하세요, 사진만 찍고 갑니다.
- 아, 점심 묵고 가제!

마을회관 앞에서 우회전해서 2반 쪽으로 올라갔다. 윗논은 아직 모내기를 하지 않았다. 사슴농장 앞에서 한 컷 찍고 우리집으로 내려오는 돌담과 골목을 찍었다. 사륜오토바이 소리가 들린다. 마을 부녀회장님과 현덕이가 산에서 내려온다.

- 형님 뭣하요?
- 마을신문 때문에. 엄니, 그 집 매실이 좋다던데 언제 따요?
- 10일이나….
- 10일이면 제가 없는데… 엄니 마을신문 때문에 그러는데 지금 올라가서 설정으로 좀 따면 안 될까요?

마을신문 여름호 표지로 사용한 용산댁의 모습.

마을 위 새내뜰 즈음에 매실나무가 제법 있다. 상태로 보아 이른바 '약도 안 한' 매실이다. 좋아 보였다. 매실 아래로 녹차들이 제법 있다. 상사마을 부녀회장님(2009년)이신 김칠선 어머님께 여쭈었다.

- 올해 녹차는 어때요?
- 힘들제. 11봉 덖어서 삼만 완에 팔았구만. 그래도 이전에는 마을이 녹차 땜시 돈 좀 만졌는디.

설정으로 매실 따는 시늉만 찍자고 했는데 결국 한 광주리 정도는 자연스럽게 따신다. 좋아 보인다. 그러나 전국적으로 매실을 너무 많이 한다. 녹차도 한가지다. 이제 시장은 포화상태고 다행스럽게도 그 작물들의 전성기에 자식들을 모두 키웠다. 그렇다고 저 매실을, 녹차를 어떻게 할 것인가. 여쭤보니, '맴이 짠혀서' 뽑지는 못하신다고 한다.

다시 3반 똥매산 아랫집들 쪽으로 이동했다. 구례농민회장님 가족이 밭일 중이었다. 카메라를 바로 들이대기는 그렇고 좀 알은체를 했다.

- 콩 심을 모양입니다.
- 콩? 산수국인디.

콩은 '돼지가 다 파 묵어불고' 안 된단다. 산과 이어지는 마을 위쪽은 돼지와 고라니가 출몰해서 작물이 힘들다. 일전에 농민회장님 장미하우스에서 토종 고추를 몇 얻었다. 이미 고추를 심었지만 가을에 씨를 받아 내년에는 조선고추를 심을 생각이다. 우리가 심는 대부분의 작물은 이른바 F1이다. 다시 씨를 받을 수 없는. 그래서 다음 해에는 다시 종자를 구입해야 한다. 이 역시 유전자조작에 의한 것인데 가능하면 토종 종자를 심는 일이 그래서 중요하다. 일본에서 고추 종자를 팔지 않는다면 평생 백김치만 먹어야 한다는 상상을 해보라.

3반 쪽은 되었다고 생각하고 다시 마을 아래로 향했다. 역시나 3반으로 걸음을 할 때마다 만날 수 있는 송정원 어르신과 마주친다. 여든두 해를 사셨다. 이렇게 괭이를 잡고 일을 하시고 계신 모습은 거의 처음으로 뵙는 듯하다.

- 사진 좀 찍을게요.

- 그려.

바로 포즈를 잡으신다. '마을 사진박구'가 원하는 포스를 내뿜는다.

- 지난번에 군민체육대회 때 마차 타시고 찍은 사진은 조만간 인화해서 드리겠습니다.

- 아, 그때 자네가 왔었나?

다시 이동한다. 마을 중앙의 다랑논에서 길호 형님이 모심기 중이었다. 길호 형님 옆에는 항상 영민이가 있다. 초등학교 3학년이다. 영민이는 제 아버지가 일하는 모습을 보고 자랐다. 분명한 것은 영민이가 한 사람 몫의 일을 한다는 사실이다. 아이지만 일을 하는 모습을 지켜보면 '자세가 나온다.' 작업 과정에 대한 정확한 이해 속에서 아버지가 말하지 않아도 이양기가 떠난 후에 빈 모판을 옮겨야 한다는 것을 안다. 힘을 집중시키는 자세를 보면 어리지만 농사일에 단련된 듯한 모습이다.

잠시 고민했다. 별다른 고민이 아니라 여름호의 표지를 장식할 사진을 용산댁 사진으로 해야 할지 영민이 사진으로 해야 할지에 관한 고민이었다. 이틀 동안의 사진이 대체적으로 마음에 들었다. 마을 사람들은 '오늘 해야 할 일'을 계속했고 나는 그것을 기록했다. 청년회 회장의 말이 간혹 생각난다.

- 마을과 사람들을 풍경으로 바라보지 않았으면 좋겠습니다.

여름호에 담은 모심기를 돕는 영민이 모습. 오른쪽은 상사마을의 걸어다니는 데이터베이스 송정원 어르신.

그 간극을 좁힐 수 있는 길은 무엇일까? 마을신문을 백 번 만든다고 해결될 문제는 아닐 것이다. 시간이 지나면서 나는 결국 어느 마을에서건 그 마을의 주민이 될 수 없다는 사실을 확인하고 있는지도 모를 일이다. 하지만 어쩔 수 없이 기록하고 전한다.

그런 상상을 간혹 한다. 이곳을 떠나서 살 수밖에 없는 상황이 연출된다면. 그리고 쉽게 이곳으로 돌아올 수 없는 그 어떤 상황이라면. 내 고향도 아닌, 내 밥벌이가 마련된 곳도 아닌, 단지 이곳이 좋아, 지리산닷컴을 운영한다는 그 작거나 혹은 큰 이유로 내려온 사람이, 심장 가운데 큰 구멍이 난 채 평생을 살아갈 것 같다. 산도 강도 들판도 아닌, 아주 가깝지는 않지만, 제대로 된 대화도 나누어본 적이 없지만, 내 파인더 속으로 들어온 바로 이 사람들이 아주 고통스럽게 그리울 것이다.

마을신문의 주요한 역할은 이후에 오픈할 마을사이트와 연계해서 외부로 마을을 알리는 것이다. 마을을 알리는 목적은 간명하다. 뭔가를 팔아보자는 것이다. 그것이 마을의 이미지건 농산물이건 민박이건 여하튼 수익성을 남기기 위한 하나의 홍보수단이다. 수익률이 개인과 집단의 유능과 무능을 판단하는 유일한 잣대로 작용하는 사회에 신물이 났지만 결국 내가 하는 일은 그렇게 소용될 것이다.

농촌은 힘들다. 하지만 시간이 지날수록 나는 그 '힘듦'이라는 것이 도시보다 절박하지 않다는 판단을 하기 시작했다. 기록자라는 역할의 한계일 수도 있겠지만 시골에서 변화와 발전이란 테제가 절대적일 필요는 없다는 생각이 점점 또렷해진다. 대부분의 인구가 변화와 상황의 반전에 전투력을 발휘할 수 있는 연령층이 아니다. 이른바 동력이 부족하다. 그렇다면 원래대로 사는 것도 하나의 방편일 것이다.

　　전국에 칠백여 개 정도의 농촌체험마을이 있다. 물론 지금 이 시간에도 그 개수는 증가하고 있다. 이들 마을은 모두 도시를 시장으로 생각한다. 도시 사람들이 이번 가족여행을 위해 인터넷으로 검색해서 기존의 칠백여 개 마을 중 어느 마을을 방문해서 한옥민박에서 잠을 자고 고구마 캐기를 체험하고 그 마을에서 담근 된장을 사서 가도록 만드는 것이 최근 변화를 택한 시골 마을들의 공통된 목적이다. 이 가능성에서 살아남기란 참으로 힘든 일이다.

　　마을신문의 기능과 역할을 이런 테제의 반대편으로 전환하는 것이 개인적인 바람이지만 쉽지 않을 것이다. '돈을 벌자'가 아닌 '인생을 즐겁게'로 우리의 슬로건을 교체할 수만 있다면 정해진 승리방정식 이외의 방정식을 회복할 수 있을 것이다. 하지만 이 얼마나 씨알도 먹히지 않을 소린가. 이런 대목에서 나는 『뉴욕타임스』의 편집장보다 더한 고민이 있는 것이다.

　　마을신문을 얼마나 지속적으로 발행할 수 있을지 장담하기는 힘들다. 막연한 장밋빛 미래를 발설할 수 있는 현실이 아니다. 특별하게 예산을 지원받는 일이 아니라 그때그때 신문제작 비용을 마련한다. 어쩌면 마을신문의 가장 큰 수혜자는 나일지도 모른다. 관찰자에서 참여자로의 가능성을 어느 정도 높여준 기회였다. 시골에서 농사짓지 않고 마을과 결합하기가 그렇게 쉬운 일은 아니다. 대한민국에는 서울에서 만드는 이른바 '중앙 일간지'만 있는 것이 아니다. 전라남도 구례군 마산면 사도리 상사마을에서 만드는 마을신문도 있다.

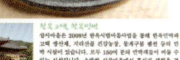

유기농 우리밀 프로젝트

2008년 11월 2일부터 2009년 6월 14일까지 전남 구례군 오미동에서 밀이 자라고 베어지는 과정과 결국 밀가루 장사로 나선 이야기를 기록하고 잡생각을 나름대로 정리했다.

구체적인 계획을 가지고 있었던 것이 아니다. 담배 피우러 나갔다가 벼를 추수한 자리에 곧이어 밀을 뿌리는 운조루 정수 씨를 본 것이 발단이라면 발단이었다. 사무실로 들어가서 카메라 들고 나와 밀을 들판에 뿌리는 신기한 놀이를 촬영하고 가볍게 제안했다.

 — 밀 한 단지(900평 정도)만 제초제 하지 말고 해봅시다. 어차피 돈도 안 되는데 재미 삼아 내년에 사이트에서 좀 비싸게 팔아봅시다

2008년 6월의 밀 수매가는 40킬로그램 한 가마니에 삼만 원에서 삼만오천 원 정도였다. 어차피 우리나라 농사 사이클에서는 가을에 뿌려 봄에 걷는 것이 밀이다. 계절적으로 벌레들이 기죽는 시절이라 겨울에는 농약을 하지 않는다. 봄에 올라올 풀 때문에 제초제를 하고 퇴비나 화학비료는 한다. 이곳 농부들이 밀을 재배하는 이유는 다음 해 모내기 비용을 마련하기 위한 방편이다. 밀 수매시키고 그 남는 돈으로 쌀농사에 필요한 농약, 퇴비, 논갈이, 모심기 등의 비용을 해결하는 것이다.

 — 그랍시다, 형님. 까이꺼 어차피 돈도 안 되는데. 재밌겠네.

2008년 11월 2일.

　　뿌려진 밀알은 고랑과 고랑 사이로 자연스럽게 굴러떨어진다. 농약이 사람에게 좋지 않다는 것은 누구나 알고 있다. 그러나 막상 도시 사람들은 무시무시한 제초제의 위력을 실감하지는 못할 것이다. 제초제는 월남전에 집중투하된 네이팜 폭탄과 같다. 나도 이곳에서 냄새로 직감하는 것은 농약이 아닌 제초제의 휘발성 냄새다. 사무실 앞에서 '찔꺽찔꺽' 소리가 나면 십중팔구 나의 무수한 엄니들이 나를 생각해서 사무실 주변의 잡초에 제초제를 분무하고 있는 것이다. 그리고 다음날이면 그 독한 '독새기풀'도 누렇게 죽어 있다.

　　밀은 통상 어설픈 '유기농'이라고 말한다. 농약을 하지 않는다는 소리다. 하지만 농약을 하지 않는 것만으로 유기농이라 할 수 없다. 원론적으로 유기농이란, 생태계 전체 그리고 토양에 살고 있는 가장 작은 생물과 인간에 이르기까지 너도 나도 모두 살고 건강해지자는 것이다. 그래서 나의 '제초제 하지 말고'는 밀재배에 있어 이른바 유기농으로 접근하기 위한 가장 큰 전제가 되었다. 물론 잠시 고민은 있었다.

2008년 11월 2일.
곧 들판으로 뿌려질 밀.

2008년 11월 2일. 운조루 류정수 씨가 들판에 밀을 파종하고 있다.

- 봄에 밀 벨 때 이장이 싫어할 꺼인디.

잡초가 많이 올라오면 콤바인이 쉽게 수확작업을 할 수 없다. 속도가 느려지거나 미끌어지는 것이다. 하지만 그 문제는 "그때 가서 봅시다"로 정리되었다. 나아가 화학비료는 물론이고 퇴비도 하지 않기로 했다. 자체 숙성한 퇴비라면 모르겠지만, 농협에서 판매하는 퇴비의 성분에 대한 신뢰가 없다. 어느 정도의 염도가 있다는 소리를 들었다. 퇴비라고 무조건 좋은 것은 아니다. 적정선을 넘어선 염분은 당연히 땅을 황폐화시킨다.

- 중간에 똥물만 몇 번 합시다.

우발적이지만 900평 땅에 제초제 하지 않고, 일체의 화학비료와 퇴비도 하지 않고 밀을 키우자고 제안한 것은 '제대로 먹기 위해서'이다. 나는 이곳으로 내려온 이후 '좋은 식재료'를 먹고 '잘 살고' 있다. '좋은 식재료'의 기준은 무엇인가? 나는 아주 간단한 기준을 가지고 있다. '땅의 힘만으로 자란 모든 곡물과 채소, 열매'가 그것이다. 물론 하루 종일 그런 것만 먹는 것은 아니다. 나는 하루 두 끼니를 먹는다. 아침은 없고 점심은 대부분 밖에서 해결하고, 저녁이 앞서 이야기한 '좋은 식재료'의 밥상이다. 내 기준의 '좋은 식재료'는 요즘 지천으로 나오고 있다. 스스로 농사를 짓지 않지만 재미 삼아 하는 텃밭은 있다. 금년에는 이 텃밭에 퇴비도 하지 않았다. 그냥 땅의 힘만으로 채소를 키운다. 이 맛이 상당하다. 특정한 채소가 집중되는 시기에는 그것을 심하게 먹어야 한다는 문제점은 있다.

첫 수확한 '첫물 채소'들의 맛은 경이롭다. 조리가 필요 없다. 하루 한 끼, 그런 식사를 한다. 충분하다고 생각한다. 농사짓는 사람도 아니고 대부분의 시간을 컴퓨터 앞에 앉아 있는 사람이 두 끼니면 충분하다. 무엇을 먹을 것인가? 이런 것을 먹어야 한다. 그것이 제대로 사는 한 방편이다.

2008년 11월 14일. 싹이 올라온다.

일상적으로 면 종류의 음식을 선호한다. 서울에서 구례로 옮겨와 가장 실망스러웠던 경험이 있다. 읍내에 사무실을 마련했던 2006년 6월 어느 날. 사무실에 내려온 지리산닷컴의 K형과 점심을 먹어야 했다. 형이 그랬다. "짜장면 시켜 먹을까?" 구례까지 내려와서 점심을 사무실에서 자장면을 시켜 먹어야 한단 말인가! 이런 천인공노할 만행이 어디 있단 말인가. 다슬기, 재첩, 추어탕, 육회비빔밥, 갈치탕, 선짓국… 주옥같은 메뉴가 즐비한 이곳에서 자장면이라니! 그것도 내가 가장 이해할 수 없는 '배달시켜서'라니! 주로 산의 농장에 있는 형은 "사무실에서 짜장면 시켜 먹는" 것이 로망이었던 것이다. 그랬던 내가 요즘은 자장면과 짬뽕이 가장 자주 접하는 점심 메뉴다.

밀. 보통은 면으로 경험한다. 그리고 집에서 간혹 전을 굽는 정도. 밀이 주식인 나라에서는 대부분 빵을 만들기 위해 밀을 경작할 것이다. 밀은 언젠가부터 대한민국의 경작지에서 거의 밀려난 종목이다. 그 보드랍고 하얀 수입밀과 가격경쟁이 안 되었던 것이다.

2008년 11월 22일. 안개가 짙고 서리가 내리기 시작한다.

이제 들판은 겨울로 접어들 준비를 한다. 모든 것은 더 이상 성장을 멈추고 납작 땅으로 스며든다. 그러나 밀은 대가리를 쳐든다. 스스로 혹독한 계절을 맞이할 준비를 한다. 그래서 밀은 힘이 좋다. 겨울 들판에서 유일하게 초록으로 빛나는 밀을 보면 '그놈 참 독한 놈이네'라는 말이 절로 나온다.

　　매일 보면 그 차이를 느끼기 힘들지만 사진으로 기록하고 날짜를 대조해보면 그 성장속도는 명확하다. 자리를 잡았다. 이제 봄이 올 때까지 병충해와 잡초는 없는 것이고 적당한 선까지 성장하면 봄의 잡초를 이길 수 있을 것이다. 이 모든 것이 '무엇을 먹을 것인가'를 향한 욕심에서 비롯된 일이다. 마누라의 책 『힐링 브레드 Healing Bread』(다빈치, 2009)에서 우리들이 일상적으로 먹는 밀가루에 대한 이야기를 좀 인용해보자.

> 시장 점유율 99퍼센트 이상인 수입밀은 대부분 여름에 자라나서 원천적으로 농약을 사용할 수밖에 없다. 그리고 선박을 이용하여 보통 15~40일 정도의 항해 기간을 거쳐 우리 식탁에 오르기까지 일이 년이 더 필요하다. 또한 적도를 지나는 배 갑판 온도는 60도까지 올라가므로 살충제, 살균제, 방부제, 보존제 등을 사용할 수밖에 없다. 그래서 미국에서는 자국 소비용 밀과 달리 수출용 밀에는 '수확 후 농약처리 법제화'를 허용하여 살균제, 살충제, 방부제 등으로 스물한 가지 농약을 사용할 수 있게 했다. 93년에 부산과 목포에 들어온 수입산 밀에서 허용치의 132배나 되는 농약이 검출된 바 있다.

2008년 12월 5일. 마을에 첫눈이 내렸다. 초록이 도드라진다.

　　우리는 쓰레기 같은 식재료를 복용해왔고 앞으로도 그럴 것이다. 사람들은 이렇게 이야기한다. "그래도 인간의 수명은 늘어나지 않았나?" 이 말은 결국 인간의 건강상태가 이전에 비해 좋아졌다는 소리를 하기 위한 포석일 것이다. 그렇다. 인류가 기아상태를 벗어난 것은 그리 오래 되지

(왼쪽 위) 2008년 11월 14일. 싹이 올라온다.
(왼쪽 아래) 2008년 11월 22일. 안개가 짙고 서리가 내리기 시작한다.
(오른쪽 위) 2008년 11월 30일. 때 아닌 강풍이 불었고 오미동 이장님의 하우스가 작살났다.
(오른쪽 아래) 2008년 12월 5일. 마을에 첫눈이 내렸다. 초록이 도드라진다.

않았다. 이것은 기아상태를 벗어난 지역에 사는 백성들의 입에서나 가능한 소리다. "대부분 우리 정도 살지 않나요?" 그렇지 않다. 우리의 시선 밖에서는 2초마다 어린아이 한 명이 굶어 죽어가고 있다.

그럼에도 불구하고 '밥은 먹고사는' 우리들은 집 밖으로 나가 어디에선가 돈을 벌 수밖에 없다보니 거의 모든 식재료를 구입해서 먹는다. 이런 조건과 환경에서 우리가 선택할 수 있는 식재료의 범위는 지극히 제한적이다. 사실 선택권은 없다. 우리는 메뉴를 보고, 가격을 선택할 수 있을 뿐이다. 스스로 재배하지 않는 한 식재료 선택권은 없다. 단지 들고 있는 돈이 우리가 먹을 식재료의 질을 결정할 뿐이다.

2008년 12월 10일. 밀밭에 똥물을 뿌렸다.

똥대포는 경이로운 전투력을 보여주었다. 공식적으로는 '액비'라 하고 마을에서는 '똥물'이라고 부른다. 축사를 중심으로 가축들의 똥을 적당하게 '거시기'해서 물대포 차에 한가득 담아와서 들판에 살포한다. 친환경적이라는 퇴비보다는 조금 더 믿을 만하다고 한다. 개인적으로 아주 신뢰하지는 않는다. 그 똥을 눈 가축들은 무엇을 먹고 자란 놈들인가. 기본적으로 사료 아닌가. 그 사료는 방부제와 항생제 덩어리 아닌가. 이런 식으로 따지고 들어가면 끝이 없다. 한마디로 '왕 짜증나는' 인간이 된다.

똥대포의 위력은 정말 엄청났다. 마음만 먹는다면 최대 사거리 100미터까지 가능하다고 했다. 대포동 미사일 정도의 사거리에 정확도까지 구비한다면 정말 무서운 시위진압 장비가 될 것 같았다. 사진을 찍다가 전율을 느껴본 것이 이 얼마 만인가. 멀리 멀리 날아가라 똥물아! 너희들이 내년에 먹을 밀을 책임질 것이다.

2008년 12월 10일. 밀밭에 똥물을 뿌렸다. 들판에 똥향기가 폴폴 날렸다.

그래서 나는 웰빙, 유기농, 친환경으로 이어지는 하나의 트렌드가 싫다. 그것은 트렌드나 경향의 문제로 발생한 담론이 아니다. 유기농이란 개념의 출발은 최초 하나의 '운동'이었다. 인간이 자연에 대해, 스스로에 대해 반성하는 의미로 발생한 운동이었다. 지금 대중적으로 유기농이란 무엇인가? 대형마트 식품코너 제일 앞쪽에 위치한 메인 코너의 이름이 유기농이다.

그것은 대형서점의 베스트셀러 코너가 제일 앞으로 배치되는 디스플레이 전술과 다르지 않다. 그것을 통해 이윤을 취하는 쪽은 큰 자본들이다. 유기농은 농민과 소비자의 직거래를 기반으로 해야 한다. 작은 것들의 자립을 목적으로 했기 때문이다.

한살림과 생협 등의 회원으로 가입하지 않아도 상품으로서의 유기농은 넘쳐나고 있다. 유통망을 장악한 대기업에 있어 유기농은 장악해야 할 하나의 아이템이다. 친환경농업육성법, 친환경인증 같은 말들은 출발이 반체제적이었던 유기농운동을 체제강화적인 도구로 뒤바꾸어놓았다. 유기농이 백화점으로 걸어들어갔을 때 실질적으로 게임은 끝이 난 것이다.

나는 직접생산자에게 올바른 먹을거리 생산의 책임을 지우는 단선적인 생각을 대하면 제법 화가 난다. 유기농산물이 훨씬 돈이 될 텐데, 답답하게 농약이나 뿌리는 사람들 취급하는 것이 싫은 것이다. 농민의 50퍼센트 이상이 60세 이상이다. 평균적으로 세 단지(2700평) 정도의 논농사와 1천 평 정도의 밭농사를 유기농법으로 진행한다는 것은 농촌 현실에서 불가능에 가깝다. 그것은 어머니가 시장거리에서 좌판 생선장사를 하고 있는 집의 장남이 마침내 사법고시에 합격해서 '가난한 자들을 위해 법을 집행하는 사람이 되겠습니다'라는 인터뷰를 할 가능성만큼 힘든 일이다. 무엇보다 사회시스템, 유통구조, 소비자의 인식변화(생산과 유통에 관한 인생철학의 혁명에 버금가는)가 전제되지 않는다면 직접생산자 농민들에게 비난의 화살이 겨누어지는 것은 불공평하다.

2008년 12월 27일. 한 해가 저물어간다.

12월 중순을 넘어서면서 밀은 시각적으로 자라는 기미가 보이지 않았다. 똥물을 뿌리고 난 며칠 동안 동네 개들만 들판을 쏘다녔다. 향기가 좋은 모양이다. 오미리 이장님의 비닐하우스는 바람에 무너져내렸고 겨울 바람에 더욱 스산해 보였다. 봄이 되어야 손을 볼 모양이다. 지원받을 수 있냐는 나의 물음에 "전체적인 재해가 아니라서"라는 대답이 돌아왔다.

2004년 말 통계를 보면 농민은 341만 명으로 총인구의 7.4퍼센트, 농가호수 124만이다. 1960년에는 농민이 1460만 명이었다. 총 인구의 58퍼센트. 국민총생산에서 농업이 차지하는 비율을 보면 명확해진다. 1960년에 32.9퍼센트, 2003년에는 3.5퍼센트. 지금 우리 농업이 대한민국 전체 산업 생산에서 차지하는 비중은 3.5퍼센트 정도이다. 대한민국의 포괄적 음주가무산업의 비중이 4퍼센트를 조금 넘어선 모양이니 농업보다 포괄적 음주가무산업이 더 많은 비중을 차지한다. 한마디로 농업은 더 이상 중요한 국가산업이 아니다. 농림부는 존재하지만 정부는 농업을 지키는 것에는 관심이 없다. 정부의 관심은 오히려 농업의 단계적인 철수와 반발 여론을 잠재울 수 있는 방법에 있는 듯하다.

정부의 개입 또는 지원 없이 농업은 자체로 일어설 수 없다. 미국만 해도 농가소득의 55~70퍼센트 정도가 정부보조금이다. 유럽도 비슷하다. 대한민국은 3퍼센트 정도로 보면 된다.

나라에서는 소농으로는 더 이상 세계화 추세의 농업 현실에서 경쟁력이 없다고 생각하는 모양이다. 현재 평균적으로 1.5~2헥타르 정도의 농사를 짓고 있는데 6헥타르를 경작하는 7만 농가를 육성하는 것이 노무현 정권 때의 목표 설정이었다. 6헥타르? 우리 개념으로는 넓다. 그러나 미국에서 100헥타르 경작하면서 55퍼센트 정도의 순이익 보전을 지원받는 농민을, 6헥타르를 경작하는 대한민국 농민이 이길 수 있겠는가? 이것을 공정한 게임이라고 할 수 있겠는가? 그러면서 국토균형개발, 농지소유상한 철폐 등의 정책을 펼쳤다. 도시민들이 농지를 소유할 수 있게 된 것이고 이것이 직불금 파동으로 외화된 것이다. 정부의 목적은 절대농지를 줄여나가는 것이다. 저항은 그렇게 격렬하지 않을 것이다. 포괄적 섹스산업 종사자들보다 농사에 종사하는 인구의 연령은 훨씬 높다. 데모할 의지와 기력이 약하다.

2009년 2월 23일.

두번째 똥대포 시험 발사가 있었다. UN안보리가 소집되었다. 똥대포 살포 중, 역풍이 불어 카메라를 들고 줄행랑을 쳐야 했다. 촉촉한 분말성입자가 메뚜기떼처럼 달려드는 그 두려움이란 당해보지 않은 사람은 알 수 없다.

후발 산업화 국가에서 농업의 퇴조는 필연적이었다. 공업화는 농업을 수탈하면서 성장할 수밖에 없다. 먼저 출발한 서양 나라들은 자국의 농업을 수탈하지 않아도 공업을 성장시킬 수 있었다. 식민지가 있었기 때문이다. "우리를 보고 배워라"라고 그들은 지도했고 그들을 보고 뒤늦게 출발하는 후발주자들은 내부에서 '빨아먹어야' 했다. 그 대상이 농업이었다. 우리는 그 결과물을 받아 먹고 자라난 세대이다. 도시로 도시로!

그렇게 좋은 이야기는 아니지만 농민운동과 유기농운동 또는 직거래운동은 하나로 움직이지 못했을 뿐만 아니라 서로 갈등하기도 했다. 나는 이곳에서(이곳만의 현상으로 생각하지는 않지만) 농민회 회원들이 생각만큼 유기농법 관련해서 그렇게 큰 관심을 두지 않은 것에 대해 한동안 의아하게 생각했었다. 그러나 이제는 대략 그 연유를 짐작은 할 수 있다. 나는 농민도 아니고 농민운동가는 더더욱 아니지만, 농민운동의 미래는 소농

2009년 2월 23일.
똥대포 발사 중에 역풍 위치에서
촬영하는 것은 매우 위험하다.

중심의 생태적인 관점을 견지하는 가운데 '탈脫 시장, 직거래운동'에 있을 것이란 생각을 한다. 기존 시장에 속하는 방식으로는 농민운동뿐만 아니라 그 어떤 운동도 한계에 봉착할 수밖에 없다. 기존 시장으로부터 독립된 별도의 시장을 경영할 수 있다면 물론 아주 심각한 정치적 국면을 맞이할 것이다. 기존 시장은 그것을 용인하지 않을 것이고 아주 큰 싸움이 될 수밖에 없다. 지금 내가 주절거리는 이런 소리들도 기존 시스템이 나의 삶에 끼치는 영향력으로부터 한 발이라도 벗어나고자 하는 시도의 집단적 움직임에 관한 것이니 역모죄에 해당한다.

2009년 3월 10일. 보름 후 들판은 비약적으로 변화했다.
봄이 온 것이다. 밀밭은 하루가 다르게 변해갔다.
제초제를 하지 않은 탓에 밀밭의 풀을 걱정했지만 심각한 수준으로 올라오지 않았다. 풀은 왜 올라오지 않았던 것일까? 풀이 자리 잡기 전에 밀이 공간을 점유했기 때문에? 그런 요인도 있을 것이다. 하지만 전문적이지 않은 나의 의견이지만 한층 더 근본적인 원인은 좀더 암울한 쪽으로 결론을 내렸다. 수십 년간 제초제를 투입한 땅에 한 시즌 제초제를 투입하지 않았다고 풀이 쉽게 자라지는 않을 것이다. 따라서 본질적으로 '제초제 하지 않은' 이번 시즌의 밀은 실질적으로 제대로 된 땅에서 자란 밀이라고 말할 수는 없다. 이를테면 사상의학적으로 문제가 되는 체질을 개선하기 위해 장기적으로 식이요법을 한다는 등의 일과 같은 것이다. '빡세게' 풀 뽑기를 해야 할 것이라는 나의 우려가 사라졌지만 마음은 그렇게 밝지 않았다.

2009년 4월 17일. 이제는 완연하게 밀밭 분위기가 난다.

1950년대와 1960년대 사이에 농업은 혁명을 맞이한다. 이른바 '녹

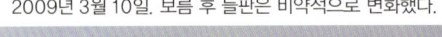
2009년 3월 10일. 보름 후 들판은 비약적으로 변화했다.

색혁명'이 그것이다. 그것은 농업을 산업화하는 시도였으며 생산량을 비약적으로 증가시켰다. 1950년에서 1984년 사이에 진행된 녹색혁명의 결과, 인간은 곡물생산량을 250퍼센트 증가시켰다. 가히 혁명적이다. 더 이상 식량난은 없을 것 같은 증가추세였다. 이 일을 가능하게 한 주역은 누구일까? 햇볕? 갑자기 발견된 엄청난 양의 새로운 경작지? 주인공은 바로 석유다. 녹색혁명이 가능했던 주요 동력은 비료와 살충제였는데 이것은 모두 석유와 천연가스로부터 만든 것이다. 화석연료는 지속가능한 에너지가 아니다. 햇볕과 물, 바람으로 농사를 짓던 시절에 비해 평균 50배 이상의 에너지가 투입된 것이다. 그리고 농업은 기계화되었다. 이전과 비교해서 농업에 투입되는 에너지 소비는 100배 이상 증가했다.

2009년 4월 17일. 이제는 완연하게 밀밭 분위기가 난다.

1945년에서 1994년 사이에 농업에 투입된 에너지 투입량은 4배 증가했지만 곡물생산량은 3배 증가했다. 그러면 계속 에너지를 투입하기만 하면 곡물생산량은 증가하는가? 불행하게도 아니다. 인류는 이미 한계 수확 제로에 도달했다. 식량생산은 1996년 이후 정체상태이고, 녹색혁명의 뿌리인 석유는 현재 소비의 정점에 도달해 있다. 그러나 땅으로 화석연료의 투입은 계속될 수밖에 없다. 이미 악화된 토질과 병균을 통제하거나 억제하기 위한 방법은 땅을 쉬게 만드는 것이지만 이는 불가능한 방법이다. 단기적인 해결책으로 더 독한 항생제를 투입하는 방법을 택한다. 약발이 들질 않는데 더 많은 약을 투여할 수밖에 없다. 내가 살고 있는 지역은 전체가 친환경지역으로 지정되었다. 구례는 2008년 친환경대상을 수상한 지역이다. 소는 웃지 않았지만 나는 웃었다. 중앙정부에서 권장을 넘어선 권고를 하고 지방정부는 각 면으로 방침을 시달하고 면은 할당량을 채워야 하는 모양이라고 추정한다. 2009년 초에 오미동은 친환경으로 하지 않겠다고 버티었다. 면에서 난리가 났다. 그러면 면 입장이 곤란하다. 결국 오미동 또한 친환경농법으로 쌀농사를 짓기로 합의했다.

　　2009년 4월 27일. 밀은 보리에 비해 강인해 보인다.
　　내가 직접 농사를 짓는 것은 아니지만 참견자로서 하루 한 번은 밀밭으로 내려갔다.
　　땅은 정말 잘 모르겠다. 적어도 사십 년 정도 화학비료와 농약, 제초제로 샤워를 했는데, 사람으로 치자면 거의 항생제를 주식으로 버티어왔고, 더구나 휴식은 없었다. 윤작이라는 전통농법은 어떻게 해서건 생산량을 유지해주는 화학제품 덕분에 사라졌다. 토양은 부식되었고 지하수

2009년 4월 27일. 밀은 보리에 비해 강인해 보인다.

와 지표수는 오염되었다. 이를 은폐하고 만회하기 위해 다시 화석연료와 탄화수소 제품들이 더 많이 공급되는 악순환의 연속이었다. 물은 이미 부족하다. 관개수를 끌어올리기 위해 더 많은 석유가 투입된다. 다시 오염된 물을 정화하기 위해 화석연료를 투입한다. 땅과 물은 피와 살과 같은 유기적인 관계인데 이들 모두가 죽어간다. 1인치의 표토를 대체하는 데 오백 년이 걸린다. 그런데 신기하게도 우리 눈에는 이미 죽은 땅 위로 자라난, 누렇게 익어가는 보기 좋은 밀이 보일 뿐이다.

　　2009년 5월 31일. 거의 종착점에 도달했다.
　　다시 한 달이 지났다. 밀은 수확해도 될 만큼 익었다. 다른 밀밭은 거의 베어진 다음이다. 사실은 다른 들판의 밀이 일찍 베어진 것이다. 쌀 농사 준비를 위해 조금 더 들판에 둔 상태에서 밀을 말릴 수 있는 시간을 제외한다. 운조루와 수확시기를 조절했다. 최대한 늦게 베는 것으로 이야기를 나누었다. 들판에서 밀을 거의 말릴 생각이다. 모심기가 좀 늦어져도 쌀 생산에는 별 지장이 없을 것이라는 판단이었다.
　　한 가지 문제가 발생했다. 한 시즌 제초제와 비료를 하지 않았다고 다른 땅과 실질적으로 뭔 차이가 있겠냐고 했지만 우리 밀밭의 키가 좀 작다. 이것은 콤바인으로 수확하는 데 문제가 발생할 수 있다는 의미이다. 퇴비도 제초제도 없었지만 사실은 지나친 겨울 가뭄을 온몸으로 버틴 놈들이라 키가 자랄 여유가 없었다. 낫으로 밀 베기? 그러면 탈곡은? 머리 아프다.
　　- 며칠 사이에 자라겠지 뭐. 아 놔, 자식들 주인 닮아가지고 농다리라니.

　　전 세계적으로 곡물생산량은 모든 인간들이 충분히 먹을 만큼 도달했다. 그러나 현실은 그러하지 못하다. 세계 곡물생산량의 40퍼센트는 가축사료로 소비된다. 미국은 80~90퍼센트의 곡물을 가축사료로 소비하고 있다. 사람이 굶지 않기 위해 경작하는 곡식이 아니다. 사료라는 의미는

2009년 5월 31일. 운조루 밀을 가장 늦게 베었다. 가능하면 들판에서 최대한 건조시키고 싶었다.

고기를 얻기 위한 것이다. 한쪽에서는 2초에 아이들 한 명이 굶어 죽어가는데 한쪽에서는 질 좋은 고기를 얻기 위해 사료를 배불리 먹이고 있다. 물론 그 곡물을 먹는 가축들의 일생도 행복하지는 않다. 경작면적을 늘리는 방법이 있겠지만 불행하게도 지구 어디를 살펴봐도 더 이상의 경작지는 없다.

 1972년에 국제곡물가는 급등했다. 구소련이 흉작으로 곡물을 수입하게 된 것이다. 밀, 쌀 가격이 2배로 치솟았다. 2004년 초, 중국이 밀 800만 톤을 수입했다. 중국이 먹기 시작한 것이다. 그해 8월 베트남으로부터 쌀 50만 톤을 수입하려 했지만 거절당했다. 식량은 충분하지 않다. 우리의 식량자급률은 27퍼센트 수준이다. 쌀을 빼면 5퍼센트 정도이다. 우리가 식량을 지원하는 북한의 자급률은 75퍼센트이다. 우리나라의 에너지

해외의존율은 97퍼센트, 세계 1위다. 댓글 생산만 1위인 것이 아니다. 쌀을 거의 자급하니 실감하지 못하는 문제일 뿐이다. 쌀소비량은 점차적으로 줄어드는 추세다. 우리의 밀자급률은 2006년 통계를 기준으로 소비량의 0.3퍼센트이다. 옥수수는 0.8퍼센트이다. 2009년에 조금 증가했다는 소리는 들었지만 명확한 통계자료를 확보하지는 못했다. 식량이 무기가 되는 날이 올까? 이미 그런 시절이다. 표현만 완화된 전쟁상태다.

2009년 6월 3일. 낟알이 좀 작다. 그러나 단단해 보인다.
이제 거의 우리밀만 들판에 남았다. 조금씩 조바심이 났다. 나의 별 진지하지 않은 제안의 여파로 논 한 단지 모심기가 괜히 지연된 것이 아닌가 하는. 작년 들판 사진을 살펴봐도 금년 모심기가 느리다. 언제 벨 것인지 자꾸 물어보게 된다. "암시랑토 안 해!"라는 대답이 돌아올 뿐이었다. 그렇다면 그렇게 믿어야지.

2009년 6월 13일. 밀을 베기 하루 전이다.
전반적으로 제초제와 퇴비를 뿌린 다른 단지의 밀 수확량은 그냥 그렇다. 40킬로그램 가마니로 스무 개 정도 나온 모양이다. 관행농으로 잘 나오면 서른 가마니 정도라고 한다. 겨울 가뭄이 워낙에 심했고 화학비료를 하지 않았으니 밀들이 좀 당황했을 것이다. 막상 '내일이면' 밀을 벤다고 하니 마음이 급하다. 물론 '어떻게 팔지?'라는 문제와 당면했기 때문이다.
이제 현실적인 문제다. 지리산닷컴과 오픈할 운조루 사이트 모두 동원해도 얼마나 팔 수 있을까? 포장단위는? 포장은? 택배는? 빻는 비용

이 소량이라 제법 소요될 것인데, 정말 무방부제 상태로 밀가루의 유통기한은 얼마나 갈 수 있지? 가루 상태는 통곡물 상태보다 보관이 힘든데, 도시 가정에서 평균적으로 1킬로그램의 밀을 소비하는 데 얼마나 걸리지? 아, 머리야!

    밀은 제 땅에 선 상태로 바싹 말랐다. 좋다. 그러나 내 머리도 바싹 말라간다. 언젠가 이런 날이 올 줄은 알았지만 그날이 지금이라니. 그냥 운조루 정수 씨에게 떠넘겨버릴까?

    - 일 년 동안 사진 짤 찍었네. 알아서 하시게. -,.-;

2009년 6월 14일 D-day.

    일요일이었지만 아침부터 카메라를 들고 사무실에서 대기했다. 아

홉 시 무렵이 되어서 콤바인 소리가 들렸다. 나가보니 오미동 이장님이다. 손짓으로 아래 단지를 가리키자 그렇다고 하신다. 오미동 전체 들판에서 마지막 남은 밀이다. 다행히 밀은 콤바인으로 수확 가능한 키높이가 되었다.

내 손 하나 들어간 밀밭도 아니지만 괜히 내 밀밭을 베는 듯한 기분이다. 칠 개월 동안 관심을 가지고 지켜본 밀밭이다. 매일 사진을 찍지는 않았지만 일자별로 정리한 폴더를 보면서 밀의 상황을 음미했었다. 날씨는 뜨겁다. 시작부터 끝까지 자리를 지키면서 기록할 생각이다. 마지막 날 아닌가.

이 밀을 베고 나면 논을 갈고 물을 받고 모심기를 할 것이다. 오미동은 전체가 친환경 쌀농사를 지어야 한다. 처음에는 거부했지만 결국 지자체의 안을 받아들였다. 좋은 일 아니냐고? 오미동의 친환경 쌀농사는 조건이 있다. 농협에서 공급하는 친환경 비료와 농약을 사용해야 한다. 그렇게 하지 않는다면 가을에 농협에서 수매를 받아주지 않겠다고 했다. 친환경재는 지방정부 지원이 있을 것이니 직접 지출은 없다. 하지만 거의 독점체계의 농협은 세금에서 그 비용을 가지고 갈 것이고 이 문제로 절대 손해 보는 일은 없을 것이다. 대한민국 농협을 해체하면 한 달 정도 내 기분이 흐뭇할 것 같다.

한 단지의 밀밭을 베는 일은 삼십 분이면 충분했다. 기계로 하는 일이라 가능한 일이고 저 기계는 석유로 움직인다. 십팔만 원 정도의 비용이

(왼쪽 위) 2009년 6월 3일. 낱알이 좀 작다. 그러나 단단해 보인다.
(왼쪽 아래) 2009년 6월 13일. 밀을 베기 하루 전이다.

지출될 것이다. 파인더로 이 들판에서 마지막 남은 밀이 베어지기 직전의 모습을 바라보았다. 수확은 기쁜 일이나 감정의 종류는 조금 더 복합적이었다. 몇 가마니의 통곡물과 밀가루를 팔고 나면 어떤 결론에 도달할 수 있을까. 이런 소량은 턱없이 높은 생산단가가 책정될 것이고 상시적으로 최소한 수입밀의 3배 정도 되는 가격의 우리밀을 사서 먹을 사람은 전체 인구 중 얼마나 될까. 이것은 경제력과 철학이 일치해야 가능한 일이다.

　　드디어 비워졌다. '땅과 사람 모두 수고하셨습니다.'
이장님댁이 바로 트럭을 가지고 오셨다.

　　- 자네 나한테 모델비 줘야 혀!

　　- 밀 팔아서 드릴게요.

　　수집트럭으로 바로 들어간다. 모두 베고 보니 열다섯 가마니 정도 나왔다. 다른 밀밭은 스물다섯 가마니 정도 수확했다. 우리는 수확량에서 녹색혁명 이전 시절로 잠시 역행했다. 그러나 다른 밀밭보다 적게 나왔다는 사실에 나는 차라리 안도했다. 그것이 마치 무화학농의 증거라는 생각이 들었다.

　　창고로 직행했다. 지리산닷컴과 운조루가 함께 진행한 '유기농 우리밀 프로젝트' 시즌1은 끝이 났다. 통곡물 상태의 밀과 밀가루 상태의 밀 판매는 6월 26일부터 지리산닷컴에서 시작할 계획이다. 며칠 동안 우리밀에 대한 제빵성, 반죽상태, 칼국수, 수제비, 전 등의 임상실험을 필요로 한다. 그 결과를 가지고 조만간 지리산닷컴에 다시 공지할 것이다. 이상, 구례 오미동 들판에서 세계 5대 곡물 메이저 회사를 침몰시키기 위한 작전을 진행 중인 지리산닷컴 이장이었습니다. 필승!

2009년 6월 14일.
한 단지, 950평 정도의 밀밭을 베는 시간은 삼십 분 정도면 충분했다.

우리밀 판매,
낙후한 곡물상의 에필로그

농부는 밀가루를 사먹는다

농부는 그가 키운 쌀을 먹었다. 일 년 동안 자신과 도시로 나간 자식들이 먹을 만큼만 남겨두고 '수매(농촌에서 정부나 민간수매회사에 일괄 판매한다는 뜻으로 두루 쓰인다)'를 했다. 쌀은 도정搗精만 하면 먹을 수 있기 때문이다. 껍질을 벗기는 정도에 따라 현미 혹은 백미가 된다. 이 쌀 도정기는 농가에서 개인적으로 구비하는 경우도 많다. 그러나 농부는 자신이 키운 밀을 먹지 않았다. 거의 전량 수매를 한다. 밀은 조선 사람들의 주식이 아니고 대부분 가루를 낸 상태를 빵이나 국수로 만들어 먹기 때문이다. 그래서 통곡으로 밀밥을 먹어본 경험이 있는 사람은 '보릿고개' 세대에 해당한다.

2009년 밀 수매가는 전국적으로 동일하지는 않겠지만 이곳은 1등급의 경우 40킬로그램 한 가마니에 삼만오천 원이었다. 2008년보다 천 원이 올랐다. 2007년 통계로 보자면 우리나라의 밀 연간 생산량은 연간 소비량의 0.3퍼센트 수준이다(2010년에는 2퍼센트 정도까지 올랐다). 그러나 이것은 대한민국 단 하루 밀소비량도 되지 않는다. 어쨌든 대한민국 농부는 자신이 키운 밀은 모두 팔고 밀가루는 사먹는다. 구례 우리밀 강력분 제품은 850그램 한 봉지에 이천삼백 원 정도, 생협에서는 이천오백 원 정도의 가격에 구입한다. 그냥 이천오백 원으로 평균 잡고 40킬로그램으로 환산하면 대략 십이만 원 정도가 된다. 농부는 한 가마니를 삼만오천 원에 넘기고 10킬로그램 정도의 밀가루를 먹기 위해 비슷한 비용을 지불하면 된다.

부드러운 밀이 좋다?

이전에는 맷돌로 밀을 갈아 가루를 내었다. 또는 돌확으로 곡물을 갈았다. 아주 거친 상태의 밀이다. 우리들이 일상적으로 소비하는 밀가루 제품은 겉껍질과 속껍질을 모두 제거한 백밀가루다. 곡물 껍질에는 지방과 단백질이 많이 들어 있다. 배아, 이른바 쌀눈이나 밀눈에는 단백질, 지방, 비타민 B₁ 등이 풍부하다. 결국 우리는 곡물의 핵심적인 영양분은 제거된 '그냥 먹기 편한 부드러운 가루'를 먹는 것이다. 수십 년 동안 이런 식감에 익숙한 대부분의 우리들은 '거친 음식'을 자청하지 않는다. 결국 우리들이 평생 소비한 밀가루의 대부분은 수입밀로 만든 백밀가루이고 이것은 강력분이다.

당신이 먹는 음식의 재료는 어디에서 온 것인가?

몇 년 사이에 '푸드 마일리지'라는 용어가 자주 등장한다. 식품의 수송량(톤)에 생산지에서 소비지까지의 수송거리(킬로미터)를 곱한 것이다. 푸드 마일리지가 높다는 것은 식품의 운송거리가 그만큼 멀다는 소리다. 운송거리가 늘어나면 상태 보존을 위한 여러 가지 첨가물(농약, 방부제 등)의 수치가 높을 수밖에 없다. 내가 먹는 대부분의 채소는 산지에서 식탁까지의 거리가 100미터 정도이다. 육류는 읍내에서 구입하는데, 돼지와 소 모두 구례에서 살던 가축을 도축한 것이니 이리저리 이동거리가 20

킬로미터를 넘지 않을 것이다. 내가 간혹 먹는 쇠고기가 반출되는 축사는 우리집에서 100미터 위에 있다. 생선은 모르겠다. 간혹 장에서 사먹는데 수입산과 국산을 구분할 재주가 없다. 따라서 포기. 지금 먹고 있는 쌀은 남원에서 생산한 것이다. 2009년 가을부터는 내 사무실 앞에서 생산된 쌀을 먹을 생각이다. 시골의 특성상 패스트푸드점이 희박하다. 마트에서 햄이나 가공육류를 사먹지 않는 이상 내가 족보 없는 육류나 채소를 먹을 가능성은 겨울을 제외하면 아주 낮다. 이것은 뭔 유기농보신주의자 입장에서 의도적으로 만든 조건이 아니라 이곳에 살다보니 그리된 것이다. 하루 한 끼니 정도의 외식을 하니 그 식재료의 푸드 마일리지는 모르겠다. 그래도 평균하면 나의 푸드 마일리지는 상당히 낮은 편일 것이다. 도시에 사는

운조루 엄니가 직접 돌확에 콩을 갈아 콩국수를 만들어주셨다.

사람들의 푸드 마일리지는 어떻게 될까?

푸드 마일리지를 줄이는 문제는 유기농산물을 구입하는 것보다 더 긴급한 과제이자 운동이 되어야 한다. 이를테면 우리 식탁의 당면한 과제는 '관행농에서 유기농으로'가 아니라 '수입산에서 국내산으로'가 화두이다. 국산 비싸잖아! 할 말 없다. 수입산과 비교해서 그렇다. 결국 이 문제는 경제적인 여건과 철학이 동시에 가동되어야 한다. 그래서 쉽지 않은 문제다.

나는 밥값과 담뱃값을 제외한 나를 위한 소비에 상당히 인색한 편이다. 여전히 도시에 살고 있다면 당연히 값싼 농산물을 선택할 것이다. "라면도 먹는데 뭘 못 먹냐!"라는 소리를 하면서. 그렇다. 우리는 라면이라는 수십 가지의 화학약품이 첨가된 무시무시한 음식도 상시적으로 먹는다.

의식하지 못하는 가운데 유전자변형 식재료의 음식은 무시로 먹고 있다. 아토피, 신종인플루엔자 등은 인간이 스스로 개입하고 창조한 식재료와 환경으로부터 발생한 질병이다. 그럼에도 불구하고 나는 포괄적으로 이런 정보를 무시한다. "그럼 도대체 뭘 먹으란 말이야!"라고 하면서. 그러나 나는 이제 비교적 이런 독성 음식으로부터 자유로울 수 있는 조건을 마련한 환경에서 살고 있다.

이제 밀 수확 이후 우리들 이야기로 돌아오자. 이번 운조루&지리산닷컴 합작의 밀 판매는 세 가지 의도를 가진 것이다.

1. 푸드 마일리지를 줄일 것.
2. 몸에 좋은 우리밀을 먹을 것.
3. 농부에게 좀더 합당한 비용을 지불할 것.

지리산닷컴의 이번 '우리밀 판매 목표량'은 다섯 가마니, 200킬로그램이다. 농부에게 금전보상의 큰 의미는 없다. 단, 나의 제안으로 벌어진 일로 인해 총괄 수매가보다 손해를 보는 일은 방지하고 싶은 목표량이다.

절반의 성공과 실패 — 개인은 강력분을 만들 수 없다

　　이번 '우리밀 판매 쇼'가 늦어진 것은 통곡을 밀가루로 만드는 문제 때문이었다. 통곡 상태로 판매했다면 수확한 이틀 후부터 가능했을 것이다. 관건은 밀가루였다. 도시 사람들이 주로 필요로 하는 것은 '밀밥'이 아닌 '밀가루'이므로 결론적으로 이번 프로젝트에서 강력분을 만드는 것은 실패했다. 이번 밀가루로는 빵을 만들 수 없다는 이야기다. 글루텐이라는 첨가물을 더해야 빵의 모양이 나온다. 원인은 간단하다. 시설이 없기 때문이다. 몇 백만 원도 아니고 몇 천만 원도 아닌 몇 억 원의 기계를 필요로 한다. 다섯 곳 정도의 도정공장(대부분 공장이라 하기엔 작은)을 돌아다녔다. 바로 제품이라 할 만한 밀가루를 가공할 수 있는 곳은 내가 아는 범위에서는 두 군데였다. 한 곳은 '구례우리밀공장'이다. 이곳은 현재 소형 제분공장으로는 거의 유일하게 우리밀로 강력분을 생산할 수 있다. 6월은 가장 바쁜 시기이다. 생협으로 물건을 공급하기 시작했다. 십여 년 이상의 세월 동안 실험과 설비를 보강했을 것이다. 그 노력의 결과로 우리밀 강력분이 가능해진 것이다. 이미 대형마트를 통해서도 구례 우리밀 '밀벗'은 구입할 수 있다.

　　가장 기대를 한 곳은 이곳보다 훨씬 적은 규모의 우리통밀 중력분을 생산하는 공장이다. 이 공장을 다녀온 저녁에 상당히 낙심했고 고민했다. 결론적으로 최소 쉰 가마니를 집어넣고 한 라인을 가동한다. 지리산닷컴의 목표 판매량은? 다섯 가마니. 라인이 쉬는 사이에 소량이지만 사돈의 팔촌까지 동원한 로비를 통해 기계를 '한번 돌려주기로' 했는데, 준비된 우리의 물량이 너무 턱없이 적다. 그리고 원하는 정도의 분도수로 도정을 할 수 없다.

강력분을 목표로 했기에 쌀로 보자면 현미가 아닌 현미의 가장 최후선까지 깎아서 밀가루로 만드는 것이 우리가 원하는 최선이었다. 하지만 그렇게 하려면 전체 라인의 기계 세팅을 다시 해야 한다. 다섯 가마니 때문에. 그걸 해달라고 일인시위를 하고 서 있을 수는 없는 노릇이다. 결국 이 공장에서는 통밀 상태의 중력분만 생산한다. "빵은 안 됩니다." 그곳 사장님의 솔직한 이야기에 낙심했다. 알고 있다. 중력분은 빵을 만들 수 없다. 포기하거나 다른 도정공장을 찾아야 했다. 그래서 이 년 전에 우연히 얻은 밀 다섯 가마니를, 지켜서서 눈으로 보면서 3종으로 도정한 냉천리의 도정공장을 다시 찾았다. 보리를 찧는 기계다. 맷돌방식이다. 이곳에서 밀 전용의 도정기는 없다.

그다음 문제는 밀가루를 만드는 것이다. 읍내 방앗간에서 소량으로 빻는 데 1킬로그램에 천 원을 지불한다. 그러면 밀 40킬로그램 한 가마니에 사만 원의 빻는 비용이 지출된다. 밀 한 가마니 수매가가 삼만오천 원인데 말이다. 그리고 그렇게 빻은 밀가루는 일반 밀가루보다 입자가 굵다. 거칠다는 소리다. 이번 밀을 백밀 상태처럼 껍질을 홀라당 벗기더라도 이 밀가루 입자의 굵기 때문에 강력분이 된다는 보장이 없다. 영양분도 포기하고 강력분도 안 된다는 뜻이다.

그래서 현실을 인정하고 2~3분도 정도의 도정을 한 거의 통밀 상태를 빻아 중력분을 만드는 것으로 결정했다. 말이 중력분이지 정확하게는 '기타가루'로 분류할 수 있다. 밀가루로 인정받지 못하는 것이다. 이를테면 시골에 계신 어머니가 콩가루를 빻아서 보내주셨을 때와 동일한 수준으로 이해하면 된다. 이 결정을 내리기 하루 전에는 이번 프로젝트를 포기하는 문제까지 고민했었다.

제품으로 가능할까?

방부제를 당연히 첨가하지 않을 것이니 밀가루 상태의 통밀이 과연 얼마나 보존 가능한지 장담할 수 없다. 그렇다고 방부제를 넣을 수는 없지 않은가. 박사도 전문가도 아닌 생활의 달인들에게 물었다. 밀가루를 냉장보관해도 되는지. 된단다. 그거 하나 믿고 이 무식한 시도를 하는 것이다. 무엇보다 기업에서 출시하는 제품들은 도정에서 빻고 포장하기까지의 공정이 밀폐된 작업라인을 통해서 진공상태로 진행된다. 지리산닷컴의 이 우스꽝스런 밀가루는 물론 그렇지 않다. 이전에 시골에서 어쩔 수 없이 만들어 먹었던 맷돌 밀가루와 거의 동일한 진행과정이자 공정이다. 제품으로 타당하지 않다. 물론 지금 당장의 맛은 "옛날 밀가리 맛이여!" 그 자체다. 결국 이번 밀을 거친 밀가루로 가공해서 판매하기로 결정했다. 그로 인해 발생하는 모든 문제는 온전히 나의 몫이 될 것이다. 이것은 무식해서 가능한 일이다. 프로젝트 중단을 고민했을 때에는 목표치에 도달하지 못하는 먹을거리를 내어놓는다는 부담감이 우선이었고 결국 판매를 결정한 것은 '이대로 포기할 수는 없다'는 비과학적인 감성의 결과였다.

일종의 싸움이다

우리는 늘 착색료, 에틸렌, 파라핀, 조미료, 방사선 등의 화석연료로부터 뽑아낸 유해물질 덩어리의 밥상 앞에 앉아 있다. 이런 음식물을 공급한 곡물회사와 식품회사, 유통라인을 잇는 대기업들은 자신들의 지갑을 두둑하게 만들고 있다. 그들은 오늘도 우유가 몸에 좋다, 백밀가루가 몸에 좋다는 거짓말을 계속하고 있다. 골다공증을 예방하기 위해서는 우유가 좋다고 하지만 인구비율당 골다공증 환자가 가장 많은 국가는 대표적인 낙농국인 덴마크다. 우리는 광고의 홍수 속에 뉴스 형식으로 정보를 조작한 그들의 마케팅 전략에 속거나 어쩔 수 없이 받아들이고 있다. 그리고 그들은 자신들의 유전자변형 식품을 지구 구석구석에 판매하기 위해 다국적 기업을 만들고 무역장벽을 철폐하라고 주장한다. 종자는 곡물회사에서 통제하고 있고 힘없는 나라는 자신의 종자조차 가질 수 없다. 우리는 이런 시스템의 어딘가에 배치되어 노동하고 월급을 받고 밥을 먹고 산다. 그리고 오늘보다 내일은 조금 더 비싼 것을 소유할 수 있을 것이란 꿈을 먹고 살아간다. 이 모든 것을 기획하고 조절하는 것이 무엇인가? 그것이 바로 정치다.

아무것도 아닌, 한 개인일 뿐인 나는 세상의 이런 시스템을 인정할 수 없다. 이런 시스템이 인류의 운명을 결정한다는 사실은 한 목숨의 존엄에 대한 모독이다. 그래서 나는 이 미숙하고 거친 밀가루를 팔 것이다. 아, 밀가루 다섯 가마니 팔겠다고 이 무슨 '오버질'인가.

제빵 — 월인정원의 임상실험 보고서

보통 중력분 또는 기타 다목적용 우리밀가루는 대부분 칼국수나 수제비 등의 제면용으로 강력분 기준의 제빵성은 부족하다. 그나마 생산자가 세운 국내 최초 우리밀 제분전용공장(구례우리밀영농조합법인)의 우리

왼쪽부터 글루텐 배합 0퍼센트, 5퍼센트, 10퍼센트 빵이다.

밀 통밀 강력분이 자체브랜드와 OEM방식으로 대형마트 등에서 유통된다. 이 같은 강력 1,2등급의 우리밀은 수입백밀에도 결코 뒤지지 않는 제빵성과 특유의 식감이 있고, 그외의 우리밀은 별도의 글루텐을 배합해서 발효력을 키울 수 있다. 그러나 직접 만들지 않는 이상 글루텐이라는 수입 백밀을 허용하게 되므로 100퍼센트 우리밀빵이라 할 수는 없다. 참고로 유기농쇼핑몰이나 소비자협동조합 등에서 유통 판매되는 우리밀빵에는 대부분 글루텐이 배합된다. 만약 글루텐을 넣지 않는다면 빵은 어떤 모습일까. 위 사진을 살펴보자. 짐작하다시피 왼쪽부터 글루텐 배합 0퍼센트, 5퍼센트, 10퍼센트 빵이다. 이처럼 빵이 부풀지 못한다면 시각적으로도 먹고 싶은 맘이 들지 않는다. 그렇다고 글루텐이나 유지, 유제품(발효력과 식감을 높인다) 등을 습관적으로 첨가할 수는 없다. 그리고 될 수 있으면 밀의 단독 섭취보다는 본래 밀의 껍질(밀기울), 귀리나 보리, 조, 기장, 옥수수 등의 잡곡 등을 섞는 것이 낫다. 풍부한 섬유질로 식감은 거칠지만 훨씬 구수하고 체내 독소와 노폐물을 분해하며(거대 밀 단백질까지도!) 무엇보다 우리 땅 밭작물들을 소중히 지켜갈 수 있으니까. 채식을 하시는 분들이 고기 대용으로 또는 단백질 보충용으로 선호하는 식품이 바로 밀고기, 즉 글루텐이다. 그러나 아토피나 알레르기 체질들은 고단백질을 제한해야 한다. 또한 밀 알레르기나 소화력이 약한 유아도 피하는 것이 좋다. 그럴 경우 아예 밀 섭취를 끊는 것이 낫다.

　물, 소금, 이스트를 기본으로 세상에서 가장 신선하고 맛난 100퍼센트 우리밀빵을 집에서도 반죽하지 않고 즐길 수 있다. 발효력이 좋은 우리밀 강력분이라면 더욱 쉽지만 그렇지 않더라도 포카치아나 치아바타, 피자도우 등의 납작한 빵을 만들면 된다.

무반죽 우리밀빵

우리밀 300g, 인스턴트 이스트 4g, 볶은소금 5g, 비정제설탕 0~5g, 미온수 225g
무반죽법으로 두어 시간 1차발효하고 모양을 만들어 팬에 올린다. 그리고 오븐을 예열하여 삼십 분 후 굽는다.

우리밀 반죽의 달인 모사장님이 순식간에 반죽하고 면을 만들어냈다.

햇밀을 빻아 바로 반죽해서 면을 뽑아 만들어 먹는 콩국수 맛은?
밀이란 게 원래 향이 있었단 사실을 처음 알게 되었다.

우리밀빵의 식감과 향이 더할 나위 없이 훌륭하다. 부피를 크게 얻고자 하지 않으므로 억지나 무리가 없다. 씹히는 맛과 풍부한 밀의 향기가 일품이다.

칼국수와 콩국수 — 우리밀 전문점 모사장님의 임상실험 보고서

이번 중력분 밀가루는 칼국수, 수제비, 부침가루 용도로는 아무런 문제가 없을 뿐만 아니라 오히려 훨씬 탁월한 맛을 제공한다. 구례군에서 화엄사로 향하는 길의 초입에 특산물매장 건물이 있다. 이곳에는 우리밀로 칼국수와 수제비 등을 만드는 식당이 있다. 이 집의 모사장님에게 이번 밀의 해당 분야 임상실험을 맡겼다. 그는 우리밀로만 반죽한 시간이 십 년이 넘었다. 그는 우리밀의 상태를 만져만 보면 알 수 있는 반죽의 달인이자 우리밀 전도사이기도 하다. 그는 거친 밀의 상태를 시각적으로 확인하고 고개를 갸웃했다. 곧이어 물(소금물)을 조금씩 첨가하면서 반죽을 하다가 신음소리를 내었다. "아유 이 밀향이 아주 기냥." 감이 온 모양이다.

- 아, 이 밀 좋아. 이거 누구 밀이요? 내가 삽시다.

가장 일반적인 칼국수를 뽑았다. 이 집 음식은 특별한 기교가 없다. 재료 자체를 중요시한다. 밀 고유의 맛을 가장 잘 살려낼 것이란 확신이 있었다. 원래 통밀 상태의 면발은 색깔이 누렇다. 구수한 향기가 물씬하다. 점심 먹은 지 두 시간이 지나지 않았지만 어쩌겠는가. 시식팀을 대동하지 않은 탓에 밀국수집 사장님과 나는 또 먹을 수밖에. 여름이다. 최근에 내가 가장 자주 먹는 점심인 콩국수다.

- 찬물에 들어가니까 이게 더 쫄깃하네요.
- 좋은 밀입니다. 이게 종자가 뭐랍니까?
- 흠, 그런 거는 모르는데요. -,.-

우리밀 판매 공지를 지리산 닷컴에 올렸다. 우리의 판매 목표는 다섯 가마니! 아자아자아자!

> 우리밀 판매합니다!
>
> 판매 들어갑니다. 기본 포장 단위는 1킬로그램 두 봉다리. 즉 2킬로그램 밀가루이고 포장비 택배비 포함 일만 원입니다. 밀밥용 통곡밀은 3킬로그램을 포장과 택배비 포함 일만 원에 판매합니다. 우리밀 공장의 통곡밀은 시중에서 850그램에 이천사오백 원에 판매될 것입니다. 제품은 결국 정리하자면 아래와 같습니다.
> 제품 1 - 우리통밀 중력분 밀가루 2킬로그램, 택배비 포함 일만 원
> 제품 2 - 밀밥용 통곡 3킬로그램, 택배비 포함 일만 원

그로부터 10여 일 후, 낙후한 곡물상의 에필로그

7월 16일 목요일 밤에 밀장사를 시작했다. 판매 목표량은 이미 밝힌 대로 다섯 가마니, 200킬로그램. 이 목표량은 대략 설정한 것이 아니다.

첫째, 농부의 손실을 방지하기 위한 마지노선을 확보하는 목표량이었다. 보통 950평 정도의 한 단지 논에서 나오는 밀 수확량은 천차만별인데 요즘은 스무 가마니 정도가 보통이다. 그래서 스무 가마니를 기준으로 전체 수매를 했다고 가정하면 농부는 금년 수매가로 칠십만 원을 확보할 수 있다.

생산에 소요된 비용은? 한 단지 기준으로 종자 두 가마니=칠만 원, 경운 2회=이십만 원, 수확작업=십팔만 원을 합산하면 사십오만 원이 나온다. 이십오만 원 남는 장사다. 그러나 논 한 단지 모심기 작업 비용을 뽑기 위한 추가비용은 삼십이만 원 정도이다. 모심기 비용을 위해 밀을 심는 경우가 대부분이니 칠만 원 적자다. 나는 밀가루로 가공했을 때, 밀 한 가마니로 이십만 원 받을 것으로 판단했다. 진행비용을 제외한 순수익이 가마니당 십만 원은 가능할 것이라 생각했다. 물론 인건비는 항상 제외다. 200킬로그램이면 순수익 오십만 원 예상이다. 이번 밀을 재배한 땅에서 나온 남은 밀 일곱 가마니를 그냥 수매시키면 이십사만오천 원+오십만 원=칠십사만오천 원. 그러면 대략 나의 제안으로 인한 이번 밀가루 판매의 결과는 평년작으로 산출한 스무 가마니 수매량의 총액과 거의 동일해지는 것이다. 그래서 목표량은 다섯 가마니, 200킬로그램이었다.

둘째, 200킬로그램 이상 판매는 힘들다고 생각했다. 지리산닷컴은 쇼핑몰이 아니다. 그리고 지리산닷컴 주민들은 물건을 사기 위해 지리산닷컴의 회원으로 가입한 게 아니다. 지리산닷컴뿐만 아니라 지난 십 년간 내가 운영한 사이트 회원들의 특징은, 충성도(불쾌하게 생각하지 마시라. 웹 기획에서는 '충성도'라는 표현을 사용한다)는 높지만 확산력은 낮은 성향을 가진 사람들이다. 그 이유는 정확히 모르겠다. 재미있는 사이트를 발견했는데 소문내지 않고 혼자서 즐기는 주민이 대다수다. 결론적으로 지리산닷컴 주민들은 대다수가 자신의 노출을 꺼린다. 이들이 개인정보를 노출하면서 밀을 구매할 가능성은 그래서 더 희박했다. 따라서 200킬로그램 판매는 쉽지 않은 목표량이었다.

7월 17일 금요일 아침에 사무실에 출근하면서부터 예상치 못한 상황과 마주했다. '두세 명은 주문 메일을 넣었겠지'라는 약간의 기대감으로 로그인을 했는데 '읽지 않은 메일'이 16통이었다. 그때부터 전쟁은 시작되었다. '감사합니다. 계좌는 오후에 뭐라뭐라'는 답신을 한 분씩 발송하고, 손으로 주문량과 주소를 옮겨적는 작업을 계속했는데 '읽지 않은 메일'은 12시 점심시간이 되어도 제로가 되지 않았다. 돌아서면 새로운 메일이 도착하는 상황이었다. 점심 먹고 돌아오니 다시 아침과 비슷한 수의 '읽지 않은 메일'이 있었다. 밀가루 판매 며칠 전에 밥벌이용 사이트 제작을 시작한 터라 이런 상황은 다른 작업 일정의 조절이 필요했다. 일단 원래 내가 처리해야 할 일에 대한 작업 지연과 사과 메일을 발송했다. 그러고 다시 오전과 같은 일을 계속했다. 내가 나를 알기에, '이놈의 밀가루' 일이 끝나지 않는다면 다른 일의 진행은 어차피 힘들 것이다.

게임은 판매 시작 24시간이 못 되어 실질적으로 끝이 났다. 다섯 가마니, 200킬로그램을 가볍게 돌파해버린 것이다. 기존 쇼핑몰이 평균적으로 가입회원 수의 3퍼센트 정도가 신상품을 구매한다는 통계를 보았다. 밀가루 판매 공지 글을 올린 후 조회수가 300히트 정도였을 때, 주문자는 쉰 명이 되었다. 이는 비정상적인 경우의 수에 해당한다. 페이지뷰의 15퍼센트가 주문한다는 것은 결코 정상적이지 않다. 그날 오후 모니터 앞에서의 내 감정은 좀 복잡했다.

— 당신들은 미쳤어!

냉천리 도정공장을 찾은 것은 7월 21일 화요일 아침이었다. 난관에 봉착했다. 작업을 약속했던 사장님이 '아무래도 힘들다'며 마음을 바꾸었다. '이것은 밀가리 뽑는 기계가 아니다'라는 것이 일차적인 이유. 하지만 읍내 방앗간에서 빻는 것보다 미세한 가루를 얻을 수 있는 유일한 대안이 었기에 나는 물러설 수 없었다. 이런 경우 나는 좀 간명해진다. "사장님, 해야 됩니다." 결국 라인을 청소하고 작업에 들어갔다.

먼저 나오는 가루는 곡물의 표면이다. 누렇다. 뒤에 나오는 가루와 혼합해야 한다. 하지만 우리가 이것을 혼합할 수 있는 방법은 기계적인 것이 아니라 삽을 들고 모래와 시멘트를 흡합하듯 반죽하는 것이다. 도정공장 사장님, 직원 한 분, 운조루 정수 씨가 번갈아 삽을 들었다. 생각보다 시간이 많이 걸렸다. 운조루에서 아주머니들이 포장작업 때문에 기다리고 계신 상태였다. 빻는 방식이 아니라 맷돌 사이로 곡물이 계속 통과하는 식이다 보니 끝장이 날 때까지 계속 기계를 돌리는 수밖에 없었다. 그리고 다시 난관에 봉착했다.

곡물이 작은 크기가 되었을 때 모두 맷돌 사이를 빠져나왔다. 헛도는 것이다. 여덟 가마니를 넣었는데 우리가 확보한 밀가루는 네 가마니였다. 하지만 더 이상은 불가능이었다. 일단 작업한 밀가루는 운조루로 운반

했다. 나는 더 이상 빻을 수 없는 작아진 곡물을 자루에 담고 읍내로 갔다. 방앗간에서 비싼 비용을 주고 남은 곡물을 처리해야 주문량을 채울 수 있었다. 이번에 판매한 분량은 200킬로그램이 아닌 500킬로그램. 밀가루와 통곡을 합산한 것이지만 작업 과정에서 날아가는 분량이 많아 열일곱 가마니 정도를 도정하고 빻았다.

　　화요일 오후 두 시경부터 밀가루 포장작업에 들어갔다. 인력은 네 명. 모든 것이 서툴렀다. 읍내 방앗간에 밀을 맡기고 나는 포장지에 대한 문제를 해결하기 위해 읍내 천냥마트 아주머니와 회담에 들어갔고, 대부분 아주머니의 의견을 받아들였다. 원래는 진공포장을 생각했다. 진공포장기는? 읍내 월성정육점의 진공포장기를 본 적이 있기에 염두에 두었는

비닐 두 겹과 지퍼백에 담겨 운조루 마루에서 배송대기 중인 밀가루들.

데 포장 대상이 '가루'다. 흡수공법이 힘들다. 무엇보다 고깃집에서 포장을 한다는 것도 마음에 걸렸다. 그래서 결국 차라리 바람이라도 잘 통하는 운조루 마루에서 완전히 낙후한 수작업 방식의 포장을 하기고 결정한 것이다. 반도체공장의 그 우주인적이고 SF적인 복장과는 거리가 먼 꽃무늬 '몸뻬'를 입은 아주머니들과 할머니들에게 작업 지침을 엄숙하고 비장한 마음으로 전달했다.

- 최대한 비닐의 바람을 빼주시고, 두번째 비닐도 정확하게 닫아주세요. 속 비닐 무게가 1그램입니다. 전자저울에서 2002~2005그램 정도로 정확하게 계량해주세요. 귀찮다고 2010그램, 이런 식이 되면 나중에 밀가루가 모자라게 됩니다.

그렇게 오전에 냉천리 도정공장에서 작업한 밀가루는 세 시간 만에 포장작업이 끝이 났다. 하지만 오후에 읍내 방앗간에서 빻은 밀은 수요일 오전에 다시 작업을 해야 했다. 통곡은 아직 시작도 하지 않았다. 하지만 가루가 아닌 통곡이고 3킬로그램 단위이니 빠를 것이다. 그러면 읍내에서 빻은 백밀에 가까운 밀과 오전에 빻은 완전 통밀을 어떻게 혼합할 것인가? 김장배추 절이는 큰 고무통에 전부 붓고 혼합을 한다? 힘들다. 또 비가 온다. 아~.

- 고기 사줘!
- 갑시다.

해가 질 무렵이 되었고 작업에 동원된 아주머니들의 목소리가 높다. 읍내 오리불고깃집으로 모시고 가서 저녁을 먹었다. 진행비용이 자꾸 예상을 초과한다. 모르겠다. 일단 먹고 보자.

원래 빠르면 수요일에 발송할 생각이었다. 하루라도 빨리. 그러나 수요일 오전에 밀가루 포장은 끝이 났지만 통곡은 오후에 포장해야 했다. 그리고 포장과 분류에 예상보다 시간이 많이 걸렸다. 주문 내용이 일률적이지 않았다. 마을신문 1부, 밀기울 서비스, 녹차 1봉, 종자 조금… 이런 식으로 주문 내용이 다종다양했다. 점심시간이 지나 친형과 조카가 여름휴가를 보내기 위해 구례에 도착했다. 포장과 택배용지 기록 작업 모두에 투입 가능한 쓸 만한 인력이 생긴 것이다. 점심 콩국수 한 그릇 먹이고 통곡 포장작업은 간만에 보는 집안 식구들에게 맡겼다. 수요일 1차분 발송은 포기했다. 대신 형과 조카의 등장으로 나는 읍내 우체국에서 포장박스를 체크하고 수량을 가지고 오는 등의 일을 할 수 있었다. 그래, 그냥 발송은 목요일에 일괄 처리하자. 대학입학 이후 처음 보는 큰조카다.

  – 뭐 먹고 싶냐? 한우 먹을래?

  – 삼촌 돈 많아요?

  – 짜샤, 삼촌이 세계적인 곡물상인데.

  7월 23일 목요일 아침에 택배박스 작업을 시작했다. 담당은 다시 형과 조카. 나는 새벽까지 주문자 주소와 주문량을 모두 택배용지와 포스트잇에 부착시켜두었다. 주문량 메모장은 일주일 동안 나의 바이블이었다. 체크표시와 '완'자, 별표는 매 단계의 진행에 따라 표기되었고 나는 며칠 지나지 않아 대부분의 이름을 외울 지경이었다. 택배는 잠을 자는 마을인 상사마을의 후배가 담당했다. 우체국 직원이다. 물론 받을 수 있는 혜택은 '좀 싸게'였다. 목요일 오후 두 시에 우체국 직원 두 분이 운조루로 와서 우편번호 작업을 진행했고 세 시 오 분에 우체국 택배차량은 운조루를 떠났다. 인사드려야 할 곳과 일부 휴가를 떠난 주문자, 끝까지 주소 확

주문장 메모는 주문받고 배송하기까지 며칠 동안 나의 바이블 노릇을 했다. 박스포장 작업까지 끝내고 나니 드디어 끝이 보이는 듯했다.

인이 되지 않은 주문자를 제외하고는 모두 발송을 끝냈다. 실질적으로 끝이 난 것이다.

내가 다시 놀란 것은 입금 상황이었다. 최소한 10퍼센트 정도는 입금을 하지 않고 그냥 유야무야 넘어갈 것이라 예상했다. 그러면 그 누락분을 다시 판매할 생각이었다. 이를테면 대기자명단을 가지고 있었다. 그러나 미입금자는? 한 명.

거래액수가 얼마였는지 밝힐 수는 없다. 다만 최초 예상으로 보자면 열일곱 가마니를 소비했으면 삼백사십만 원이 총매출액이 되어야 하는데 훨씬 미치지 못한다. 그것은 결정적으로 나의 산수 능력 때문이다. 그리고 빻는 과정에서의 손실률이 생각보다 높았다.

무엇보다 총매출액을 알려드릴 수 없는 이유는, 일부 마을 분들이 어떻게 소문을 듣고 "나도 내년에는 약 안 할 텐께 내 밀도 좀 팔아줘"라는 말씀들을 하시기 때문이다. 이런 현상은 어쩌면 내가 원했던 최선의 상황이지만, 즉 한 사람이 두 사람이 되고 두 사람이 네 사람이 되는 그런 점진적인 변화. 귀농한 도시 사람들이 당연한 듯 진행하는 유기농이 아닌, 기존 농민들이 유기농으로 전환하는 꿈같은 현상. 그러나….

- 저 다시는 밀가리 안 팔아욋!

모든 일을 끝낸 금요일 오전. 형과 조카 그리고 하루 전에 도착한 후배와 함께 연곡사를 찾았다. 비가 내렸다. 많이. 문자가 도착한다. 밀 잘 받았다고. 전화가 온다. 택배작업을 부탁한 마을 후배. 한 분에게 배송 중에 박스가 터졌다고. 수습했고 물건은 이상이 없다고. 그분 이름을 적었다. 들어가면 메일을 드려야 한다. 마음은 홀가분하지 않았다. 오후 늦게 사이트에 남겨진 배송확인 댓글과 메일, 문자를 확인하고 조금씩 긴장을 풀었다. 그러고는 깊은 잠에 들었다. 갑자기 어머니가 예전에 하신 말씀이 생각났다. "니 키우기 쉽잖다."

배송을 하고 이 주가 지났다. 반품과 환불 요구 시한을 이 주로 한정했었다. 농부에게 돈을 전달했다. 그렇게 끝이 났다. 뭔가 한바탕 전쟁을 치른 기분이었다. 주변에서 이미 '밀가리 파동'으로 부르기 시작한 이 일을 나는 일종의 '싸움'이라고 거창하게 규정했다. 그 싸움은 대단한 싸움이 아니다. 쌍용자동차, 용산참사, 미디어법 등등의 뉴스가 내가 무수히 많은 메일을 읽고 보낸 지난 삼 주 동안 포털사이트의 메인을 흐르고 있었다. 단 한 줄의 기사도 읽어보지 않았다. 나에게 언제나 중요한 한 가지 화두는 '구체성'이었다. 뉴스를 보고, 작태를 확인하고, 분노하고, 의견을 표하는 일은 실질적이지 않다. 나에게 중요한 것은 언제나 '구체성'이다. 세상을 변화시키는 것은 이름난 싸움판에서의 승리만은 아닐 것이다. 그래서 당신은 밀가루 장사를 하면서 세상을 변화시키고 싶었나? 그렇다. 나는 십만 개의 이름 없는 작은 싸움판 중 하나에서 나름대로 전투를 주도했다.

운조루와 지리산닷컴의 인연

아무 관계도 없는데 어떻게 운조루 논을 가지고 이런저런 이벤트를 진행할 수 있는가라는 질문을 간혹 받는다. "운조루 재산을 노린 의도적인 접근설"을 전해들은 적도 있다. 결론적으로 운조루와 지리산닷컴은 아무런 관계가 없다. 지금 지리산닷컴 컨테이너박스 사무실을 던져놓은 땅은 운조루 입구이고 이 땅은 운조루 소유이다. 쉽게 말해서 그냥 사용하고 있다. 운조루는 1968년에 국가지정 중요민속자료 제8호로 지정된 고택이다. 나에게 전통건축물로서 운조루는 '나와는 인연이 맺어질 수 없는 왕의 외동딸'과 같았다. 나는 건축물로서 운조루를 사랑했다. 필연이거나 인연일 것이다.

서울에서 구례로, 구례에서도 오미동으로 사무실이 자리하게 되면서 운조루는 내 '이웃'이 되었다. 이웃집이니 들락거린다. 들락거리다보니 이전부터의 내 애정이 자연스럽게 표현되고 '운조루 사람들'과 가까워졌다. 운조루의 종손인 큰 형님과 셋째 정수 씨와 가까워졌지만 지리산닷컴 사무실이 운조루 땅에 자리하게 된 것은 아무래도 운조루 엄니의 결정이 있었기 때문이다. 약간의 스토리가 있다.

항상 은비녀를 하시고 들판과 밭에서 노동하시는 '운조루 종부'는

1776년에 지은 구례군 토지면 오미리의 고택 운조루.

쉽게 접근하기 힘든 어떤 아우라가 있었다. 2008년 5월에 오미동의 사무실을 다른 곳으로 옮겨야 했다. 컨테이너박스 사무실을 던져놓은, 임대한 땅의 사용기간이 끝이 났고 땅의 임자는 우리에게 그 땅을 팔 생각이 없었다. 우리는 다시 '시세보다 제법 많이 비싼' 그 땅을 임대할 것인지, 읍내로 들어갈 것인지 고민 중이었다. 나는 오미동을 떠나기 싫었다. 나의 이런 고민을 주변의 '몇몇 댁들'은 알고 있었다. 그 댁들 또한 지리산닷컴이 마을을 떠나는 것을 원하지 않았다. 젊은 사람들이 가까이 있으니 좋은 점이 많으셨던 모양이다. 해결은 예상치 못한 방향과 방식으로 갑작스럽게 결정되었다. 2008년 운조루 모판 작업을 촬영하고 일을 도운 날. 운조루 엄니와 같이 지친 몸을 끌고 논두렁을 걸어나오는데 엄니가 이야기를 끄집어내셨다.

    – 중간에 안 가고 끝꺼정 도와주니 고맙네.

    그리고 지리산닷컴 사무실을 옮겨야 한다는 소리를 들었다고 말씀하셨다. "불편하지 않으면 회관 앞 우리 땅을 사용하시게"라고 하셨다. 그것이 다였다. 그리고 먼저 빠른 걸음으로 마을로 들어가셨다. 모판 작업 과정을 함께하시면서 결정하신 것이다. 약간 멍하게 일이 분 늦게 사무실에 도착하니 주변의 댁들이 다시 소리했다.

    – 지아 할매(운조루 어르신)가 이야기하제? 잘 되얐네. 같이 사세.

    내가 혼자 논두렁을 걸어나오던 그 오 분 동안에 이미 마을에 소문이 나버린 것이다. 시골에서 소문은 곧 결정이다. 지리산닷컴은 다음 해 봄에 운조루 사이트(www.unjoru.net)를 만들었다. 하나의 고택에 대한 '헌정 사이트'였다.

아 유 레디!

등이 푸르면 마음이 시리다.

아랫마을에서 '등 푸른' 사람들이 공연을 한다고 했다. 밴드를 만들었단다. 팀 이름은 '동네밴드'. 하동 악양면으로 방향을 잡았고 목적지는 매계리다. 2008년 12월 6일 토요일. 마을에 눈이 온 지 이틀이나 지났을 것이다.

인생은 고달프다.

대부분의 경우는 그렇다. 이렇게 단정적이어도 되는 것인지 약간 켕기는 면도 있지만 나는 그렇게 생각한다. 노래는, 고달픈 인생을 노래할 때 깊고 넓게 울려퍼진다. 세월이 흘러 밝은 노래들이 대세라지만 기억해보면 절창이었던 노래는 대부분 슬픈 노래였다. 노래의 밝은 부분은 현실에서의 어두운 면을 가려주거나 잠시 잊게 해주는 역할을 한다. 우리는 그 순간 비현실을 산다. 발을 구르고 박수를 치고 두 팔을 높이 흔들고 파안대소하면서 잠시 내가 내가 아닌 듯, 우리가 우리가 아닌 듯 허락된 일탈의 순간을 즐긴다. 공연장을 나설 때에는 웃음기가 남아 있다. 차에 시동을 걸고 좌회전 한번 정도 할 즈음이면 우리는 다시 다음주 월요일 돌려막아야 할 카드 결제일을 생각한다.

무대 위에 서 있는 동안 나는 내가 아니다. 오늘 아침에 어떤 일이 있었건 중요한 것은 '지금 나는 무대에 서 있다' 라는 사실이 모든 주변 상황을 종료시킨다. 지금 이 순간 나의 일에만 집중해야 한다. 그것이 무대에 선 자의 특권이다. 무대에 서는 순간 나는 주인공이 된다. 일상에서 내가 사람들에게 어떤 존재이건 무대에서 나는 주인공이다. 나를 바라보는 이백 개의 눈망울을 실망시킬 수는 없다. 어쩌면 오늘 객석의 사람들은 무조건 감동하고 즐길 준비가 되어 있는 사람들이다. 나와 그들은 표현하지 않아도 여전히 푸른 등을 가지고 있고 시린 가슴을 가지고 있다. 지금, 그 사실을 사람들은 '나'를 통해서 확인하려는 것이다. 그래서 목청껏 외치면서 시작하는 것이다. 아 유 레디 Are you ready!

북쪽에서 오건 남쪽에서 오건 하동 악양면으로 접어들어 이른바 최참판댁을 지나 깊숙하게 진입하면 매계리에 당도한다. 매계리는 윗매계와 아랫매계로 다시 나뉘는데 마을에서는 노전마을이라고도 부른다. 많은 마을들이 그러하듯 매계초등학교는 학생들을 채우지 못해서 폐교되었다. 그 자리에 '하동학생야영수련원'이 생겼다. '동네밴드 겨울나들이' 공연은 이곳에서 예정되어 있다. 오후 세 시부터 리허설을 한다고 들었다. 공연은 여섯 시부터이지만 좀 여유롭게 사진을 확보하려면 리허설부터 촬영하는 것이 좋겠단 생각이 들어 오후 세 시에 당도했다.

귀농歸農과 귀촌歸村.

물론 아시겠지만 비슷하나 다른 의미다. 이를테면 나는 귀농이 아닌 귀촌이다. 사람들은 지리산닷컴 사무실 앞의 서너 평 배추밭 안부를 묻지만 우리끼리 유명한 밭이지 내가 농사를 짓는 것은 아니다. 말 그대로 '재미 삼아 텃밭'이다. 농사도 짓지 않는 놈이 왜 구례로 왔는가? 간단하다. 지리산닷컴의 K형이 구례에 있었고 살고 싶었기 때문에 내려왔다. 또한 구례는 개인적으로 아주 익숙한 곳이기도 했다. 남원 실상사 앞 산내와 하동 악양과 화개는 외지 사람들이 많이 들어와서 사는 대표적인 마을들이다. 구례군에서는 이런 귀농 움직임이 조직적이거나 집단적인 양태를 보이지 않는다. 어쩌면 그것이 내가 구례를 택할 수 있었던 하나의 특이한 조건이기도 했다. 뭔 이야기냐면, 외국유학 가면 한국유학생 없는 곳으로 가란 소리들을 많이 한다. 언어습득 문제와 주요 관심사가 여전히 한국적인 상황에 대한 경계로 그렇다고 한다. 뭔 개똥철학적인 근거를 가진 것인지 모르겠지만 본능적으로 나는 '그 마을의 주민'이 되는 것을 가장 중요한 과제로 설정했다. 그럴 필요 없는데, 나는 지역에 이미 자리 잡고 있는 이런저런 '외지 것들'을 만나는 일은 가능하면 피했다. 하동에는 '외지 것들'이 좀 많이 살고 있다. 동네밴드 탄생의 배후는 섬지사다. 섬지사는 '섬진강과 지리산 사람들'(cafe.daum.net/sumjinsalang)이다. 19번국도 벚꽃길 확장 계획에 반대하는 일을 시작하다가 '할 수 없이' 만들어진 단체다. 술자리에서 "밴드 만들어서 놀아볼까?"라는 말이 불씨가 되어 일사천리로 만들어진 밴드가 '동네밴드'다.

귀향이 아닌 귀농이나 귀촌인 경우 몇 가지 유형이 있다. 도식화할 수는 없지만 귀농이나 귀촌에 관심 있는 분들이 많으니 한번 카테고리를 정리해보자.

1. 은퇴형 귀촌

55세 이상의 연령층이 많다. 보통 농사를 짓지 않는다. 남은 생에 대한 여유자금이 있다. 서울에 여전히 집 한 채 정도 유지하는 경우도 많다. 원두커피와 음향장비를 가지고 있다. 지역민이 되는 것은 주요한 관심사가 아니다. 주소지가 귀촌한 지역이 아닌 경우도 제법 있다. 전원생활을 즐긴다. 보통은 기존 마을 주민들과 의사소통이 원활하지 않다. 외식이 일반화되어 있다. 이런 사람들은 차※를 구입하고 즐긴다.

2. 계획형 귀농

수년간 준비한다. 도시에서 비교적 안정적이거나 버틸 만한 조건을 가지고 있었다. 하지만 도시생활이 맞지 않고, 도시는 사람 살 곳이 못 된다는 생각이 강했다. 정치적으로 진보적인 성향이 많은 편이다. 도시 시절부터 책장에는 니어링 부부의 책이 구비되어 있었다. 아이들 교육문제가 귀농 결정에 지대한 영향을 미쳤다. 단기적인 '버티기 자금'을 준비하지만 대략 '농사지어 생활하기'는 미션 임파서블에 가까우므로 삼 년 안에 쌈짓돈이 바닥난다. 진정한 버티기로 돌입해서 자구책을 찾거나 다시 도시로 떠난다. 처음에는 원두커피와 음향장비를 가지고 있었지만 시간이 지나면서 거의 사용하지 않는다. 간혹 귀농에 대한 후회가 밀려들기도 하지만 돌아갈 수 없는 경우가 많다. 도시에서 다시 집을 마련할 방도가 없다. 하지만 대략 버틸 수는 있다. 집과 약간의 농사지을 땅이 있기 때문이다. 미국으로 이민 간 대학교수 출신이 세탁소를 운영하듯이 도시에서는 생각해보지 않았던 막일도 점점 마다하지 않는다. 이런 사람들은 차를 만들어 판매한다.

3. 허술한 귀촌

여행 왔다가 밤하늘의 별을 보다 "자기 우리 여기 살자! 어차피 도시에서 답도 없는데"라는 말을 시작으로 사태가 전개되기도 한다. 기존 시스템 속에서 애당초 자리 잡기 힘든 이력들인 경우가 많다. (나도 이 카테고리에 속한다) 대개 자력으로 집을 짓거나 마련하기 힘들다. 빈집을 노리거나 저렴한 가격의 농가를 개조하는 경우가 대부분이다. 넉넉치 않은 자금력으로 아주 단기간을 버티거나 약간의 농지를 대농하거나 이런저런 일들, 가령 녹차나 효소 만들기, 계절별로 농산물 수확하는 품앗이 등을 습득하면서 저렴하고 부정기적인 수입을 확보한다. 하지만 농사가 아닌 다른 방도를 찾는 데 항상 집중한다.

대부분 블로그를 가지고 있고 '그러나 자연 속에서 행복하다'는 포스팅을 하고 시스템 종료하고 나면 바로 경제문제로 부부싸움에 돌입한다. 원두커피와 제대로 된 음향장비로 음악을 즐기고 싶지만 시설 자체가 없다. 이런 사람들은 차를 만드는 곳에서 품을 판다.

4. 포괄적으로 예술가들

저렴한 작업장을 필요로 하는 경우가 많다. 지역 특성상 도자, 목공, 염색 등의 공예 쪽이 많은데 재료 공급 등의 환경적인 면과 적은 돈으로 공간 마련이라는 현실적인 측면이 결합한다. 농사일에는 비교적 관심이 없다. 할 수 없이 간혹 품앗이에 동원되나 일을 하는 내내 '이것은 내가 할 일이 아니다'는 생각이 강하다. 마을 주민들과 소통이 원활하지는 않지만 적어도 불화하지는 않는다. 근본적으로 사람들이 착하나 현실대응력이 지극히 미약하다. 따라서 도시로 돌아갈 생각도 거의 하지 않는다. 18세기가 아닌 관계로 사실 시장에서 성공하는 예술가들은 골프장에 있어야 한다. 하지만 낭만적인 미학관이 강하여 이런 현실과 타협하지 못한다.

'원래 잃을 것 없다'는 사고방식은 계속 버틸 수 있는 강력한 자산이다. (나는 이 카테고리에도 속한다) 이런 사람들은 간혹 누군가에게서 차를 얻는다.

이상은 삼 년차 귀촌인의 약간 비장하면서 지극히 주관적인 해석이다. 평소 '객관은 없다'는 지론을 가지고 있다. 분명한 것은 도시에서건 시골에서건 사람은 경제에 가장 많이 지배당한다. 그리고 또 하나의 공통점은 삼십 년이 지나건 삼 년이 지나건 결국은 '외지 사람들'이다. 우리가 자신이 태어나지 않았음에도 본적과 선산이 있는 마을에 가면 '마을 출신'으로 대접받는 것과 같이, 아무리 오랜 시간 동안 정착을 해도 어느 집은 '서울댁'이거나 '부산댁'이다. 따라서 '마을 사람'이 되겠다는 나의 바람 역시 미션 임파서블에 가깝다고 보는 것이 타당하다.

오후 세 시에 리허설은 시작되었다. 악기를 튜닝한다. 호흡을 고른다. 그리고 이 순간부터 나는 한 여자의 남편도 아니고 한 아이의 아버지도 아니다. 이 순간, 나는 노래하는 가수가 되고 무대의 주인공이 된다. 그리고 무대가 끝이 나면 나는 새로운 남편이자 아빠로 변신할 것이다.

사회자가 가장 열심히 완전한 버전으로 수행한 두 차례의 리허설이 있었고 어느덧 해가 저물어간다. 여섯 시 공연은 좀 연기되어 여섯 시 삼십 분으로 조정되었다. 다섯 시 삼십 분부터 식사가 공급되었다. 배식 줄은 길게 이어졌다. 낮에도 느낀 점이지만 아이들이 많다.

생각보다 많은 사람과 생각보다 좁은 공연장 조건 때문에 한번 자리하면 사진촬영을 위해 이동하는 것은 힘들 것 같았다. 잠시 고민하다가 그냥 무대 바로 앞바닥에 자리를 잡았다. 아이들은 앞으로 몰려 앉았다. 아이들 스스로가 관련이 있기도 했지만 오늘은 아빠와 엄마의 새로운 모습을 볼 수 있는 날이다. 더구나 많은 외지 사람들이 마을을 방문하지 않았는가.

통기타반의 합주로 공연은 시작되었다. 김목경의 〈예스터데이즈 러브〉와 사람과나무의 〈쓸쓸한 연가〉를 연주했다. 앵콜은 불가였다. 공연한 두 곡을 연습하기도 빠듯한 시간이었다. 몇몇은 기타 자체를 처음 잡아본 사람들이다. 일곱 명의 통기타반은 약간 긴장한 상태였다. 장난처럼 시작한 일이 이 지경이 되어버렸다. 하지만 그들은 지금 무대 위에 앉았고 연주를 시작했다. 어쩌면 그것은 처음 귀농하여 이곳 매계리에 짐을 풀었

통기타반의 〈예스터데이즈 러브〉 연주로 공연은 시작되었다.

던 그 첫날밤의 설렘과 같은 떨림인지도 모른다. 모든 것은 새로웠고 우리는 새로운 인생을 시작하는 전투력으로 충만했다.

공연의 메인스테이지가 시작되었다. 동네밴드. 귓전에 익숙한 게리 무어의 기타리프가 흐른다. 동네밴드는 마치 '우리는 아마추어가 아니다' 라고 주장하듯 능숙한 솜씨로 공연을 시작했다. 아마추어는 아마추어가 아닌 척하는 순간 아마추어라는 사실을 발각당한다. 그래서 관객은 즐겁기도 하고 함께 조마조마한 가슴이 되기도 한다. 관객은 무대를 가늠하고 무대는 관객을 가늠한다. 그것은 어느 정도 미숙해도 되는지에 대한 타협의 시간이다. 그리고 긴장감은 해소되고 즐길 수 있게 된다.

관객들은 호응한다. 긴장감은 해소되고 함께 즐기기 시작한다. 이제 무대 위의 낯선 사람이 바로 내가 아는 그 사람이라는 사실을 인정하기 시작한다. 무대 위의 모든 사람을 알지는 못하지만 저 귀퉁이의 한 사람은 '내 친구' 다. 내 친구는 일 년 전에, 삼 년 전에, 오 년 전에, 십 년 전에, 이십 년 전에 주위의 만류에도 불구하고 도시를 떠났었다.

그는 기존의 교육시스템을 받아들일 수 없었다. 아이들 때문에 이민 가는 사람들이 있듯이 아이들 때문에 귀농하는 사람들도 있다. 어쩌면 대도시에서의 그 미친 선행교육시스템과 감당할 수 없는 경쟁비용이 우리를 밀어낸 주범인지도 모른다. 하지만 그냥 밀려날 수는 없었다. 그는 패배자가 아니다. 그는 스스로 시스템을 거부했고 우리 방식으로 성공할 수

나는 안다. 무대의 한 자리를 차지하고 있는 '내 친구' 의 마음을 안다.

있다는 가능성을 염두에 두고 있었다. 서울 아이는 시골 아이가 되었고 패스트푸드점은 보이지 않았다. 모든 것은 생소한 것투성이였다.

하지만 서울이나 시골이나 자본주의는 같은 맥락에서 삶을 강제한다. 아이들과 같이 의논하고 결정한 귀농이라고 하지만 결국 부모들의 결정이었다. '나는 관계 없지만' 아이들에게 제공된 '새로운 환경'은 사실은 '제한적인 기회'가 아닐까? 어쩌면 삶의 진행방향이 빠르게 결정되는 것이다. 다른 가능성도 있지 않을까? 아이들의 미래는 아이들의 몫이라고 아무리 곱씹어도 새끼의 미래에 대한 불안감은 서울에 있건 시골에 있건 달라지지 않는다. 읍내에 있는 학원으로 아이를 보내기 시작했다.

처음 귀농했을 때 그는 어느 정도의 긴장감을 느꼈다. 그것은 당연한 것이다. 쉬운 결정이 아니었다. '나를 담보로 한' 실험은 별 부담이 없지만 '가족을 담보로 한' 새로운 시작은 살 떨리는 긴장감이 흐른다. 백 번의 시뮬레이션은 사실 소용없다. 항상 문제는 실전이다. 귀농은 연습이 없다. 제아무리 로커라도 때로는 '인생은 재방송 안 돼, 녹화도 안 돼.'라는 트로트 가사에 공감할 수밖에 없다.

무대 위의 내 친구는 어느 날 광화문 그 호프집에서 시골생활이 얼마나 경이로운 것인지 반짝이는 두 눈으로 이야기했다. 어느 날 인사동 그 선술집에서는 자신의 결정이 무모했다고 피를 토하듯 뱉어내었다. 그리고 다음날 아침이면 어김없이 내 친구는 남부터미널에서 하동행 고속버스에 몸을 실었다. 그리고 내 친구는 지금 이 순간 무대 위에 서 있다. 한대수의 〈바람과 나〉가 흐른다.

| 끝 끝없는 바람 / 저 험한 산 위로 나뭇잎 사이 불어가는 / 아 자유의

> 바람 / 저 언덕 위로 물결같이 춤추던 님 / 무명 무실 무감한 님 / 나도 님과 같은 인생을…

농사를 지어본 경험은 없다. 하지만 유기농이나 자연농으로 내 땅을 일구어나갈 것이란 것은 자명한 사실이다. 최악의 경우 내 식구들은 제초제와 농약으로부터 자유로운, 인간적인 먹을거리로 밥상을 차릴 수 있을 것이다. 마을의 '농사선수'들은 '너희들이 뭔 소리 하는지는 알겠는데…'라는 시선을 보냈다. 그렇다. 그도 사실 약간은 기존 주민들의 관행농을 무지의 소치라 생각하기도 했다. 그들을 우리 방식으로 변화시킬 수 있을 것이라 생각했다. 그런 의욕도 없었다면 이삿짐을 꾸리지는 않았을 것이다. 원인을 알 수 없는 병으로 고추는 타들어가고 녹아내리기도 했다. 논은 벼가 절반이고 피가 절반이었다. 감자는 기존 농민들의 절반만큼 수확되었다. 토마토는 처음엔 경이로운 신선한 맛이었지만 계속된 장마에 녹아버렸다. 상추는 걸레가 되었고 나의 매실은 작은아들 불알보다 씨알이 작다. 그 모든 결과는 경제와 연결되었다. 그렇게 첫해가 지나갔다. 소중한 경험이었다. 지인들에게 '내가 지은 농사'라고 채소와 과실을 택배로 보내기도 했다.

금년에는 발효차에 도전했지만 역시 서툴렀다. 밤을 새도록 비비고 덖는 그 과정은 해보지 않은 사람은 알 수 없다. 몇 만 원의 돈을 위해 하루 종일 녹차 잎을 따는 날이 많아졌다. 허리가 끊어질 듯하다. 노동은 신성해야 하는데 고통이 우선 감정으로 자리한다. 할 수 없다. 읍내 학원에 강사로 나가기로 했다. 이 짓을 다시 하고 싶지 않았는데 얼마 되지 않는 땅만 바라보고 있기엔 수북이 쌓인 공과금 고지서가 너무 무겁다. 이 단순한 밥벌이가 한순간 '내 결정의 순결함'을 침해하는 듯한 갈등이 앞선다. 하지만 할 수밖에 없다. 더구나 녹차와 매실 시즌도 끝이 났다. 너무 많은 사람들이 녹차를 재배하고 매실을 키운다. 시장은 제한적이다.

어머님은 가끔 전화를 하신다.

- 기름은 넣고 사냐?
- 아, 기름도 못 넣고 살 형편일까봐요.

걱정과 의심으로 시작하는 통화에서 그는 퉁명스러울 수밖에 없다. "저는 무탈합니다"와 "우리 가족은 행복합니다"라는 말을 수백 번은 했지만 부모님과 형제들은 그 말을 믿지 않는다. '그 좋은 직장 버리고' 또는 '도시에서 제 앞가림 못해서' 시골로 내려간 내 아들과 내 딸, 사위 잘못 만나서, 마누라 잘못 만나서 헛바람 들어 시골로 내려간 내 피붙이에 대한 걱정은 좋지 않은 느낌으로 수화기를 내려놓게 만들기도 했다. 본가로, 처가로, 시댁으로 전화를 하는 경우가 점점 줄어들었다. 그래서 명절의 만남

'나를 담보로 한' 실험은 별 부담이 없지만 '가족을 담보로 한' 새로운 시작은 살 떨리는 긴장감이 흐른다.

은 때로 어색했고 허허롭기도 했다. 마당에 나와서 피우는 담배연기는 멀리 날아갔다. 공기가 좋기 때문이다. 달 밝고 별 많다. 그랬지. 저 달과 별 때문에 이곳에 정착하기로 했었지. 아이가 점점 사투리를 쓰기 시작한다.

하동터미널로 마중을 나간다.

- 야, 얼굴 많이 탔네. 이제 촌사람 다 되었네.

여전히 친구들은 그를 현장에 '투신'한 '위장취업자'로 보는 듯하다. 그의 눈에는 더 이상 교양시키고 변화시킬 시골 사람들이 보이지 않는다. 그리고 시골 사람들은 이미 알고 있더라. 문제는 누가 지속적으로 미친 듯이 하나의 방법으로 하나의 일에 집중하는가에 달려 있는 것이다. 하지만 그는 집중할 땅과 여력이 없다. 그래서 어쩌면 비로소 이곳 사람이 되었는지도 모른다. 사실 도시에서 우리 삶도 그러하지 않았는가. 사자가 사냥에 성공하는 것은 몇 번의 시도를 한 다음이다. 사냥의 대부분은 실패로 끝난다.

손님 밥상을 차린다. 텃밭에서 난 것들이다. "야, 이렇게 좋은 것만 먹고사냐!"라는 목소리에 더 이상 우쭐하지 않는다. 그것이 아니면 장을 보러 읍내까지 나가야 한다. "이런 거 말이야, 사이트 하나 만들어서 우리 같은 사람들한테 팔아라. 요즘 도시 사람들 유기농이라면 뻑 가잖아!" 하지만 그는 안다. 그들은 두세 번 이상 주문하지 않을 것이란 현실을. "행복해 보인다. 잘 살아라." 그들은 떠났고 그는 다시 누군가를 마중하고 배웅하러 공사 중인 하동터미널을 찾을 것이다.

나는 안다. 무대의 한 자리를 차지하고 있는 '내 친구'의 마음을 안다.

동네밴드 공연을 보기 위해 전국 각지에서 '우리들'은 달려왔다.

   동네밴드는 넘치고 남아서 만든 밴드가 아니다. 부족하고 채워지지 않는 가슴들이 만든 밴드다. 문제는 그들의 가슴이 시리기에 여전히 푸른 등을 가지고 있다는 사실이다. 예정하고 가늠하기 힘든 시간들은 계속될 것이다. 따라서 노래는 계속되어야 한다. 노래는 채워지지 않은 가슴으로 부를 때 저 멀리 퍼져나간다.

   공연은 끝이 났다. 성황리에 끝이 났다. 이런 밤은 살짝 흥분되고 평소보다 많은 말과 높은 목소리로 떠들어도 어색하지 않다. 공연 전에 이미 떨리는 가슴을 진정시킨다고 몇 잔의 술을 마셨다. 맥박은 빠르지만 마음은 이상하게 차분해진다. 열기와 차분함은 때로 공존한다. 그것은 잠시 지난 시간들을 뒤돌아보게 만든다. 사색은 꼭 긴 시간을 필요로 하지 않는다.
   뒤풀이장으로 이동하면서 흘깃 반달을 보는 짧은 시간에도 그것은 가능하다. 오래간만에 보는 사람들이 있어 더 그러할 것이다. 사람과 사람의 관계는 기억을 공유하고 이끌어내는 서로 간의 보완장치이기 때문이다. 뒤풀이 장소는 추운 날씨 탓에 운동장에서 식당으로 옮겨졌다.

두부와 고기와 막걸리를 나누었다. 막걸리가 떨어지면 '맑은 술'이 공급될 것이다. 이런 밤은 자리가 쉽게 끝나지 않을 것이다. 2부가 이어진다. 아이들은 오카리나와 바이올린을 연주했다. 시인은 시를 낭송했다. 그리고 어느 순간부터 예정에 없었던 가수들과 만담가들이 등장하고 '작정한 밤'을 향해 달리는 것이다.

그에겐 분명히 힘든 시간들이었을 것이다. 그럼에도 불구하고 '그' 혹은 '우리'는 우리의 선택이 가치 있는 결정이었다고 믿는다. '우리'는 단지 같은 곳에 줄을 서지 않겠다는 결정을 내렸을 뿐이다. '그곳'에 줄을 서는 일은 끝없이 반복되는 영화를 다시 보는 일과 같다. '우리'는 더 이상 똑같은 영화를 만들기도, 보기도 싫었을 뿐이다. '우리'는 최소한 영화의 결말을 정해두지 않았다. 그 힘들었던 시간들을, 지금도 여전한 그 시간들을 숨길 이유도 필요도 없다. 왜냐하면 지금도, 앞으로도 끊임없이 '그곳'을 벗어나기를 희망하는 사람들은 생겨날 것이기 때문이다.

도자기 만드는 사람, 초등학생, 초등학교 선생님, 시인, 옻칠하는 사람, 주부, 군청공무원, 녹차 만드는 사람, 매실을 키우는 사람, 논농사를 짓는 사람, 마을 이장님, 마을 반장님, 악기상 주인장, 수능시험 끝난 고등학생… 정명희, 정대영, 최정미, 성광명, 최임선, 박남준, 최나현, 이강희, 정선화, 백철호, 김난영, 김선웅, 류대원, 이성오, 도용주. 동네밴드 멤버들이다. 제 각각의 사연을 품고 살아간다.

그리고 우리들.

　같은 옷을 입고 학교를 다녔고 "무엇이든 해라"라는 말보다 "무엇을 하지 마라"라는 말씀의 홍수 속에서 살아왔다. 시작과 끝을 스스로 결정한 경우는 거의 없었다. 우리는 단지 똥과 오줌 중에 하나를 선택할 수 있는 정도의 권리만 부여받았었다. 대부분의 경우 멈추고 싶을 때 멈출 수 없었다. 대열에서 이탈하기 때문이다. 동경하지만 실행하기는 힘들다. 새로운 시작은 우선멈춤을 전제로 하는데 멈추는 순간 모든 것은 엉망이 되기에. 어쩌면 멈출 수 없기 때문에 계속 달리고 있는 우리들.

　열 시 즈음에 몇몇 지인들에게 인사도 하지 않고 행사장을 빠져나왔다. 하동에서 구례로 향하는 19번국도는 캄캄했다. 많은 사람들을 만나고 관찰한 날. 그 많은 사람들의 얼굴들을 되새김하며 우리들이 염원하는 행복에 대해 생각했다. 그리고, 도착하면 라면을 하나 끓여 먹어야겠다고 생각했다.

　당신이 사는 곳이 당신을 말해주는 것은 아니다. 당신이 사는 방식이 당신을 말해준다.

세번째 김장,
네번째 겨울

2009년 12월 24일 아침. 마침내 김장을 완료했다. 한바탕 광풍이 휩쓸고 갔다.

　　보나마나 우리집이 마을에서 제일 늦은 김장일 것이다. 정오까지 안개가 자욱한 날이었다. 아침 여덟 시 삼십 분에 시작해서 열 시 삼십 분에 끝이 났다. 예상한 대로 끝이 났지만 시작 시간이 예정보다 삼십 분 늦어진 만큼 점심 준비 때문에 종종걸음을 해야 했다. 어찌되었건 김장이 끝이 났으니 한시름 놓았다. 도대체 금년 김장은 왜 이렇게 늦어졌는가? 지혜롭지 못하기 때문이다. 김장에 '지혜'라는 단어까지 동원하는 것이 사뭇 엄숙하지만 그렇다.

　　살림을 지혜롭게 경영하지 못하기 때문에 발생한 문제다. 표면적으로는 '바빠서 도저히'라는 편한 답변이 준비되어 있지만 세상 사람들은 모두 바쁘다. 그래서 나는 타인들이 바빠서 뭘 못한다고 말하면 귀를 기울지 않는다. 하물며 스스로 같은 변명을 한다는 것은 난센스다. 봄부터 가을걷이 끝나고 김장과 메주를 마무리하기까지 시골은 분주하다. 그 분주함이 같은 공간에서 이루어지는 것이 아니라, 들판과 텃밭, 집 마당, 공동작업, 교육, 관광까지 해서 동시다발적이고 전우주적으로 전개된다. 남자들보다 특히 '엄니들'은 가끔 보면 원더우먼이거나 슈퍼우먼이 분명하다.

　　물론 대부분이 살림의 달인들이라 나와 비교하는 것이 좀 거시기하지만, 그 엄니들이 "배추 안 뽑남?" "지 안 담남?"이라고 물어오면 그것은 이미 내가 특정 시기에 완료해야 할 미션을 완수하지 못했다는 '가벼운 경고성' 사인이다. 이때 "제가 바빠서"라고 대답하는 것은 화를 자초하는 일이다. 그냥 귀 막고 입 막고 계속 버티는 수밖에 없다.

고양이발 욕조에 누워 있는 고추의 자태로 보아 아름다운 밤임을 알 수 있다. 이 자태는 영화 〈아메리칸 뷰티〉에 대한 오마주로 이해하면 되겠다. 광의면 농부 홍순영의 10월 고추다. 원래 저농약이었고 10월경의 고추는 완전히 약을 하지 않는다. 건조기에서 말린 것이다. 이른바 햇볕에 말린 태양초는 아니다. 이 대목에서 내가 미리 고추를 준비해두지 않았다는 사실이 탄로 난다.

　　12월 10일경에 김장을 끝낼 생각이었다. 12일에 마을회관 준공식이 예정되어 있었고, 13일은 서울로 가야 했기에 그전에 끝을 낼 수 있는 가능 기간은 9일과 10일뿐이었다. 8일 오후에 급하게 홍순영 형님 집으로 올라가서 그 집에서 먹기 위해 달아둔 스무 근 고추를 들고 그냥 줄행랑을 놓았다. 일단 나부터 살고 봐야 하기 때문이다.

　　훔쳐온 고추를 집 안 어딘가에 펼쳐놓고 꼭지를 따야겠는데 마루에 붓고 작업을 하기는 좀 거시기하고, 널찍하고 적당한 용기를 찾다가 낙점한 것이 욕조다. 내년에도 욕조에서 고추꼭지를 딸 생각이다. 욕실용 낡은 의자를 놓고 비닐로 바로 꼭지를 투하하는 동선이 효율적이었다.

욕조에 누워 있는 고추의 자태, 〈상사리칸 뷰티〉.

고추 꼭지 따면서 혼자 영화 한 편을 만든다. 〈상사리칸 뷰티〉, 태양초를 둘러싼 마을 엄니들의 암투를 다룬 사이코패스 드라마. 메인 카피, '땡초탕에 담가봤남?'

12월 16일 오후에 배추를 뽑았다. 12월 14일 월요일부터 날씨는 계속 영하로 떨어졌다. 16일 오후에 영상이 되었고 얼었던 배추가 풀렸을 때 어떻게 되긴 배추는 뽑아둬야겠다는 생각을 했다. 뽑고 나면 김장을 할 수밖에 없을 것이니까.

105개 한 판의 배추모종을 구입했다. 2008년 배추농사는 실패였다. 햇볕에 모종이 '꼬실러부렀고' 한 번 더 옮겨 심었지만 벌레의 공격을 막지 못해 지리산닷컴 K형의 문수골 배추를 공수했었다. 2009년 배추농사는 성공적이었다. 시작부터 부직포 차광막을 준비해서 일주일 정도 모종을 보호했고 배추밭에 물주는 일과 벌레 잡는 일을 게을리하지 않았다. 원하는 크기, 즉 시장에서 판매하는 배추의 절반 정도 크기에 알이 통통하게 찬 배추를 건졌다. 어차피 약과 비료, 퇴비를 하지 않은 밭이니 거대한 배추의 생산은 불가능하다. 아, 홍순영 형님이 직접 만든 퇴비를 한 포 정도 뿌리긴 했다.

배추는 줄기보다 잎이 많은 놈이 맛있다. 의도하지 않고 기대한 것이지만 이번 배추는 그렇게 성장했다. 반칙 없이 땅 자체의 힘만으로 자란 놈들은 악으로 깡으로 자라기에 힘이 세고 아삭함이 오래간다. 90포기 정도를 뽑았다. 나머지 10여 포기는 겨울 동안 쌈용으로 임무를 다하고 생을 마감하게 될 것이다. 당촌댁에서 빌려온 천막에 싸서 배추를 창고에 넣어두고 다음날 새벽, 어느 잡지사와의 약속이 있어 포항으로 떠나야 했다.

날씨도 계속 영하 훨씬 아래로 떨어진 상태였다. 22일 화요일 오후부터 날씨가 풀렸다. 더 이상 미룰 수는 없었다. 오후에 창고의 배추를 절이는 작업을 시작했다. 시래기용 잎을 분리하고 두 토막으로 쪼개는 단순한 작업이다. 배추가 작다보니 두 개로 쪼개면 된다. 배추 크기가 내 팔목 정도로 시원찮은 아이들은 그냥 겉잎만 정리하고 끝이다. 쪼개다보니 마을 선수들의 배추 50포기 분량도 나오지 않을 것 같았다. 뭐 되는 대로 담그는 것이다.

수평댁 고무대야를 말없이 빌려왔다. 노인회관에 계실 듯한데 뒤에 알려드리면 될 것이다. 간수가 부족해 보였으나 그냥 새로 구입한 소금으로만 완료하기로 했다. 한번 뒤집어주면 될 듯싶었다. 이 과정이 김장에서 제일 중요한 대목인 듯하다. 적당히 배추를 절이는 일이 그렇게 쉽지 않다. 기온도 살펴야 한다. 기온을 보고 얼마 동안 담가둘지 결정해야 한다. 평상 기온을 회복했지만 간수의 염도가 좀 부족한 듯해서 하루 정도 담가두기로 했다. 바로 먹기에 적당하고 봄이 오면 좀 곤란한 상황이 될 듯하지만 그 문제는 봄이 오면 해결해야겠다고 생각했다.

12월 23일 점심 좀 지나서 절인 배추를 씻고 평상에 늘어놓았다. 평상. 이곳에서는 와상이라고 부르는데, 이 역시 수평댁 마당의 것을 들고 왔다. 배추 물 빼는 데는 이 대나무 와상이 최고다. 이번에는 여자노인정 문을 열고 "수평엄니!"를 찾고 "와상 좀 들고 가요!"를 외쳐드렸다. 수평댁 기물이 계속 차출되는 것은 김장 작업과 가장 가까운 곳에 존재한다는 이유에서이다.

이 정도 수순이 되면 김장 작업의 정확한 양이 가늠된다. 지난 두

수평댁의 평상을 빌려왔다. 평상이란 참 실용적인 물건이다.

해보다 적어 보인다. 그래도 사람들은 식구도 없는데 뭔 김장을 그렇게 많이 하냐고 묻는다. 다음 김장까지 묵은지를 먹기 위해 그러하고 식구보다 많은 손님들의 양을 가늠하지 않을 수 없다. 보내오는 책은 대부분 다른 사람 줘버리는데 먹는 것은 가능하면 확보한다. 책은 도서관에 가면 훨씬 많고 빌릴 수 있지만 내 배추로 만든 김치는 세상에는 없기 때문이다. 그리고 무엇보다 김치가 있다면 특별한 반찬이 없어도 변형된 여러 가지 대안이 가능하다.

　　　김치냉장고는 없다. 대부분 분해해서 이동 가능한, 가구라기에는 곤란한 우리집의 수납 장치와 비교하면 김치냉장고는 분명히 심각한 크기에 해당한다. 그리고 이 역시 아주 고리타분한 사고방식을 가진 나의 머리로는 '그게 꼭 있어야 해?'에 속하는 시설물이다. 무엇보다 이사할 때 이런 것은 골치 아프다. 이 역시 '다음에 우리집 생기면'이라는 단서를 붙여

대충 물리친다. 장독이 있지 않나. 시골 살면서 작지만 '장독도 활용하지 않으면 뭐하러'라는 완강함을 완비하고 봄이 오면 장독의 김치를 위생비닐에 바라바리 싸서 냉동실로 집어넣는다. 비좁다고 항의하지만 결국 모두 들어간다. 왜냐면 들어가야 하기 때문이다.

　불편을 감수하는 것은 나의 장점이자 같이 사는 사람의 불만을 필연적으로 동반한다. '우리집을 마련하기 위한 단계별 조짐이 보이지 않는 남자가 '다음에 우리집 생기면'을 근거로 대충 '생활의 편리'를 무시해도 쉽게 속는 여자와 결혼하는 것이 관건이다. 이때 숨겨둔 통장이 있다는 뉘앙스를 한번씩 흘리는 것이 중요하다.

　'꼭 필요한 것이 아니라면'이라는 전제는 무엇을 구입하는 나의 기준점이다. 여벌은 없다. 인구의 절반이 나와 같은 쇼핑행태를 가졌다면 자본주의 시장경제는 이미 붕괴했다. 가장 강력한 혁명 구호는 '아무것도 사지 맙시다'라는 것이다.

　양념은 12월 9일경에 만들어두었다. 당시에는 바로 그 순간에 김장을 감행할 것이라 판단했기에. 양념은 숙성되어서 나쁠 것은 없기에 두어 차례 상태만 확인했다. 중간에 액젓을 한 번 더 부었고 김장 디데이 하루 전에 생강을 추가했다. 금년에 사용한 액젓과 새우젓은 부안 곰소에서 공수한 것이다. 배추는 우리 것, 고춧가루는 홍순영 표, 마늘과 소금은 장에서 구입. 찹쌀도 집에 있던 것을 조금.

　23일 저녁 반찬으로 남은 배추 한 포기를 뽑았다. 겉잎은 살짝 데치고 속잎은 그냥 그대로 먹는다. 김장미션 완료를 하루 앞둔 전사들의 마음을 다잡기 위한 적절한 선택이라 할 수 있겠다. 겉잎을 데칠 때 주의해야 한다. 너무 익지 않아도 거시기하고 너무 익어도 거시기하다. 이 계절은 이런 반찬을 먹는 재미가 솔솔하다. 품위 있는 맛이다. 키워서 바로 뽑아 먹는 맛을 따라올 식재료는 없다.

점심은 대부분 외식인 나는 육식이 자주 있지만 집에 있는 사람은 육식의 기회가 별로 없다. 다행인지 불행인지 그것을 그렇게 찾지는 않는다. 한 끼의 저녁상은 우리집의 유일한 밥상이다. 단출하지만 최대한 집중해서 밥상을 준비한다. 일상적으로 우리의 밥상은 너무 풍족하다. 물론 그렇지 못한 집들도 있지만 대부분의 경우 음식은 낭비되고 있다. 그 시기의 식재료를 아낌없이 싹싹 비워주는 것이 땅에 대한 예의라고 생각한다. 다듬다가 나온 겉잎은 밭으로 가서 거름이 되거나 염소나 닭의 밥이 된다. 통상 한 달에 한 번 정도 쓰레기를 정리하고 버리는 듯하다.

국이나 찌개는 준비하지 않았다. 그렇게 되면 평소보다 반찬이 많아진다. 당분간 김을 계속 소비하기로 했다. 작년 김이 많이 남아 있다. 역

구룡포에서 들고 온 가자미를 한 마리씩 배당했다. 나는 큰 놈, 마누라는 작은 놈. 원래 동물의 왕국이 그렇다.

시 김은 기름 소금 발라서 구운 것보다 전통적인 방식인, 김만 굽고 장을 올려 먹는 것이 으뜸인 듯하다. 구룡포에서 들고온 가자미를 한 마리씩 배당했다. 나는 큰 놈, 마누라는 작은 놈. 원래 동물의 왕국이 그렇다. 쌀은 어이 없이 맛있는(벼를 방치한 것 이외에 아무런 짓도 하지 않았기에) 운조루 쌀. 먹고 남은 생선 잔반은 개와 고양이들이 소비할 것이다.

겨울이면 어김없이 늦잠 모드로 돌입하기에(시골에서 살면 분명 겨울잠 코드가 작동한다) 24일 아침은 일곱 시 삼십 분에 알람을 해두고 잠이 들었지만 여덟 시에 겨우 일어났다. 안개가 자욱했다. 이 짙은 안개 속에서 김장을 하는 것이 과연 올바른 삶의 태도인지 갈등했지만, 그것은 역시 조금 더 잠을 자고 싶은 나의 본심에 불과하다는 각성이 쓰나미처럼 격하게 밀려오면서 몸을 일으켰다. 물을 끓이고 하루를 시작하는 맥심 '봉다리커피'를 한 잔 복용하고 일을 시작했다.

양념을 치대기 시작하면서 우선 도중에는 불가능한 설정 컷을 몇 장 찍었다. 올해는 고무장갑을 끼었다. 작년에는 그냥 맨손으로 양념을 치대었다. 뭔 일을 할 때 장갑을 끼는 것이 거추장스럽다. 일이 투박하다는 느낌 같은 것. 그리고 그놈의 고무장갑은 끼고 벗는 것이 고역이다. 멍청한 수컷은 꼭 손에 물기가 있는 상태에서 고무장갑을 낀다. 아니나 다를까! 일을 하는데 자꾸 전화가 온다. 그때마다 이

양념을 치대기 시작하면서 우선 도중에는 불가능한 설정 컷을 몇 장 찍었다.

빨과 묘한 몸 비틀기 동작으로 고무장갑을 벗고 전화를 겨우 받는다.

　　－ㅁㅁ입니다. 통화되세요?

　　－아 씨, 김장 중입니다. 말씀하세요.

　내가 사는 마을의 사무장 자리로 원서를 넣은 귀촌희망자 부부다. '오늘 면접을 한다'는 소식을 갑자기 통보받고 아침 버스를 탄 모양이다. 아직 살 집을 구하지 못했는데 만약에 합격하면 1월부터는 바로 근무를 해야 한다. 봄에 십 년 다니던 회사에 사표를 낸 상태였으니 참한 자세를 가진 '젊은피'들이다. 통화를 끝내고 혼잣말을 하면서 다시 고무장갑 착용쇼를 한다.

　　－그것 보라니깐. 내가 24일경에 결판날 것이라고 했지. 공무원들은 연휴 들
　　　어가기 전에 다 끝내고 싶어한다니깐.

　첫번째 장독을 채우기도 전에 다시 전화가 온다. 다시 고무장갑 벗기 쇼를 진행하고 숨을 헐떡이면서 전화를 받았지만 나 이런, 성격 급한 상대방은 끊었다. 발신자… 공무원 형이잖아! 공무원들이 왜 이 아침에 직간접으로 나를 괴롭히는 것이지! 이건 분명히 나의 김장을 방해하기 위한 중앙정부와 지방정부의 공작이 분명하다. 다시 장갑 착용하기 전에 통화 버튼을 누른다.

　　－왜요?

　　－○○이가 교육 가고 없네. 점심 어쩔까?

　　－그럼 형 혼자 오거나 아무나 데리고 오세요.

　　－보자, 아는 여자 한 명 데리고 가도 되나?

　김장하는 날이라 손님을 청했다. 그들이 원하건 원하지 않건. 김장하면 돼지고기 삶고 막 담근 김치와 먹는 것이 일반적인 풍경이다. 꼭 손

님을 청해 김장을 마감했다는 사실을 만천하에 고할 필요는 없지만, 그 뭐 그냥 이런 핑계 저런 핑계로 가까운 사람들 모여 밥 먹는 놀이다. 인생 뭐 별 거 있나. 이렇게 한번 보고 저렇게 한번 보고 그러다가 환갑잔치하고 누군가는 먼저 가고 누군가는 문상 가고 그런 거 아닌가.

자 빨리빨리 치대자! 빨리 끝내고 읍내에 고기 사러 가야 한다. 그러고도 한 통의 전화가 더 왔고 두 통의 문자가 들어왔다. 매번 힘겹게 장갑을 벗었지만, 문자는 역시나 흐릿한 기억 저편의 고등학교 동문회 발 부고가 하나, 제발 돈 좀 빌려가라는 한국형 문자가 하나였.

두어 시간 만에 김장은 끝이 났다. 양념이 조금 부족했지만 지정댁의 갓은 어차피 어린잎 상태인지라 부족한 대로 그냥 치대고 끝을 냈다. 그냥 좀 심심하게 먹을 것이다. 김장이 지연되면서 지정댁이 챙겨주신 갓의 손실률이 좀 높았다. 죄스런 마음이다. 맛있게 남김 없이 모두 먹는 것이 보답이겠다.

작고 부드러운 배추를 몇 개 골라 이날 점심과 당분간 생김치로 먹을 용도로 겉절이처럼 버무렸다. 사실 김치 맛이란 게 세 번 아니겠나. 생김치와 적당히 익었을 때, 팍 삭았을 때가 그때 아닌가. 대략 이틀 정도는 김치맛으로 반찬 걱정은 하지 않을 것이다.

시작할 때에는 금년의 김장량이 평년보다 적을 것이란 판단을 했는데 끝나고 보니 작년과 얼추 비슷한 것 같다. 작은 장독 3개와 이런저런 통에 모두 담고 나서야 끝이 났다. 개인적으로 장독 욕심은 좀 있다. 이도 물론 '우리집이 생기면'이라는 전제에서의 로망이다. 직접 키운 콩으로 장 담그고 메주를 띄운다면 인생의 완성도가 좀더 높아질 것이란 생각이다. 간장과 된장은 우리 음식 맛을 내는 기본이다. 결국 스스로 담근 간장과 된장이 아니라면 무슨 음식이건 "내가 요리했다"라고 주장하기 힘든 면이 있다.

시작부터 끝까지 내 손으로 완성한다는 것은 아주 중요한 문제다. 외부적 요인이 줄어든다면 자급자족 지수는 높아지는 것이다. 먹물들의 귀농이나 귀촌에서 단골로 등장하는 개념이 '자급자족, 지속가능' 같은 것들이다. 결국 외부 요인에 내 인생이 좌우되는 비율을 줄여나가겠다는 것이지만 철저하게 그것을 실현하는 것은 대단히 힘든 일이다. 그런 사람들은 이렇게 "인터넷에 김장을 했네, 장을 담갔네, 파종을 했네"라는 소리를 올릴 시간적인 여력이 없다.

그래서 완벽하게 스스로를 담금질하는 사람은 타고나는 것 같다. 하지만 지향은 한다. 그리하지 않는다면 이곳에서 지금과 같은 방식으로 생존하기 힘들 것이다. 서울 떠난 지 사 년이 지났고 금년에 서울돈의 부름을 받은 것은 세 차례였다. 예상했던 것보다 좀더 오랜 시간 동안 자금줄은 이어지고 있지만 그 간격이 점점 벌어지고 있다는 것 또한 분명한 사실이다. 자급자족, 지속가능이라는 아이템은 그래서 이상적인 구호가 아니라 생존방식의 필연적 수순이 되리라고 생각하는 것이다.

모니터가 흐릿해지고 육체적으로 디자이너로서의 기능을 상실하게 되는 시기가 오면 돈을 목적으로 원고를 들고 이런저런 출판사를 기웃거리게 될지도 모르겠다. "그러게 옛날에 책 내자고 할 때 내지 그러셨어요." 내가 '바보 편집자들'이라고 몰아갔던 노련한 에디터들이 원고는 보지 않고 나를 내려다보는 풍경이 간혹 보인다. 하여, 그 꼴을 당하지 않으려면 자급자족과 지속가능은 어차피 차근차근 점유율을 높여가야 할 전략

전술일 수밖에 없다.

　　열 시 사십오 분이 되어서야 차의 시동을 걸었다. 읍내로 돼지고기를 사러 가야 한다. 월성정육점에서 수육감 이만 원어치를 담고 인정슈퍼에서 소주 두 병을 산다. 담배도 잊지 않는다. 집으로 와서 냄비에 수육을 장만하기 위한 기본재료를 투입한다. 물론 수육은 맹물에 고기 던져넣고 끓이는 것은 아니다. 사진의 수육이 저리 검은색이 나는 것은 커피 때문이다. 커핏가루, 된장, 간장, 소주 두 병, 양파 통으로 투하, 매실 조금, 통후추 갈아서 제법 넣고 고기 던져넣은 다음 한 시간 정도 삶는다. 5인분의 쌀을 준비하고 시계를 본다. 열한 시 십오 분. 삼십 분 후에 밥을 누른다고 보면 밥숟가락 드는 시간은 열두 시 이십 분이 될 확률 99퍼센트로 보고 일단 초대 손님들에게 '열두 시 십 분까지 행사장 입장' 문자를 보낸다. 아무튼 한 시간 정도의 시간이 있으니 청국장 정도 준비하고 파장 만들고 곰치장아찌 내고… 보자, 또… 아, 배추 하나 뽑아와서 쌈으로 맛보이고 그러면 되겠다.

　　가까운 이들과 밥을 나누는 것을 좋아한다. 같은 구멍으로 밥숟가락이 출입하는 것을 '식구'라고 한다.

　　식구食口 [명사] 1. 한집에서 함께 살면서 끼니를 같이하는 사람.

　　오랜 온라인 이웃인 우드맨 님의 김장에 관한 포스팅을 읽다가 말미에 다음과 같은 내용을 보았다.

　　〈시간을 달리는 소녀〉로 국내에 유명해진 호소다 마모루 감독의 신작 애니메이션 〈서머 워즈Summer Wars〉. 일본 한 지방의 유서 깊은 가문을 이끄는 '왕 할머니'가 남긴 유서의 내용 중에는 아래의 대목이 나옵니

나는 항상 사람 불러 밥 나누기를 즐겨했다. 김장한 날은 수육이 대세다.

다. "가족끼리는 손을 놓지 말아야 한다. 힘들고 괴로운 때가 와도 변함없이 가족 모두 모여서 밥을 먹어라. 가장 나쁜 것은 배가 고픈 것과 혼자 있는 거란다."

가족을 이룬다는 것은 그동안 하지 않았던 여러 가지 불편한 의례가 많이 생긴다는 것을 뜻한다. 결혼을 '더 이상 여관 가기 싫어서' 또는 '경제적 효율성을 위해서' 하는 측면이 있다고 생각하는 싱글라이프 절충형의 사람들이 있다면, 백 년 만에 영화 한 편 보려고 친정에 아이를 맡겨야 하는 상황을 경험하고 싶지는 않을 것이다. 그러나 결혼, 가족을 이룬다는 행위는 그럴 만한 가치가 있는 '그 무엇'이 있기 때문에 불편을 감수하는 것이다.

김장을 담그는 일, 장을 담그는 일이란 것도 그런 영역의 부분이자

연속이다. 그렇게 한 해가 가고 한 해가 오는 것이다. 금년에도 역시나 관전자들이 있었고, 양념을 치대는데 더 이상 참지 못하시겠는지 물어온다. "그게 하고 잡소?" 평생을 해오신 일이고 가사노동이라면 지긋지긋할 수 밖에 없는 엄니들이니 '남자 김장하는 것' 구경 끝물에는 결국 삼 년을 같은 질문을 하신다.

그러나 그녀들 또한 아무리 하기 싫어도 결국 몸을 움직이는 순간까지 김장을 하고 장을 담글 것이다. 그래야 한 해가 매듭 나고 살림이 정리된다. 몸 굴리고 마음 깔끔해지는 길을 택한 것은 원래 그녀들이었다. 이런 일은 '하고 싶다', '하기 싫다'는 차원의, 선택의 문제가 아니었던 것이다. 김장김치가 꼭 필요한 것은 아니다. 배추는 사시사철 구할 수 있는 시절이다. 식구가 많은 것도 아니다. 그러나 일 년에 한 번 김장이라는 절차를 통해 우리가 여전히 '살림'을 지속하고 있다는 사실을 스스로 각인하고, 김장을 위해 9월부터 모종을 심는 것으로 최소한의 텃밭을 운영하는 태도를 지키고 싶은 것이다. 내 안의 입신양명이 그러하다.

세번째 김장, 네번째 겨울을 맞이한다.

'삼 년은 살아봐야'라는 말에 어느 정도 대답할 수 있는 시간이 흘렀다. 삼 년을 살아보니 몇몇 대목에서 답할 수 있기도 하다. 그러나 큰 폭은 아니지만 나의 답변은 항상 변한다. "내려온 것을 후회하지 않느냐?" 내려온 것을 후회해본 적은 한 번도 없다.

"서울생활보다 행복하냐?" 서울시절보다 좀더 행복하다. 때로는 감동적이기도 하다.

"사람들과 문제는 없는가?" 거의 문제가 없었다. 이유는 앞서 이야기했지만 내가 정주한 주민이라는 인상이 약했기 때문에 갈등의 가능성이 낮았던 것이다. 하지만 점차적으로 발생할 것이란 예감은 한다. "계속 이곳에서 살 것인가?" 간명하게는 그렇다. 내가 다른 곳으로 이주할 여력이 있어 보이나?

부산 갔다가 하동IC로 접어들 때, 서울 갔다가 남원 지나 밤재터널을 넘어설 때 마음이 푸근해진다. 집으로 돌아왔다는 느낌이 든다. 이곳에 사글세라도 내가 사는 집이 있다.

"김장은 앞으로도 계속할 것인가?" 그렇다. 김장은 계속될 것이다. 그런 일로 전체 인생 중 며칠 더 행복해질 수 있다면 수익성 높은 투자 아닌가?

어랏! 양념이 튀었네.

3부
이웃과의 인터뷰

바쁠 것은 없습니다. 감사받을 일도 없습니다.
제재건 뭐건 직접 만들고 뿌려서 소비자에게 팝니다.
요만큼 해왔으니 자신 있거든요.
하늘이 안 된다면 하는 수 없고요.
하느님이 농사짓는 게 팔십오 푸로,
우리가 환경하고 싸우는 게 십오 푸로.
저는 그렇게 생각합니다.

젊은 대장장이
박경종

그에게 어떻게 접근해야 할지 좀 난감했다. 지난 장날이었다. 괜히 그의 대장간 앞에서 호미와 낫자루를 들었다 놓았다 하다가 아무래도 이 방법이 가장 좋겠다 싶어 바로 내질렀다.

– 그… 인터뷰 한번 합시다.

"예?"라는 짧은 반응과 뒤를 이어 뭔가 말을 하려던 그는 말을 삼키는 듯했다. 간명한 단어의 수락과 출근시간만 확인한 것이 28일 장날이었다.

대장장이 박경종. 나는 항상 그의 나이가 가장 궁금했다.

나 – 성함이?

박 – 박경종입니다.

나 – 수가 어떻게 되슈?

박 – 서른넷입니다. 칠십오년생.

나 – 왜! 그럼 토끼띠네요. 저하고 같네요. 띠만… 결혼은 하셨소?

박 – 예.

나 – 아이는?

박 – 세 살입니다. 아들.

나 – 결혼을 언제 하셨는데?

박 – 2004년인가….

나 – 여하튼 대략 바로 아이가 생긴 거군요. 몇 년 되지도 않은 분이 벌써 가물거리면 집에서 힘들 것인데… 구례분이슈?

박 – 아니요. 순천 삽니다.

대강의 현재 이력서가 나왔다. 불 앞이지만 새벽바람이 쌀쌀한데 그는 반 소매를 입고 있었다.

서울에서 구례로 옮겨오고 난 이후 첫 장을 본 날. 나는 무엇보다 장터에 대장간이 남아 있는 것을 보고 놀랐다. 장은 특정한 시기가 되면 항상 나에게 또 다른 경이로움을 안겨주곤 했는데, 대장간은 비가 오나 눈이 오나 오뉴월 염천에도 대장간이었다. 그리고 그 대장간을 지키고 있는 한 젊은 사내는 항상 나의 손가락을 셔터로 가져가게 만드는 바람과 같은 역할을 했지만 단 한 번도 그를 카메라에 담지 않았다. 언젠가는 기회가 있으리라 생각했다. 그리고 간혹 장날이면 채소전과 생선전보다 두 골목 아래에 있어 목적에 의한 발걸음을 잘 하지 않는 잡물전을 기웃거렸다. 그때마다 그 사내는 항상 그 자리에 있었다. 번잡하고 소란스러운 장거리에서 그의 망치질 소리는 또렷하게 울려퍼졌다. '따깡' 또는 '빠깡' 하고 울리는 그 망치질 소리는 심지어 청명한 느낌까지 선사했다.

    나 – 언제부터 이 일을 시작했습니까?
    박 – 어릴 적부터 메질하고 놀았지요.
    나 – 메질? 아, 그 망치질을 메질이라고 합니까?

메질. 듣고 보니 익숙한 표현이다. 대학에서 그림을 그리던 시절, 동판 작업을 하기 위해 정으로 동판을 두드릴 때 우리도 메질이란 표현을 했었다. 메질은 지루한 작업이었다.

    나 – 그 메질을 정확하게는 언제부터 했소?
    박 – 중학교 때부터 그러고 놀았지요.
    나 – 혹시 아버님이?
    박 – 예. 대장장이셨지요. 요 윗마을에서 대장간을 하셨지요.

벌겋게 달구어진 쇠를 끄집어내어 그는 메질을 했다. 메질은 아주 힘차고 정교한 과정의 작업이었다. 달구어진 물건을 모루 위에서 쇠메로 삼중주 연주를 하는 것과 같은 리듬감을 가지고 있었다. 왼손으로 달군 괭이 날을 앞뒤로 돌려가며 오른손의 쇠메로 장구를 때리듯 리드미컬하게 내려치는데, 뒤에서 바라보면 그의 어깨 위에는 명백하게 가락이 놀고 있었다.

나 – 처음부터 이 일을 했습니까?

박 – 그러지요. 고등학교 졸업하고 바로 밥벌이로 시작했으니 열아홉이었지요.

나 – 말리지 않으시던가요?

박 – 처음에는 형들하고 같이 했습니다.

나 – 그럼 지금도 형제분들이 같은 일을 하십니까?

박 – 아뇨. 형들은 다른 일을 하지요. 이 일 계속하기 힘듭니다.

그는 형제들이 대장장이가 되지 않은 것과 자신은 대장장이가 된 것을 동일하게 '당연한 일'로 인식하는 듯했다. 화로라고 해야 하나 가마라고 해야 하나. 여하튼 대단한 열기다.

이른 아침이라 손님은 거의 없다. 손님이 없다고 그의 손까지 쉬는 것은 아니다. 그는 쉴 새 없이 쇠를 두들겼다. 주로 낫이다. 미리 만들어두는 듯했다.

나 – 다른 직장도 다닌 적 없어요?

박 – 광양에서 잠깐 직장을 다녔지요.

나 – 뭔 직장이었습니까?

박 – 광양제철요.

나 – 헐, 또 쇠. 왜 그만뒀습니까?

박 – IMF 때문이지요.

나 – 잘린 겁니까?

박 – 아니요. 제가 관뒀습니다.

나 – 월급이 안 나왔습니까?

박 – 오십만 원도 주고 오십오만 원도 주고 그럽디다. 버스 아니면 택시 타고 광양까지 출퇴근해야 하는데 차비도 힘들더라고요. 삼 개월 수습하고 육 개월 다녔는데 그래 가지고서는 힘들더라고요.

나 – 지금이 편해요?

박 – 그렇지요. 월급쟁이들보다 속 편합니다.

지갑을 열고 낡은 사진을 한 장 보여준다. 하단이 찢겨나간 아주 작은 사진이다.

박 – 이전에는 동력도 없었고 전부 손으로 작업을 했으니 이런 식으로 일을 했습니다.

나 – 혹시 아버님….

박 – 예, 가운데 분입니다. 저렇게들 일을 배웠지요.

나 – 어느 무렵입니까?

박 – 제가 태어나기 전입니다. 60년대 초반이나 될 겁니다.

대장장이 박경종은 지갑 속에 아버지의 사진을 품고 있었다. 사진을 빌리기로 했다. 사무실에서 가능한 선에서 높은 해상도로 스캐닝을 하기로 했다. 이 느닷없는 인터뷰에 응한 그에게 나도 뭔가 보답을 해야 할 것 아닌가. 그는 자신의 명함에도 이 사진을 새겨넣고 있었다. 대를 이은 천직이고 뭐고 그런 상투적인 표현보다는 그가 아버지를 품고 있다는 사실이 그냥 좋았다. 드문드문 손님들이 들어선다. 다시 그는 그의 일을 하

"언제부터 이 일을 시작했습니까?" "어릴 적부터 메질하고 놀았지요."

그는 형제들이 대장장이가 되지 않은 것과 자신은 대장장이가 된 것을 동일하게 '당연한 일'로 인식하는 듯했다

고 나는 나의 일을 했다.

나 – 언제가 젤 힘듭니까?

박 – 아무래도 여름이 제일 힘들지요. 여기 간이 가마보다 순천 철공소의 가마는 더 뜨겁습니다.

나 – 장사는 겨울이 제일 못하겠지요?

박 – 그렇지요. 아무래도 농한기고….

나 – 장을 쉬는 경우는 없습니까?

박 – 이전에는 한 번씩 쉬었는데 그러면 안 되겠더라고요. 손님이 끊어집니다. 다음 장에 물건 찾아가는 경우가 허다하니까 쉴 수가 없지요.

나 – 구례장이 아닌 날은 순천에서만 일합니까? 다른 장에도 또 작업장이 있습니까?

박 – 광양장에 하나 더 있습니다. 광양장 끝나고 순천에서 이틀 정도 일하고 다시 구례장으로 오고 그렇지요.

나 – 광양장이 대처니까 돈벌이가 더 좋지 않습니까?

박 – 그렇지요. 하지만 이곳을 쉴 수는 없습니다. 찾아오시는 분들이 계신데….

나 – 그럼 도대체 언제 쉽니까, 일요일은 쉽니까?

박 – 쉬는 날 없습니다. 혼자 하니까 계속 만들어야 합니다.

    손님 중 태반이 수리가 목적이다. 그는 군소리 없이 빠르고 정확하게 그 일을 수행했다. 날을 벼리는 작업이 대부분이다. 지난 장에 수리를 맡겼던 노인들이 어김없이 오늘 장을 찾았다. 대부분은 흡족하게, 때로는 다시 수정할 대목을 요구하고 역시 다음 장에 다시 오기로 하고는 자리를 떠났다. 그 과정에서 어떤 이의 제기나 영수증 등의 종이쪼가리는 등장하지 않았다. 그는 여기에 있고 노인들은 다음 장이 아니면 그 다음 장에 읍내로 나오면 되는 것이다.

    나 – 그냥 그렇게 주문하고 가면 다음에 꼭 옵니까?

    박 – 그렇지요. 대부분은 다음 장에 오셔서 찾아갑니다.

옆에서 보아하니 괭이와 낫 수리는 상태에 따라 사천 원도 받고 이천 원도 받는다. 간단한 것은 천 원 한 장이 건네지기도 했고 그냥 수리해 주기도 했다. 그는 항상 낮은 목소리였다.

풀무질과 담금질, 메질을 당한 쇠들은 마지막으로 날을 벼리는 공정을 거쳤다. 기계로 벼리다가 손 숫돌로 마감했다. 그 과정에서 때로는 물에 담그기도 하고 황토에 담그기도 했다. 물에 담그면 순간적으로 강해지지만 쉽게 금이 가는 모양이다. 마지막 담금질은 대부분 황토였다. 쉽게 식지 않는 쇳덩이를 기다리다 지친 영감들은 재촉했다.

    나 – 도대체 몇 번이나 가는 겁니까?

    박 – 다섯 번 갈아야 됩니다. 마지막은 숫돌에 갈아야 합니다. 그래야 칼날이 오래갑니다.

    나 – 좀 전에 버터같이 생긴 것을 날에 발랐는데 그게 뭡니까?

    박 – 그… 청산가립니다. 칼날을 강하게 만듭니다.

    나 – 위험한 놈이네요. 뭐가 제일 만들기 힘듭니까?

    박 – 칼이 힘듭니다. 반듯하게 일직선으로 메질하는 것이 힘듭니다. 지금은 쉽지만 처음에는 왜 그렇게 힘든지. 철 3톤 정도로 연습했는데 절반은 날렸습니다. 칼날만 이 년 정도 했습니다.

    나 – 다시 녹여 쓸 수 없습니까?

    박 – 칼날은 다시 사용하기 힘듭니다.

나 – 쇠라는 것이 불과 물로 다루어서 강도를 높이는 것으로 알고 있는데 아닙니까?

박 – 쇠도 근본이 다릅니다.

쇠도 근본이 다르다. 그런 것이군. 낫이 될 놈과 도끼가 될 놈은 태생적으로 정해진 것이었군.

나 – 뭐가 제일 많이 나갑니까?

박 – 호미하고 낫, 괭이지요. 광양에서는 바닷가라 갯벌에서 조개 캐는 고리 같은 놈이 많이 나갑니다. 요즘은 한옥 일 하시는 분들이 맞춤으로 주문하는 경우도 있습니다. 그 외에는 비슷하지요.

농사를 짓는 인구는 점점 줄어가고 있다. 시골 대장장이의 미래는 그것과 연관이 많을 것이다.

나 – 앞으로도 이 일 계속 하실 겁니까?

박 – 그렇지요. 이것 말고는….

나 – 어두운 이야기지만 세상이 변해가는 모양이 점점 이런 대장간을 찾는 사람이 줄어드는 것은 맞는 것 아닙니까?

박 – 그렇지요. 거의 제(세대)가 마지막이지 싶습니다.

나 – 인근에 몇 분이나 이 일을 하고 있을까요?

박 – 광양, 순천, 곡성, 남원 해서 대략 대여섯 분 계시지요. 대부분 노인들이지요.

나 – 그럼 일반 동네 철물점에서 팔고 있는 낫이나 호미는 그분들이 만드시는 것인가요, 아니면 대형 공장이 있나요?

박 – 90퍼센트 중국산입니다.

나 – 그것도 중국산입니까?

박 – 철물점 공구는 거의 그렇다고 보면 됩니다. 충청도 쪽으로 큰 공장들이 많았는데 그분들이 중국으로 많이 건너갔습니다. 중국에서 인력 부려서 값싸게 만들어옵니다. 중국산 호미가 칠팔백 원선에 넘어옵니다. 제가 만드는 호미가 사천 원인데… 철물점에서 천오백 원 정도에 중국산이 나가면 제 것 수리비 정도지요. 가격 경쟁이 안 되지요.

나 – 농민들도 그런 사실을 알고 있습니까?

박 – 알고 있지요. 비싸다고 해도 대부분은 그냥 넘어가는데 아주 심하게 말을 하시는 어르신들한테는 간혹 이야기합니다. "어르신도 중국 농산물 때문에 피해를 입고 계시지 않느냐? 똑같은 거다. 이거 저 철물점 중국산 호미하고 같은 가격에 달라고 하시면 쇳값도 안 나옵니다" 그러지요. 제가 거의 마지막입니다. 뒤에 누가 하겠습니까. 80년대에 낫 수리 하면 오백 원 받았습니다. 지금은 이천 원 정도 받습니다.

박경종은 처음에는 칼을 메질하는 것이 힘들었다고 한다. 칼은 반듯해야 한다.

호미를 사러온 아주머니가 고른 손잡이는 중국산 나무였다. 그는 간벌한 숲에서 직접 구해온 소나무 손잡이를 권했다. 그도 소나무를 구하기 힘들어 중국산 손잡이를 일부 사용하고 있었다.

– 사람들이 보기에 매끈한 것만 고릅니다.

풀무질 시절에는 혼자 일을 할 수 없었다. 그러다가 풍로가 생겼다. 두 명이면 일을 할 수 있었다. 언젠가부터 동력기가 나오면서 대장장이는 혼자 일을 할 수 있게 되었다. 기계화는 일을 편하게 만들었지만 사람들을 일터에서 내쫓기도 했다. 세 명이 둘러서서 메를 치던 시절은 이미 흘러갔다. 이제 큰일은 기계가 한다. 시작부터 끝까지 한 사람의 손으로 뭔가를 완성할 수 있는 일이 과연 몇 가지나 남아 있을까. 그는 여전히 폐차장에서 완충장치로 소용되었던 철을 구하고 있다. 그밖의 고철은 양심을 가지고서는 사용할 수 없다. 기차레일 철을 구한 날은 그가 아주 기분 좋은 날이다.

점심 무렵부터 노인들의 발걸음이 계속 이어졌다. 오전에 나는 쌀쌀한 날씨 탓에 장터 커피 두 잔을 시켰다. 오백 원이었다. 커피를 시키고 돌아오니 한 노인이 수리를 기다리고 있었다. 잠시 후 커피아주머니는 내가 시킨 두 잔의 커피를 들고 왔다. 뜨거웠다. 그의 잔을 작업대 위에 올려두었지만 그는 마시지 않았다. 일을 한다고 그러려니 했는데 잠시 후 커피아주머니가 커피 한 잔을 더 들고 왔다. 대장장이는 그 커피를 기다리고 있던 노인에게 권했다. 그러고 나서야 자신의 커피를 마셨다. 잠시 후 그 노인은 새로이 벼린 괭이 날을 신문지에 싸서 들고 갔다. 수리비는 사천 원이었다. 나는 아무 말도 하지 않았다.

나는 이제 젊은 대장장이 한 사람을 알게 되었는데, 그의 이름은 박.경.종이다. 나는 2008년 3월 3일 월요일 새벽 여섯 시 삼십 분부터 오후 한 시까지 그와 함께 있었다. 그가 일하는 중간 중간에 말을 붙였고 그는 대답했다. 말미에 내가 물었다.

– 작년에 제가 끌 하나 맞추었는데 혹시 기억해요?

– 그럼요.

나는 내가 원했던 모양과 크기의 끌을 하나 가지고 있다. 다음 장날에는 묵혀둔 나의 끌을 다시 벼려야겠다.

대장장이 박경종.

24시 '인정수퍼'의
레드 우먼, 문덕순

문.덕.순.여.사.

처음 그녀를 보았을 때 나는 좀 당혹스러웠다. 짙은 립스틱과 아이라인, 상식을 넘어서는 패션 센스, 그릇이 깨질 것 같은 발성법, 거침없는 언어 구사, 그리고 그 무엇보다 사람을 정면으로 바라보는 도발적인 눈매. 하지만 나는 계속 그녀를 만날 수밖에 없는 조건의 남자였다.

서울에서 구례로 옮겨오면서 별 확신 없는 흰소리를 했었다. "지리산으로 가면 담배를 끊겠어!" 담배를 피우는 많은 사람들의 소망은 담배를 끊는 것이다. 그러나 나는 역시 담배를 끊지 못했고, 나와 문덕순 여사가 하루 한 번은 조우할 수밖에 없는 이유가 바로 담배다.

구례읍 북문통 입구 버스 정류장에 '인정수퍼'가 있다. 동네 구멍가게다. 저녁 아홉 시면 길거리에서 인적을 찾기 힘든 읍내에서 '25시' 이른바 24시간 편의점 방식으로 문을 열고 있다. 하루 24시간, 1년 365일 인정수퍼는 항상 문을 열고 있다. 인정수퍼가 문을 닫는 경우는 지구가 자전을 멈추거나 태양이 아이스크림을 쏟아내는 상황이 아니라면 결단코 없다. 그래서 나는 나의 담배를 '이런 시골에서' 자정이 넘건 새벽이건 아무런 차질 없이 공급받을 수 있었던 것이다. 간혹 그냥 담배만 들고 나오기도 한다. 돈은 다음에. 이 역시 실로 오랜만에 경험해보는 외상의 추억이다.

모서리 곡선, 완전 볼록화면 구형 TV는 하루 종일 '온에어'다.

문덕순 여사는 거의 하루 종일 인정수퍼에 존재한다. 지역 특성상 즉각적이진 않지만 패션 트렌드에 민감한 편이다. 이른바 '폭탄파마'를 뒤로 묶은 헤어스타일은 언제 폭발할지 모르는 위협적인 팽창력을 내재하고 있다. 21인치로 추정되는 모서리 곡선, 완전 볼록화면 구형 TV는 하루 종일 가동되고 있다. TV만 보고 있는 듯하지만 왼편의 선팅 문 사이로 난 좁은 창으로 길거리 상황을 언제나 파악하고 있다. TV가 높이 있다보니 항상 고개는 상방 15도를 지향하고 눈동자는 그보다 10도 정도 더 위로 향한다. 그래서 가게로 들어서면 언제나 문덕순 여사는 당신을 치켜보게 된다. 일순간 그녀가 내뿜는 포스의 강렬함에 멈칫하기도 하지만 그렇다고 발걸음을 되돌리기는 이미 늦었다. 그리고 다시 한 번, 또 한 번 인정수퍼를 찾다보면 어느 날인가부터는 그녀의 벼락같은 소리를 만나게 된다.

― 안녕하세요! 몇 가마니 드릴까요?

읍내에서 인근 면으로 이사를 한 이후 문덕순 여사를 매일 뵙지 못한다. 지난 수요일 늦은 밤에 카메라를 들고 읍내 인정수퍼로 쳐들어갔다. 그녀는 그곳에 있을 것이고 인터뷰를 마다하지 않을 것이다. 이것은 추정이 아니라 확신이다. 그녀는 역시 어떻게 하건 붉은색을 입고 있었다. 문덕순 여사가 가장 좋아하는 컬러는 단연코 레드!

    나 – 원래 구례분이세요?

    RED – 여수 LG화학공장 있는 데여.

    나 – 그럼 언제 구례로 오셨어요.

    RED – …72년에 낳았슨께… 71년에 시집옴서 왔제.

    나 – 아저씨는 연세가 어떻게 되세요?

    RED – 칠십하나, 토끼띠제.

    나 – 그럼, 아주머니하고 열한 살 차이가 나는데요, 억울하단 생각 안 해보셨어요?

    RED – 그라녀! 이뻐 이뻐! 꽃이제!

    나 – (헉!)

    인정수퍼는 잘 정돈되어 있다. 작지만 구비하고 있는 물건의 종류가 많다. 디스플레이는 빼곡하고 장사의 연륜을 엿볼 수 있다. 읍내 큰 마트에 없는 물건도 '혹시' 하고 들어서면 인정수퍼에는 있는 경우가 많다.

    나 – 슬하에 자녀분이?

    RED – 딸 여섯.

    나 – 헛!

    RED – 아, 여서엇!

    문덕순 여사는 당신보다 열한 살 많은 토끼띠 영감님을 만나 1971년에 구례로 시집왔다. 중매였다. 1970년에 약혼식도 올렸다고 한다. 문덕순 여사는 초등학교를 나왔다. 그것도 '잘 댕긴' 편이라고 했다. 7남 2녀 중 막둥이로 태어났다. 1950년 출생이고 9형제 집안이다.

  나 – 학교 계속 보내주지 않은 것 속상하지 않으셨어요?

  RED – 헛게! 헛게! 벤또(도시락) 싸 간 것만 해도 감지덕지여! 목구녕 풀칠이 급허제 공부가 뭔 대수랑가. 그리고 나는 공부가 에러버(힘들어). 그냥 집에서 심바람(심부름)허고 나무하고 소 띧기고 논에 나가고 그러고 살았제.

  나 – 시집 와서는 편하셨어요?

  RED – 아녀, 먹을 것 없었어.

1971년에 구례로 시집을 왔을 때 시댁 역시 힘든 집안이었다. 아저씨는 구례에서 태어나서 당시까지 구례에서 살아온 완전한 구례사람이었다. 인쇄기술을 가지고 계셨다. 말씀으로 짐작컨대 식자공이었다. 지역 신문사와 인쇄소에서 일을 했다. 72년에 큰 따님이 태어났다. 73년 봄에 서울로 삶의 터전을 옮긴다. 먹고살기 힘들어서 '뭔 방도'가 있을까 싶어 상경한 것이다. '금호동 산꼭지'에서 이 년을 살았다. 아저씨는 인쇄소에서 일을 했다. 하지만 살림은 여전히 힘들었다.

  – 긍께로 힘들어서 1975년 겨울에 갓난이 들쳐업고 다시 내려왔어. 아저씨는 여름에 오고.

구례로 내려와서는, 지금은 없지만 북문통 시장에서 길거리 장사를 했다. 무를 주로 팔았다. 새벽에 구례구역에서 기차를 타고 남원으로 가서 '운봉 무'를 받아와서 구례에 내다파는 일이었다. 하루 장사가 끝나면 천 원 정도 남았다고 한다. 오래할 수는 없었다. 너무 힘든 생활이었다. 1976년 5월 20일부터 막걸리 장사를 시작했다. 지금의 읍내 장터

거리 ○○ 철물점 자리였다. 77년에 지금의 '문척 구다리' 건너편으로 옮겨서 장사를 이어갔다. '은하수'란 상호를 내걸었다. 문덕순 여사가 좋아하는 '땡땡이' 무늬와 은하수는 궁합이 맞다는 생각이 들었다. 은어와 민물회, 계탕 그리고 담배를 팔았다. 지금 문척 구다리 풍경으로 보자면 상상이 가지 않는다.

    제방공사 시작하기 전에 '은하수집' 자리를 매입했다. 그리고 공사가 시작되면서 다시 정부에 팔았다. 1981년에 구례읍으로 다시 옮겼으니 대략 오 년 정도 문척 구다리에서 장사를 했고 딸은 다섯이 되었다. 일 년에 아이 하나씩 낳고 장사하고 그렇게 살았다. 쉬운 일이 아니다. 읍내로 옮기고 나서 '딱 일 년' 일을 쉬었다.

    나 – 문척에서 돈 좀 버신 겁니까?

    RED – 그라녀. 그때도 심들었제. 그냥 밥 먹는 정도였제.

    1982년 다시 선술집을 시작한다. 지금 인정수퍼 맞은편 △△치킨 자리에서. 상호는 문척에서와 같이 '은하수집' 이었다.

    나 – 선술집 피곤하지 않습니까?

    RED – 나랑 맞어. 내가 성질이 화닥화닥헌께 사람들 만나고 허는 일이 맞어.

    나 – 그럼 인정수퍼는 언제 시작하신 겁니까?

    RED – 1986년 5월 이십 날에.

    나 – 읍내 은하수집이 돈을 좀 번 모양입니다?

    RED – 딱 삼백만 원 갖고 나왔어. 집세 백, 물건 이백.

    손님이 들어선다.

    – 엣세, 던힐, 라일락, 엣세라이뜨.

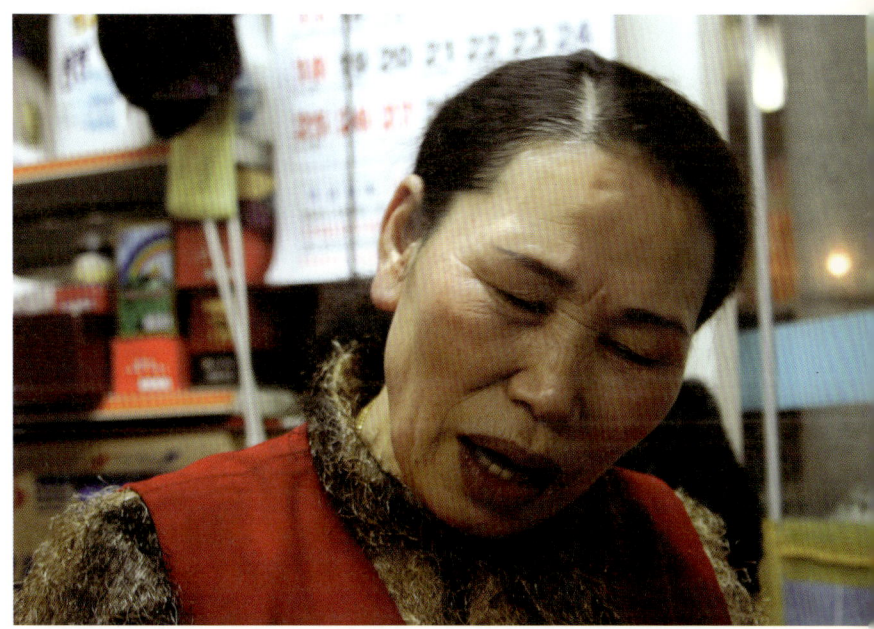
그녀가 보는 드라마보다 훨씬 재미있는, '징글징글한' 그녀의 살아온 이야기를 듣기 시작했다.

다른 군소리 없이 필요 목록만 이야기하고 물건과 돈이 교환된다. 주변으로 몇 있는 술집과 야식집에서 노닥거리다가 담배가 떨어진 경우들이다. 다방아가씨들이 오면 '엣세하고 멘솔'이 대세란다. 밤손님의 90퍼센트는 담배를 찾았다. 그리고 무엇보다 내가 지나치면서 생각했던 것보다 손님이 많았다.

나 – 왜 24십니까?

RED – 그때 우리가 시방 △△치킨 자리서 술집헐 때, 이 집 인정수퍼 아자씨가 딱 새복 두 시에 문을 닫고 와서 막걸리를 한 사발 드시는 것이여. 그라고 우리집이 문을 닫았제. 인정수퍼 시작하고는 딱 그 아자씨보담은 더 열어야겠다는 생각을 혔어.

나 – 하루도 안 쉬었어요?

RED – 이십오 년 동안 딱 이틀 닫았제. 시엄니 초상 때. 그라고는 안 닫아. 닫아뿔믄 애터져. 불안혀.

나 – 혹시 불면증이십니까? 이 시골에서 굳이 24시간을 할 이유가 있난 말씀이지요.

RED – 한 푼이라도 더 벌라꼬. 나 자고 잡단 생각이 드는 것은 세 시간뿐이여. 쩌그 가겟방 있제? 저그서 한 시간 자는 것보담 여그서 이라고 오 분 자는 거이 훨썩 개운허당께.

나 – 아니, 그러니까 밤을 새워 장사를 한다고 이 시골에서 누가 야밤에 옵니까?

RED – 온당께! '인정수퍼는 항상 열려 있다아~' 그거이 중요한 것이제. 나는 하루 두 시간만 자믄 되야!

인정수퍼에서 세를 주고 장사를 시작한 지 십육 년 만인 2002년에 건물을 매입했다. 그리고 2003년 겨울에 지금의 건물로 완전히 개축했다. 아이들도 이미 장성했다. 그렇게 문덕순 여사의 시간은 흘러갔던 것이다.

나 – 그럼 인정수퍼 하시면서 안돈된 것이네요.

RED – 딸아그들이 도와줬제. 병원 생활 한 번 안했고… 그란다고 개 키우드끼 헌 거이 아니고 조상들이 잘 돌봐준 거이제. 이 터가 나를 잘 만난 거이제. 깔깔깔. 이 자리가 원래 터가 씬 땅이여. 뭣 좀 보는 사람들은 지내가다가 가게로 들와서 쓱 내 얼굴을 치다봐. '어짠 사람이 장사를 항가?' 허고. 하하하~.

천성이었다. 그녀는 활달했고 거침없고 거짓이 없었다.

– 고생 안 허고 돈 못 벌어! 가시밭길, 자갈길, 얕은 길, 깊은 길, 눈바람 불고… 그라면 돈은 아깝들 안 혀. 그 고생을 혀논께 돈이 아깝제. 시방도 안집(인정수퍼 한 블록 위 살림집) 가믄 쎗바닥으로 핥고 잡어. 여그도 맨날 청소허고 핥어. 부모 재산이믄 그라들 못 해.

술상이 차려졌다. 쟁반에 무짠지와 소주잔, 잠시 후에 북어대가리를 넣고 조린 찌개가 등장했다. 음식이 맛깔스럽고 솜씨가 있다. 그리고 동작이 민첩하다. 읍내 경기 이야기로 이어갔다.

나 – 제가 이사 오고 난 후로도 이 거리 가게 문을 많이 닫았습니다.

RED – 그라제. 힘들제.

나 – 언제부터 그랬습니까? 읍내가 힘들어진 게.

RED – 도로. 여그저그 도로 생겨남서 사람들이 읍내로 안 들어와뿔제. 읍내에 살아도 모다 차타고 댕기자녀.

나 – ㅁㅁ마트는 언제 생겼습니까? 제가 서울 살 때 언젠가 내려오니까 갑자기 생겼었는데.

RED – 그 전에 ××마트하고 △△마트가 몬자 있었제. 그 사람들도 대형마트 생기고 나서부텀 시방 심들어. 여그서 번 돈은 전부 서울로 다 갖고가뿔어. 구렛돈 안 돼야. 그라고 아파트들 생겨남서 여그저그로 분산되얐제. 걸어서 멀리까지 뭣허러 오겄어.

일전의 잡지사 인터뷰 당시에 기자가 물었던 말이 있다. 하루 24시간 이곳에 있는데 어떻게 딸 여섯을 만들 수 있었는가? 박장대소했지만 인정수퍼를 시작하기 전에 이미 딸 여섯은 세상에 태어난 뒤였다. 뒤늦게

그녀의 인생사는 무짠지보다 더 짭조름했다. 그녀는 설득력 있는 달변가였다.

그 이야기가 다시 나오고 소주를 기울이던 이웃이 한마디 더 보탠다. "수퍼에서꺼정 낳았으믄 계란 한 줄은 낳았겠네." 하하와 깔깔 소리가 좁은 가게에 울려퍼졌다.

    나 – 원래 패션이 유난하십니까?

    RED – 깔깔깔~. 이쁜 거이 좋자녀! 빨간색을 좋아헌디, 빨간색으로 정장허고 빨간 스타킹 신고 반바지 입고 나서믄 기분이 좋아. 내가 왜 모자를 자주 쓰냐믄 안경 쓰기 싫어서 그랴. 나는 시방도 옷 사러 가믄 삼십대 코너에서 사 입어. 바지는 전부 골반바지랑께. 하하하.

문덕순 여사의 힘든 시절은 끝이 났다. 손자도 있는 어엿한 할머니다. 얼큰하고 매운 음식을 좋아하고 노래하고 춤추는 것이 좋은 문덕순 여사. 하지만 정작 일 년 동안 노래방은 한 번도 가보지 못했다. 앞에 걸어가는 사람이 천천히만 걸어가도 '속에 천불이 나는' 괄괄한 그녀 문덕순 여

사. 다시 선술집을 하라면 하시겠냔 물음에 "식당보다 이게 나아야"라고 말한다. 하지만 십 년 전에, 이십 년 전에, 삼십 년 전에 내가 그녀를 만나서 같은 질문을 했다면 그녀의 대답은 항상 같았을 것이란 생각이 들었다.

그녀는 항상 '지금'이 좋았을 것이다. 지금. 가장 치열한 지금. 결코 외면하거나 비켜서지 않았던 '지금'. '지금'이 무조건 좋았을 리는 만무한 것이다. 다만 그 '지금'을 받아들인다. 지금을 받아들이지 못할 때 우리네 인생은 피곤해진다. 자신에 대한 부정이다. 자신을 부정하는 시간 속에서 인간은 행복해질 수 없다.

나팔골반바지를 입은 문덕순 여사와 요술버선을 신은 이웃과 함께 자정을 코앞에 두었다. 이제 정리를 할 시간도 되었다. 일부러 밤을 택했다. 밤은 어두운 실내 조건에서의 촬영을 생각하면 문제가 있지만 나는 인정수퍼에서의 인터뷰는 밤이어야 한다는 생각이 들었다.

"인생이 뭡니까?"라고 물었다. 일 초의 망설임도 없었다.

– 돈 벌이는 것이제 뭐 있남! 논에 가면 논일, 밭에 가면 밭일, 산에 가면 산일, 내 속에서 난 새끼는 내가 책임져야 할 것 아닌가?

책임져야 할 많은 것을 외면하는 삶의 방식을 결정한 인터뷰어와, 대면한 모든 삶의 질곡을 정면으로 온몸으로 받아안은 인터뷰이의 만남은 그렇게 정리되었다. 마지막으로 디저트를 제시했다.

– 희망하시는 일이 있습니까?

강력한 두 가지 희망과 재미있는 한 가지 상상이었다. 재밌는 상상은 호텔이었다.

– 돈만 있으믄 호텔이나 한나 허고 잡어. 불 써놓고 허기는 한 가지 아녀?

강력한 두 가지 중 하나는 '막둥이가 좋은 직장을 붙들어매는 것'이었다. 그리고 남은 하나는 오로지 낭군님에 대한 소원이었다.

인터뷰 초장부터 이미 "이뻐 이뻐 꽃이제!"라고 낭군님을 향한 마음을 설파한 문덕순 여사. 마무리로 인터뷰 말미에 대못을 박는다.

– 이뻐자녀! 다시 태어나도 나는 시방 낭군허고 그대로 살껴.

핸드폰을 열어 보여준다. 내가 알고 있는 어깨가 굽은 지금의 칠순 노인이 아니다. 핸드폰 속의 아저씨는 나에게는 하나의 충격이었다. "그 시절에 고등학교꺼정 나온" 문덕순 여사의 낭군님.

– 이뻐 이뻐! 새사람 만나 질들여놨는디, 딴 놈 만나서 다시 헐라믄 월매나 심 들어. 그 사람이 그 사람이여. 우리 낭군이 최고여! 낭군 죽을깨비 나가 벌벌 혀. 이십 년은 더 살아야제. 구십까지는 살것제. 한번 가믄 다시는 못 볼 오늘이여. 되도록이믄 웃고, 헐뜯지 말고 오래오래 살아야제.

그리고 완전한 마침표를 찍는다.

– 죽어서 왜 남 줘? 나는 묏동 구녕을 확 뚫어뿔고 낭군허고 손잡고 누워 있을께!

구례읍내 북문 버스 정류장에는 구멍가게 하나가 있다. 그 구멍가게는 '인정25시'라는 간판을 걸고 이십오 년 동안 딱 이틀만 문을 닫았다. 그 가게를 지키는 사람은 문덕순 여사이다.

혹시라도 그녀의 짙은 립스틱과 아이라인, 상식을 넘어서는 패션 센스, 그리고 그 무엇보다 당신을 정면으로 바라보는 도발적인 눈매에 당황할 필요는 없다. 그녀는 단지 단 한 번도 '지금'을 외면해본 적이 없는 사람일 뿐이다.

인터넷에 떠돈 '전원일기 응삼이' 사진 이후로 인정 수퍼 아저씨의 젊은 시절 사진은 나에겐 하나의 충격이었다.

농부 홍순영

　몇 사람 건너 기별이 왔다. 조심스럽게. 사이트를 만들어달라는 요청이었다. 몇 번째일까? 이번에도 만나서 거절을 해야 할 모양이다. 소개를 한 사람들도 어차피 아는 사람들이라 내가 그 농부를 만나러 간 것은 직접 만나서 그의 요청을 거절하기 위함이었다.

　그 농부를 소개한, 정확하게는 그 농부에게 나를 추천한 분과 먼저 점심을 했다. 말도 안 되는 거짓말을 하셨다. 그 농부는 4만 평의 농지, 특히나 그중 쌀농사 3만 평을 포함해서 전부 무농약 농사를 짓는다는 거짓말이었다. 세 평 배추밭 벌레 잡다가 지정댁에게 '약 한번 플리즈~' 했던 것이 나의 지난해 농사 이력 아닌가.

　　– 에이~ 선생님 말이 되는 소리를 하셔야죠. 13헥타르가 넘는데 어떻게 '올 무농약'을 해요!

　　그 농부는 막 점심상을 물린 다음이었다. 까무잡잡하고 단단한 인상이었다. '디스 이즈 농부'였다. 이런저런 이야기를 들었다. 준비된 거절의 변辯도 밝혔다. 한 시간 가까이 그 농부와 대화를 계속했다. 일반 농가보다 훨씬 많은 시설들을 돌아보았다. 친환경제제(우리 산과 들에서 자라는 풀, 흔히 말하는 잡초를 '탄화기'라는 기계로 고온에서 열 처리하고 추출한 원액을 1:500의 비율로 혼합해서 사용하는 농약 혹은 비료)를 직접 만들어 사용하고 있었다. 사무실로 돌아오는 길. 그가 건네준 명함을 보았다. 부부의 이름이 같이 기록되어 있었다. 광의면, 낡고 뜨거운 아스팔트 직선 도로를 날아가며 중얼거렸다. '보석이다.'

　　며칠 후 아침, 그 농부에게 전화를 했다. 간만에 카메라를 챙겼다. 진행 중인 일을 중단하고 마음이 먼저 가는 일을 향해 차를 몰았다. 여름 끝이었지만 볕이 뜨거웠다.

　　홍 – 하이고 덥습니다, 권 선생. 농부는 덥다고 하면 안 되는데, 나락을 생각하면 그렇다는 말씀입니다. 하이고 덥다아~.

　　나 – 논이 어딥니까?

　　홍 – 대개 저 아래 들판이지요. 지금 집사람하고 딸내미가 풀 뽑고 있을 꺼인데. 진주야.

　　비가 온 다음날이었고 아침이었지만 햇살은 뜨거웠다. 내가 무수히 오갔던 온동, 난동, 당동의 그 약간 경사진 논이 그의 들판이었다. 그의 농사는 대부분 가족들의 노동으로 해결하고 있었다. 피를 뽑고 있었다. 비탈진 잡초 밭을 위태하게 내려갔다. 농부에게 논 한가운데로 설 것을 요구했다. "어색하게 생각하지 마시고 자신 있게 카메라를 보세요"라고 말했다. 임옥상의 〈보리밭〉 같은 포커스를 생각했다. 그러나 나의 의도는 달랐다. 임옥상의 〈보리밭〉에서 농부는 허깨비였지만 나는 살아 있는 농부를 표현하고 싶었다. 농부는 정면을 응시했다.

그는 농부 홍순영이다.

나는 농부를 찾고 있었다. 아래와 같은 농부다.

- 이곳에서 나고 자라고 살아온 농부.
- 전업농.
- 가능하면 유기농이나 친환경적인 농사를 짓는 농부.
- 당연히 결혼하고 자식 또한 많은 농부.
- 물려받은 땅이 아닌 스스로 마련한 땅에서 농사를 짓는 농부.
- 특이한 이력을 소유하지 않은 농부.
- 생김이 '디스 이즈 농부' 같은 농부.

더불어, 농약이 아닌 직접 친환경제재를 만들어 농사를 짓는 분들에 대한 이야기를 들었다. 그런 분이면 더욱 좋겠다. 농부 홍순영은 내가 마련한 이 모든 흥행요소를 빠짐없이 갖춘 탁월한 배우로 보였다. '보석이다'라는 나의 혼자 평가는 그래서 사실은 영화감독이 자신의 시나리오에 적합한 배우를 삼 년 만에 길거리에서 캐스팅한 듯한 기분 때문일 것이다.

홍 – 올라갈까요? 요 위에 조기재배 논이나 한번 볼까요?

농부 홍.순.영.

조기재배 벼는 추석 전에 출하를 하기 위한 것이다. 정확한 것은 가 봐야 알겠지만 9월 첫 주에 벨 벼들이다. 조기재배용으로 경작한 쌀농사는 3천2백 평 정도. 4톤 정도 생산량을 예상하고 있었다.

    홍 – 잡초제거를 세 번 했지요. 5월 5일에 모내기를 했습니다. 영농일지가 있으니까 살펴보면 다 나오는데, 볍씨 작업부터 사진을 찍어두었으면 좋았을 것인데….

농부 홍순영의 조생벼는 이미 누렇게 익어가고 있었다. 집으로 향하는 길에도 그는 걸음을 멈추고 설명을 했다.

    홍 – 이거는 환삼넝쿨, 나락에 칼슘 같은 역할을 합니다. 이거는 쇠뜨기풀, 질소 함량을 높여줍니다. 이거는 소리쟁인데 이를테면 살충제 역할을 합니다.

나에게는 길가의 잡초지만 그에게는 농사에 피가 되고 살이 되고 뼈가 되는 영양제이자 살충제들이었다. 그는 지금까지 팔십 여 가지의 순환제재를 만들었다고 한다.

    나 – '잡초는 없다'네요.

    홍 – 그라지요.

홍순영. 1958년생. 구례군 광의면에서 나고 지금까지 살아왔다.

    나 – 그 유명한 58년 개띠시네요. 객지로 나가신 적은 없습니까?

    홍 – 군대도 안 갔는데 객지로 나갈 일이 없었지요.

    나 – 군대는 왜 안 가셨습니까?

    홍 – 초등학교밖에 안 나왔슨께 그라지요.

그의 최종학력은 초등학교 졸이다. 정확하게는 중학교를 잠깐 다니긴 했다.

홍 – 시온중학교라고 지금은 없는디, 없는 집 아그들 댕기던 중학교를 이 개월 댕기긴 했지요.

나 – 부모님도 구례분이시겠네요.

홍 – 그라지요. 이곳 광의에서 사셨습니다.

나 – 형제 분은 어떻게 되십니까?

홍 – 아홉입니다.

나 – 아홉요! 어떻게 됩니까?

홍 – 5남 4녀지요. 저는 여덟째고요.

나 – 헐, 국물도 없었겠네요.

농부 홍순영은 부모님으로부터 270평 논을 증여받은 것이 전부다. 다른 형제들은 모두 대처로 나갔다.

나 – 그러면 초등학교 끝내고 바로 농사를 시작하셨습니까?

그는 어쩌면 선택의 여지가 없는 농부일 수밖에 없었다. 열일곱 살, 지금으로 보자면 고등학교 1학년에 해당하는 나이 때부터 마을 정미소를 운영했다. 임대로 운영한 것인데 당시에는 발동기로 작동하던 시절이었다. 자신의 운명에 대해 그는 별다른 저항의식을 느끼지 않은 듯하다. 그에게는 이 모든 것이 당연한 일인 듯했다.

나 – 9남매 중에 혼자 시골에 남았는데 억울하지 않으셨습니까?

홍 – 아버님이 2001년에 91세로 돌아가셨습니다. 엄니는 2000년에 81세로 돌아가셨구요. 정확한지 기억이 가물하긴 한데… 9월 16일이 아버님 기일인데 형제들이 다 모입니다. 9남매 중에 몸 아픈 사람 없고 법 어긴 사람도 없습니다. 형제고 조카고 간에. 그런 게 참 좋은 것 같습니다. 우애 있게 살아왔습니다.

소들의 생김새가 깔끔한 편이다. 마을의 다른 소들보다 상태가 좋아 보였다.

나 – 정미소는 언제까지 하셨습니까?

홍 – 육 년 계약하고 팔 년 정도 했지요. 그리고 이 년 쉬다가 다시 이 년 더 했을 겁니다. 서른 살 무렵일 겁니다.

나 – 왜 그만두셨습니까?

홍 – 정부수매를 하니까 더 이상 마을 정미소는 필요가 없어졌지요. 통일벼, 유신벼, 뭐 그러던 시절이었습니다.

나 – 벌이는 좋았습니까?

홍 – 정미소 딱 이 년 하고 논을 두 마지기 샀습니다. 제 나이 열아홉에 처음으로 땅을 샀지요. 마흔 될 때꺼정 서른 마지기(6천 평) 장만하고 큰 머슴,

작은 머슴 두고 사는 것이 목표였습니다. 저 일 많이 했습니다.

이 대목에서 그는 그 당시를 회상하는 듯, 회한과 긍지가 혼합된 뱉어내는 숨을 쉬었다. 대부분의 사람들처럼 나 역시 세상 무엇보다 재물을 좋아했지만 겉멋에 그것을 외면하는 척했고, 절박하나 성실하게 그것을 위해 살아온 사람의 이야기 앞에 서면 '나의 의무' 앞에 나태했던 시간들이 어쩔 수 없이 스쳐지나간다. 그도 담배를 피우고 나도 담배를 피운다.

정미소에서 쌀을 도정하면 읍내장터 '되질하는 사람'에게 넘겼다. 경운기에 싣고 장으로 나간다. 그때는 쌀 한 가마니에 85킬로그램이었다고 한다. 경운기에 서른 가마니를 싣고 나간다. 운반비용으로 쌀 주인에게 가마니당 천오백 원을 받았다고 한다.

홍 – 서른 개니까 천오백 원 곱하기 서른 하면 솔찮은 돈이잖아요. 그렇게 돈을 모으면 땅을 샀습니다.

나 – 결혼은 언제 하셨습니까?

결혼식은 1986년 1월 1일 집 마당에서 전통혼례로 올렸다. 살림은 83년부터 차렸다. 왜 결혼식이 늦었는지에 대해서는 묻지 않았다. 어렵지 않게 짐작이 갔다.

홍 – 집사람은 중학교꺼정 나왔습니다. '나같이 못난 놈하고 살겠냐' 하고 물었지요.

나 – 중맵니까?

홍 – 아닙니다. 같은 마을에서 나고 자랐습니다. 얼마 전에 뭔 일 끝에 그랍디다. '나는 당신 만나갖고 후회되는 일 한나도 없었다' 미안하고 고맙지요.

나 – 자녀분은?

딸 다섯에 아들 하나다. 세 번 그를 만나는 동안 항상 '그의 아이들'로부터 전화가 왔었다. '그의 아이들'에 대한 이야기는 며칠 동안 다른 이들을 통해서도 들었다. 그를 이야기하는 사람들은 모두 '그의 아이들'에 대한 칭찬을 빼놓지 않았다. 둘째 딸만 출가하고 모두 대기상태(?)다.

나 – 돈 많이 버셔야겠습니다.

홍 – 저거들이 알아서 하겠지요.

딸 하나를 제외하고 모두 대학을 나왔거나 재학 중이다. 아들은 한국농업대학교 과수학과 2학년이다. 별 이변이 없는 한 대를 이어 농사를 지을 것이다.

나 – 누구 결정입니까?

홍 – 지가 결정하고 우리는 동의했지요.

나 – 도시로 나가서 돈 벌게 하고 싶지 않으셨어요?

홍 – 농사일이 공무원 부럽지 않습니다.

당연하기도 하면서 의외인 것은, 농부 홍순영은 자신이 하는 일을 좋아한다. 공무원 부럽지 않다는 비유가 재미있었다. 넷째 딸 홍진주 또한 산림조경학과를 졸업하고 지금 부모님과 함께 농사를 짓고 있다. 월급을 주고 있다고 한다. 정당한 노동의 대가인 것이다.

그가 유기농법 농사를 시작한 것은 서른아홉 무렵이었다고 한다. 지금 살고 있는 집을 지을 무렵인데 그는 몹시 아팠다.

홍 – 여름 수도작 水稻作 농약 치고 나서부터 그랬지요. 쓰러진 것이지. 그리고 알르지가 생겼습니다.

이후로 그는 화학농약은 사용하지 않기로 작정했다. 사람 잡는 일이란 것을 몸으로 알게 되었다.

홍 – 농약 안 하는 농사짓는 거 터득하느라 첨에는 충북 괴산까지 견학을 다녀왔슴돠. 오도바이로. 뒤에는 기술센터 통해서 교육이라는 교육은 모두 받았습니다.

2000년 들어서 완전한 무농약으로 전환했다.

홍 – 집사람과 쌈도 많았습니다. 풀 베기 징그랍고 수확량 안 나온께… 퇴비 만들기는 십오 년 정도 되었습니다. 축분으로. 과수원, 수도작 합산하면 농약값이 천만 원 정도 들어갑니다. 근데 이렇게 하면 농약값 이백만 원 안짝이면 인건비까지 해결됩니다. 문제는 일을 너무나 많이 해야 해서….

그의 농지는 어떻게 될까? 감농사가 8천 평, 매실이 천5백 평이다. 무엇보다 논농사 3만4천 평이다. 2009년 면적은 그렇다. 쌀농사를 포기하는 판에 그는 우리 농사의 근간이 되는 쌀농사를, 그것도 무화학농법으로 진행 중이다. 몇 백 평, 몇 천 평 단일작물을 그렇게 하는 것과 이렇게 대규모 면적 전체를 친환경으로 진행하는 것은 전혀 다른 차원이다.

나 – 정부에 수매를 시킵니까?

2008년까지는 관행논과 인접한 논은 저농약으로 재배했다. 그 결과물 8톤 정도는 수매를 시켰다. 그러나 금년부터 수매시키는 물량은 없을 것이다. 모든 생산물은 직거래로 처리할 생각이다. 드는 품에 비해 가격이 맞지 않으니 수매를 시킬 수 없다. 직거래를 시작한 것은 2000년부터였다. 무슨 마케팅 계획하에 그런 것이 아니라, 형제들과 지인들에게 보낸 쌀과 감을 먹어본 사람들이 점차적으로 그의 농산물을 주문하기 시작한 것이다. 2007년부터 3백여 가구가 그의 쌀을 먹고 있다.

나 – 쌀은 그럼 이미 전량 팔려나간다고 봐야겠네요.

홍 - 그라지요. 그러나 확대를 해야겠지요.

2009년 9월 1일 화요일에 농부 홍순영을 다시 찾았다.

점심 먹고 시설물들과 감농사를 둘러보기로 했다. 이전부터 궁금했던 것에 대해 물었다.

나 - 나락을 햇볕에 말리는 것하고 건조기에서 말리는 것하고 어떤 차이가 있습니까?

홍 - 건조기는 40~45도 사이에서 건조합니다. 수분 함량 17퍼센트 정도가 제일 좋습니다. 이런 것이 조절 가능하구요. 햇볕에 말린 것이 좋다고 생각하시는 분들도 계신데 꼭 그렇지는 않습니다. 가을볕에 아스팔트 바닥의 지열이 50도 이상 올라갑니다.

나 - 익는단 말씀이십니까?

홍 - 그라지요. 건조율이 60퍼센트 정돕니다. 수분 함량도 똑같지 않습니다.

나 - 고추는 어떤가요. 금년에 태양초가 힘들지 않았습니까.

홍 - 고추는 건조기로 말리면 85퍼센트까지 수분 함량을 뺍니다. 태양 건조는 60퍼센트 정도 건조시킵니다. 고추의 경우는 태양 건조가 더 좋긴 합니다. 그런데 손실률이 아무래도 좀더 높지요. 건조기에 말린 고추도 사실 맛으로 별 차이는 없습니다. 저희들은 막상 그런 것이 그렇게 중요하다는 생각은 하지 않습니다. 고추 자체가 중요한 것이지 건조 방식이 가격을 결정하는 것도 좀 그러지요.

저장창고로 들어갔다. 쌀을 말리고 있었다. 저온저장고에 있던 쌀을 상온에 적응훈련시키는 것이라고 했다. 저장과 도정, 포장 문제는 그가 풀어야 할 과제다. 그의 창고에는 여기저기 소포장된 쌀들이 굴러다닌다. 일종의 실험이다. 상온에서 진공포장, 그냥 비닐포장, 포장 열어둔 상태

등 이런저런 조건의 포장상태로 일 년 정도 던져둔다고 한다. 역시 관건은 바구미라는 벌레가 어떤 조건에서 잘 발생하는지를 가늠하는 일이다. 직거래는 쉽지 않다. 생산뿐만 아니라 최종적인 납품까지를 책임져야 한다. 뿐만 아니라 AS까지가 그의 몫이다.

    홍 – 비만 와도 전화 옵니다. 태풍 불어도 전화 옵니다. 쌀 많이 남냐고, 팔아준다고.

그의 쌀을 사먹는 소비자들 이야기다.

    홍 – 바쁠 것은 없습니다. 감사받을 일도 없습니다. 제재건 뭐건 직접 만들고 뿌려서 소비자에게 팝니다. 요만큼 해왔으니 자신 있거든요. 하늘이 안 된다면 하는 수 없고요.

    나 – 쌀은 아직까지 왜 둡니까?

    홍 – 안 둘래야 안 둘 수 없습니다. 재앙이 올 수도 있습니다. 아버님 때에도 쌀을 팔아먹어도 비축미는 그대로 둡니다. 11월꺼정 묵을 수 있어야 합니다.

역시 농촌에서는 전통적으로 쌀은 최후의 보루다. 떨어지면 시키면 그만인 나의 생각과는 다르다. "재앙이 올 수도 있다"라는 그의 표현은 하늘에 기댄 농사를 짓는 사람의 입에서 가능한 표현이었다. 그러나 재앙은 어쩌면 전혀 다른 방식으로 올지도 모른다.

    홍 – FTA 반대한다고 그 난리를 떨고, 버스 두 대에 마누라가 밥해서 이고 지고 하이고… 그날 하루는 휴갑니다. 버스비에 밥값에, 데모도 마이 했습니다.

대화중에 '폐농廢農'이라는 나의 표현에 그는 얼핏 발끈한 듯했다. 나만 그를 주목하는 것이 아니다. 지자체와 관련 부처에서도 그를 주목하고 있다. 나는, 그는 살아남아도 "다른 농부들이 농부 홍순영처럼 될 수 있는가"라는 문제를 들이댄 것이다. 전교 일등을 표준으로 '저 아이를 보라!'라는 논리로 다른 아이들의 무능을 질타하는 것은 참 한심한 노릇 아니겠는가.

  나 – 선생님은 한국 농업의 아이콘이 될 수도 있지만, 다른 소농은 폐농할지도 모르지 않습니까?

대화는 다음으로 미루었지만 쌀농사에 대한 그의 의지는 성역과 같다는 느낌을 받았다.

  그의 감 농장으로 이동했다. 감농사는 그에게 두번째로 중요한 품목이다. 8천 평은 작은 면적이 아니다.

  홍 – 감은 지금부터 큽니다. 찬바람 나고 큽니다.

  나 – 상처 난 감은 어떻게 됩니까?

  홍 – 출하할 수 없지요. 감말랭이나 만들고. 금년에 무농약 감 실패하면 전량 폐기할 겁니다.

그는 이른바 '탑프루트 top-fruit' 농민이다. 농촌진흥청에서 인증하는 대한민국의 탁월한 과실들을 생산하는 농민인 것이다. 구례에는 열한 명의 탑프루트가 있다. 모두가 감을 재배하는 농민들이다. 토양과 과실의 상태로 판단하는데, 농장의 여섯 곳 흙을 시료로 채취해서 검사했다. 샘플 과실은 3회 제출했다. 그의 2009년 감은 하나의 모험이다. 아마도 몇 년 더 실험을 할 것이다. 통상 과실은 무농약으로 재배하기 아주 힘들다고 한다.

  나 – 무농약 몇 년짼니까?

  홍 – 이 년째지요.

  나 – 삼 년은 넘어봐야 안다던데요.

'약하지 않고' 벌레 잡는 일이 쉽지 않다.

홍 – 그렇지요. 지달려봐야지요. 농사는 열심히 진 만큼 옵니다.

감잎을 하나 들추어내자 벌레가 소복하다. 흰뿔각지벌레란다. '약하지 않고' 벌레 잡는 일이 쉽지 않다. 낙엽병이 가장 문제다. 9월 15일 이후에 온다고 했다. 지금 약을 해도 소용없다. 늦어도 6월에는 방제를 해야 한다. 그는 9월 15일 이후를 기다리고 있는 듯했다.

그의 감나무밭은 풀이 무성하다. 그러나 그냥 무성한 것은 아니다. 땅을 밟아보면 바삭하다. 원래는 좋은 땅이 아니란다. 그러나 배수가 기가 막히다. 밟아보면 쌓여 있는 풀의 층이 느껴진다. 땅이 숨을 쉬고 있다는 느낌이 온다.

나 – 땅은 얼마나 해야 만들어집니까?

홍 – 오 년 정도는 작업을 해야 땅 본성을 찾습니다. 내년에는 감나무밭에 호밀을 뿌릴 생각입니다. 섬유질도 많고 호밀대가 다른 풀을 방지합니다. 미생물도 투여해야 하고.

나 – 미생물은 어떻게 투여하는 겁니까?

홍 – 이전에는 꼬두밥 해갖고 산에 가서 놔두기도 했습니다. 그러면 벌레들이랑 모이지요. 그 아들이 흙 속으로 들어가서 숨을 쉬고 같은 넘을 만듭니다.

나무와 나무 사이의 통로는 풀이 베어진 상태다. 정확하게는 베고 난 이후 다시 자라기를 기다리고 있는 상태다. 풀을 베는 것도 한꺼번에 베는 것이 아니라 순차적으로 벤다. 지금 낮은 풀 자리에 풀이 어느 정도 올라오면 나무 아래 풀을 벤다. 그러면 벌레들이 반대편의 자라난 풀밭으로 이사를 한다고 한다.

나 – 그럼 풀을 키우는 것이 벌레를 방지하는 효과가 있는 겁니까?

홍 – 그런 것도 있지만 땅이 숨 쉬게 만들어주는 겁니다.

나 – 뽑고 뒤집는 게 더 좋지 않습니까?

홍 – 아닙니다. 풀을 하도 뽑으니까 땅도 습관이 생깁니다. 풀뿌리가 땅 깊숙하게 파고들 정도 되어야 땅도 깊은 호흡을 합니다. 미생물도 더 깊숙하게 침투하고. 자꾸 뽑으니까 땅도 움직임이 없는 겁니다. 우리는 다른 사람 농장에 견학 가면 나무는 안 봅니다. 흙을 만져봅니다. 그러면 답이 나옵니다.

나 – 선생님, 좀 거시기하지만 흙 한 줌 퍼서 사진 한번 찍을까요?

홍 – 요렇게요?

나 – 너무 깜찍한 척하시는 것 같은데요. 하하.

9월 3일 목요일 새벽 6시 섬진강.

힘들게 5시에 기상했다. 요즘 아침잠이 많다. 별 이유 없이 몸이 좀 무겁다. 6시에 문척면 화정리 오봉정사 앞에서 농부 홍순영이 속해 있는 '순환농업' 회원들의 제재 채취작업을 촬영하기로 했다. 긴 바지와 외투를 준비했다. 일교차가 심하다. 가는 길에 안개가 짙었다. 먹물은 제시간에 갔는데 농부들은 대다수 도착하지 않았다. 먼저 오신 분이 전화를 건다.

– 젊은 넘들은 일찍 왔는데, 늙은 넘들이 뭔 아침잠이 그렇게 많어!

두 대의 트럭이 더 도착하고 '젊은 넘'과 '늙은 넘'이 잠시 '이런 싸가지 없는 거이'라고 토닥거리다가 바로 작업할 예정인 수달관측소 바로 아래 강변으로 내려갔다. 오늘은 환삼덩굴을 채취하기 위해 나왔다. 정기적으로 이렇게 회원들이 모여 제재를 채취한다고 한다. 강이 깨어나고 멀리 하동 너머에서 해가 올라올 모양이다. 작업은 순식간에 진행되었다. 인근이 전부 환삼덩굴이다. 모두 그야말로 선수들이다.

작업은 여섯 시 삼십칠 분에 끝이 났다. 삼십 분 정도 땀을 흘렸다.

– 삼 일 뒤에나 조릿대 한번 하세. 자, 다들 우리집으로 가세. 해 마이 짧아졌다.

일 끝에 나누는 밥은 항상 훈훈하다. 평소라면 자고 있을 시간인데 밥숟가락을 들었다. TV에서는 죽은 여배우에 관한 뉴스가 나오고 있었다. 금년에 이름 난 사람들의 죽음에 관한 뉴스가 많은 듯하다. 사람은 왜 사는 것이며 행복은 무엇인가? 누구는 여배우 뉴스에 관심을 보이고 누구는 감 포장 문제로 이야기를 나눈다. 농부 홍순영이 혼잣말로 중얼거렸다.

– 박스가 문제여? 감이 문제지.

맞다. 세상은 포장에 너무 열중하고 있다. 감이 문제지 포장지가 문젠가.

아침을 먹고 그의 순환제재 공장을 둘러보았다. 아침에 채취한 환삼덩굴은 탄화기에서 열을 뿜고 있었다. 그의 순환제재 가공창고 한구석

농부 홍순영의 일은 끝이 없다. 섬진강변 화정리에서 환삼덩굴을 채취하고 있다.

에는 퇴비가 쌓여 있다. 냄새가 심하다.

　　나 – 이거는 뿌리고 며칠 뒤에 작물을 심습니까?

　　홍 – 아뇨. 바로 파종해도 됩니다. 이 년 묵은 놈들입니다.

　배추를 심을 시기가 돌아왔다. 집 위 밭에 금년에는 퇴비도 하지 않았다. 농협이나 농약방에서 파는 퇴비를 믿지 못한 탓이다. 염도가 높다는 소리가 많다. 음식물찌꺼기를 사용한다는 소리도 있다. 확인할 길이 없다 보니 퇴비를 포기했다. 갑자기 선생님이라는 호칭에서 돌변했다.

　　나 – 형님, 저 이거 반 포대만 주세요.

　　홍 – 뭣허게.

　　나 – 배추 심게요.

　　홍 – 반 포대 갖고 뭣허게.

　　나 – 두 평 정돈데요. -,.-;

　집으로 돌아오는 길. 도로변의 논에서 어떤 농부가 '약을 하는' 모습이 보였다. 가까이 다가갈수록 농부의 동작이 수상하다. 명백하게 비틀거린다. 경운기는 돌아가고 농부는 호스를 집어던지고 휘청거리며 도로 위로 필사적으로 올라서려는 중이었다. 천천히 지나치면서 농부의 얼굴을 보았다. 차창을 넘어 휘발성 살충제 냄새가 확 끼쳐왔다. 그 지역은 친환경단지였다.

　대한민국 농부는 지는 해 속에서 비틀거리고 있었다.

　　9월 4일 금요일 오후 4시.

　농부 홍순영은 조생종 벼를 추수하기 시작했다. 구례에서는 2009

년 첫 쌀 수확이다. 9월 초순이지만 햇볕은 뜨거웠다. 아침은 18도 정도, 한낮은 30도를 육박했다.

홍 – 온도편차가 클수록 좋긴 한데… 조생종, 중생종, 만생종에 따라 다릅니다. 해운에 보면 금년은 좋지 않을 가능성이 높았는데 그렇지도 않습니다. 긍께로, 보자면 십이 년 중에 평년작이 팔 년이고, 이 년은 풍년, 이 년은 흉작, 보통은 이렇습니다. 금년에는 냉해를 예측했는데 그렇지도 않았습니다. 평년작은 되겠습니다. 작년이 워낙에 좋아갖고….

그가 예상하는 금년의 조생종벼 수확량은 3.5톤 정도다. 작년은 4톤 정도였다고 한다. 벼를 베는 일은 한 시간 정도면 끝이 날 것이다. 금세 수집트럭 한 차 분량이 가득하다. 첫 쌀이다. 농부는 눈과 손으로 판단한다. 그의 자세가 진지하다. 쉽게 만든 쌀이 아니다. 시기별로 상태에 따라

2009년 9월 4일. 농부 홍순영은 구례에서 제일 먼저 벼를 수확했다.

투여한 제재도 논에 따라 다르다. 그것을 판단할 수 있는 것은 오직 그의 경험뿐이다. 채워진 수집트럭은 그의 창고로 직행한다. 바로 수집통으로 들어간다. 이곳에서 건조하고 열흘 정도 숙성시킨 후 도정을 할 것이다. 그리고 출하다.

들판이 비워진다. 6월에 심어서 9월에 베었으니 빠르긴 빠르다.

홍 – 조생종 좋은 거 사만삼천 원, 지금 상인들이 그렇게밖에 안 줍니다. RPC(미곡 종합 처리장) 등에서 사만오천 원 이상은 힘들 것입니다. 올해 비축미 많이 남긴 사람들, 박이 터질 것 같습니다.

그의 쌀은 수매하지 않는다. 그의 햅쌀은 1킬로그램당 오천 원을 받을 것이다. 40킬로그램 한 가마니를 기준하면 십육만 원 정도에 판매한다. 통상 수매가는 이의 4분의 1 가격이다. 그래서 다른 농부에 비해 네 배의 돈을 번다? 도정, 포장, 배송 모두 그의 몫이다. 농부 홍순영이 지금 짓고 있는 수도작 3만 4천 평은 이미 노동의 한계량에 봉착해 있다. 대부분의 농산물 가격에는 인건비를 제외한 생산비를 기준으로 한다. 현실적으로 그렇다. 홍순영의 쌀값은 대부분의 농산물에 책정되지 않았던 '인건비'를 요구하는 것이다. 그는 발랄하면서도 건방진 농부라고 할 수 있다. 세상에 인건비를 책정하다니! 대한민국 농부가!

9월 28일 오전 열한 시경. 다시 그를 찾았다. 인물사진 찍기 좋은 날이다. 하루 전에 비가 왔고 가시거리 좋고 구름은 두터웠다.

나 – 정말 말 안 듣게 생기셨어요.

홍 – 그라지요. 허허. 비가 좀더 왔으면 좋겠는데… 하느님이 농사짓는 게 팔십오 푸로, 우리가 환경하고 싸우는 게 십오 푸로. 저는 그렇게 생각합니다.

도랑에서 장화를 씻고 다른 곳으로 이동할 모양이다. 콩밭으로 이동했다.

홍 – 3백 평하고 1천2백 평 밭에다가 콩을 놓았지요. 콩은 구례콩이 젤루 비쌉니다. 9남매니까 형제지간에 퍼가고 나면 없어요. 허허허.

그의 아내, 넷째 진주 씨 그리고 한 사람이 더 이미 콩밭에서 작업 중이다. 큰 따님이라고 한다. 점심 전에 3백 평 밭의 콩을 모두 수확할 모양이다. 그와 그의 가족들은 다시 일을 했다. 나는 사진을 찍었다.

홍 – 한쪽이 돈을 보믄, 한쪽은 써집디다. 내년부터는 농사를 좀 줄일라고요.

그는 지금도 이미 노동의 한계상황이라고 누차 이야기했다. 그는 2010년부터 농지를 좀 줄이고 싶어했다. 정오를 훌쩍 넘겼다. 햇볕과 반복된 움직임으로 몸은 점점 지쳐간다. 우리나라 사람들 일하는 게 그렇다. 끝장을 봐야 한다. 네 사람은 마지막 힘을 낸다. 이제 싣고 내려가면 점심을 먹을 것이고 잠시 쉴 것이다. 목표했던 작업량은 끝을 냈다. 힘들어도 같이 힘들어 다시 힘을 낸다. 농부 홍순영은 한 사람이 아니다. 홍순영과 서순자 그리고 여섯 명의 아이들이 모두 '농부 홍순영'이다. 그늘은 땅에 발을 딛고 몸으로 살아가는 가족이다. 원래 최초의 가족은 그러했다.

추석 직전에 농부 홍순영의 사이트를 오픈시켰다.
http://www.ecosoon.com

농부 홍순영의 CI작업은 갑골문자에서 착안했다. 전부 농사와 관련한 문자를 기반으로 구성했다. 지리산닷컴이 농부 홍순영을 이미지적으로 정리한 것은 '근본'과 '바르다'라는 개념이다. 그 개념에 적합하도록 로고를 디자인하려고 나름으로 노력했다.

농부 홍순영은 한 사람이 아니다. 홍순영과 서순자 그리고 여섯 명의 아이들이 모두 '농부 홍순영'이다.

연곡분교에서

토지초등학교 연곡분교장. 이것이 연곡분교의 정식 이름이다. 전라남도 구례군 토지면 내서리에 위치하고 있다. 본교인 토지초등학교는 1925년에 토지공립보통학교로 개교했다. 몇 개의 분교를 거느리고 있었는데 1990년에 외곡분교장을, 1996년에 송정분교장을 통폐합했다. 1997년 3월 1일, 토지동초등학교가 연곡분교로 격하되어 편입되었다. 처음에는 분교 수준이 아닌 정상적인 초등학교였던 것이다. 그래서 그런지 여느 분교보다 좀 큰 편이다.

2000년대로 들어와서 분교는 위기를 맞이한다. 20명 이하의 분교는 폐교하고 본교와 통폐합을 해야 했다. 우여곡절 끝에 위기를 넘겼다. 이제는 학부모의 60퍼센트 이상이 폐교를 원하지 않는다면 학생 수가 적더라도 폐교되지는 않는다고 한다. 다행이다.

벚꽃이 피면 연곡분교를 스케치하겠다고 마음먹고 있었다. 그 전에 연곡분교를 찾았다. 학교와 아이들 촬영, 수업 참관에 대해서 허락을 구해야 했다. 학교가 존중받아야 할 가장 큰 권리는 수업권이다. 학교와 아이들을 풍경의 일부분으로 전달해버리는 꼴사나운 짓은 하고 싶지 않았다. 하루를 온전하게 아이들과 선생님, 학교를 느끼고 기록하고 싶었다. 2학년 김찬서를 중심으로 기록하고 싶다고 말씀드렸다. 찬서 부모님의 동의도 구해야 했다.

    2010년 4월 16일 금요일 아침.

    사람이 꽃보다 아름답다는 말이 맞는 것인지, 날 받아둔 처녀도 아닌데 연곡분교로 향하는 몸과 마음이 살짝 두근거렸다. 여덟 시 조금 넘어 아이들의 등교를 기다린다. 1층 복도와 교실을 둘러보았다. 오늘 유치부 아이들은 오전에는 없다. 구례읍으로 견학을 갔다고 한다. 교정의 벚꽃은 만개했다. 금요일 아침도 목요일과 같이 쌀쌀한 기온이어서 햇볕은 더 빛났다. 그리고 나는 아이들을 기다린다.

    교문 앞에 차가 섰다. 세 명의 아이들이 내렸다. 나는 멀리서도 누군지 알 수 있다. 찬우, 하은, 찬서 남매들이다. 교문은 덩그러니 세 명의 아이들을 맞이했다. 벚꽃 잎은 삼백만 개 정도 되었지만 단지 세 아이가 그 속을 걸어오고 있을 뿐이었다. 여유로웠고 일상적이었고 충만한 여백이었다.

    아이들의 등교를 보고 교무실로 들어와서 선생님들과 함께 차를 마셨다. 곧 수업에 들어가야 한다. 교무실 책상 위에는 책이 가득하다. 신청한 책이 도착하면 도서목록을 작성해야 한다. 분교에서 따로 작은 도서관을 구비할 수 있는지 여부를 물어보았다. 잠시 이런저런 구상을 해보았다.

    연곡분교는 작년과 다른 상황이다. 2010년 신입생은 없었다. 졸업생이 한 명이었으니 전교생은 2009년보다 한 명이 줄어든 열 명이다. 정식교사로 수업에 참여하시는 선생님은 두 분이다. 2학년과 4학년을 맡고 계신 한상모 선생님, 5학년과 6학년을 맡고 계신 황두연 선생님.

    2학년 한 명, 3학년 두 명, 5학년 네 명, 6학년 세 명 모두 열 명의 학생들이다. 그리고 학교의 제반 업무를 도와주시는 이 선생님, 유치부 진

선생님, 이 식구들의 건강을 책임지는 조리사 홍 선생님, 그리고 유치부 보조교사이자 일본어 선생님, 영어회화를 담당하는 매튜 선생님, 바이올린 선생님, 컴퓨터 선생님이 연곡분교를 이루고 있다.

2학년과 4학년 합반교실로 들어갔다. 2010년 연교분교에는 언제나처럼 1학년과 3학년 교실은 준비되어 있지만 그 공간에 앉을 주인공들은 없다. 2010년, 이 교실은 인원이 증가했지만 그것은 다른 한 교실이 텅 비었다는 의미이기도 했다. 두 개 학년이 없어 선생님도 두 분으로 줄었다. 한 선생님이 두 개 학년의 합반수업은 가능하다. 2009년에는 세 분의 선생님이 계셨다.

느낌이 다르다. 2009년 11월로부터 불과 오 개월 정도의 시간이 흘렀지만 아이들은 자랐다. 유림이는 발랄한 아이인데 카메라 앞에서는 온순해진다. 의식을 한다. 하은이는 오히려 작년보다 더 카메라를 의식하지 않는 듯하다. 작년이나 금년이나 하은이는 집중력이 높아 보인다. 주변 상황을 별로 개의치 않는다. 찬서는 몸도 자랐고 정신도 자란 듯하다. 2009년에는 카메라를 전혀 의식하지 않았거나 외면했다. 나에게 말을 거는 경우도 없었다. 많이 밝아졌다. 아니 어쩌면 찬서의 본 모습을 향해 진행 중인 것이다. '어! 누구더라…'라는 반응부터가 의외였고 오 개월 만에 자기표현이 활발해졌다.

선생님으로부터 미리 말씀이 있었을 것이다. 교실로 조용히 들어섰지만 아이들은 별 다른 반응을 보이지는 않았다. 나 역시 조용히 걸음을 옮기면서 교실 이곳저곳을 살펴보았다. 바로 아이들에게 카메라를 들이대는 것도 좀 그렇지 않은가.

수업은 1, 2교시로 묶어서 진행을 했다. 아홉 시부터 열 시 이십 분까지 진행을 한다고 했다. 오늘 첫 수업은 그리기다. 교실의 상황 자체가 긴장감이 흐를 수 없다. 아이들은 앉아서, 일어서서, 걸어다니면서 수업을 했다. 그것은 산만하기보다는 자연스러워 보였다. 스무 명 정도의 아이들이 앉거나 서거나 걸어다니는 교실은 산만해 보일 것이다. 이 교실이 만약 붙박이 가구처럼 정좌하고 앉아 있는 세 명의 아이와 열변을 토하는 한 분의 선생님으로 구성되어 있다면 참 어색할 것이다. 수업시간은 정해져 있지만 일찍 미션을 끝낸 아이는 선생님을 닦달한다.

    유림 – 서서 놀게요. 그만할게요.

    선생님 – 유림이가 놀면 하은이랑 찬서도 놀고 싶잖아. 유림아 열무에 물 좀
        주지?

    2교시가 시작되었다. 모니터로 수업 내용을 출력한다. 아이들의 시에 곡을 붙여 백창우가 노래를 불렀다. 노래는 자막과 사진과 함께 등장했다.

    '어른들은 참 이상하다. 처음 만나도 몇 등이냐고 물어본다.'

    하은 – 어, 가사가 쩐다.

    선생님 – 제목이 뭐였죠? 여러분은 집에 가면 안 맞죠? 여러분은 걱정이 있
        어요 없어요?

    유림, 하은 – (높게) 없어요!

    찬서 – (낮게) 나도 없어요.

    선생님 – 어른들은 걱정이 뭘까?

    아이들 – 공부, 술 먹는 거, 아이들 공부하는 거, 짜증난 거, 커피 마시는 거.
        만날 술 먹고 담배 피고….

다른 노래가 나온다. 꽃들에 대한 동시에 곡을 붙였다.

선생님 – 자, 아는 꽃들이 많지요?

유림 – 없어요, 없어욧!

선생님 – 유림이는 무조건 없어요?

하은 – 안경 압수당했을 때는 벚꽃이 매화꽃으로 보였어요.

선생님 – 하여튼 여러분들이 아는 꽃을 만날 수 있을 거예요.

유림 – 아뇨, 난 안 만날 거예요.

선생님 – 아는 꽃도 나왔죠.

유림 – 아뇨, 다 몰라요. 선생님 있잖아요, 오늘이요 오늘 오늘, 걷기 하잖아요. 근데 몇 명 가요?

선생님 – 전부 다 가야지. 자, 며느리밥풀꽃은 왜 그렇게 부를까요?

2, 4학년 합반교실. 2010년 연곡분교에는 1학년과 3학년이 없다.

하은 – 며느리가 만든 밥풀처럼 생겨서요.

선생님 – 찬서도 읽기책 꺼내야지. 자, 의견을 이야기할 때는 까닭이 있어야지요. 까닭이 없는 의견은?

아이들 – 떼쓰는 거요!

선생님은 그렇게 좌우의 책상을 오가며, 또는 아이들이 오가며 수업을 진행했다. 잠시 밖으로 나왔다. 아침보다 날씨는 많이 포근해졌다.

열 시 삼십 분. 중간놀이 전교생 '건강걷기' 시간이다. 열 명의 전교생과 두 분의 모든 선생님이 함께 걷기를 시작했다. 황 선생님이 맨 앞에 서고 한 선생님이 맨 뒤를 따른다.

학교 아래로는 신촌마을까지 도로를 확장하는 공사가 진행되고 있다. 잠시 이 계곡의 가구 수와 도로 확장의 필요성에 관한 함수관계에 대해 생각해보았지만 역시 불필요한 고민이다. 앞선 일행이 멈추어 섰다. 누군가 뒤처진 것이다. 5학년 진우가 아침부터 배가 아프다고 했다. 한 선생님이 내려가서 진우의 상태를 살피고 천천히 함께 걸어온다.

남산마을 위 계곡 초입이 오늘 '건강걷기'의 목적지다. 학교를 나선 지 십 분 정도 지났을 것이다. 계곡을 내려다보던 유림이가 짹짹거리는 소리를 내었고 아이들이 몰려들었다. 개구리 알과 이미 부화한 올챙이 몇 마리를 담았다. 유림이 표정이, '징그럽지만 잡고 말겠어'란 의지를 보여준다. 그렇게 잠시 계곡에서 십 분 정도 머물렀다. 다시 내려가서 수업을 해야 한다. 오전 마지막 수업이 될 것이다. 이번에는 한 선생님이 앞장서고 황 선생님이 진우와 함께 맨 뒤를 따랐다.

3, 4교시가 시작되었다. 쓰기 시간이다.

유림 – 과학은 언제 해요?

3학년 유림이가 유리병에 개구리알과 부화한 올챙이를 담았다.

선생님 – 과학은 수요일이지.

유림 – 오늘 해요!

선생님 – 그러면 다른 과목이 섭섭해하잖아. 뭔가 쓰고 싶을 때도 있잖아.

유림 – 저는 쓰고 싶지 않아요.

선생님 – 유림이는 그래도 찬서는 꿈이 동시 작가야. 양말 구멍 났을 때 쓴 시도 있죠?

찬서 – (낮게) 그건 비밀로 하기로 했는데….

선생님 – 음.

유림 – 저희는 만들고 싶어요.

선생님 – 참을 줄도 알아야지.

　　열두 시 이십 분. 점심시간이다. 오늘의 메뉴는 수수밥, 동태매운탕, 오리훈제, 소라부추오이무침, 황도젤리다. 테이블마다 상추와 고추를 놓았다. 급식이 맛있다. 재료와 조리 자체가 그러했다. 이전에 아이 때문에 두어 번 배식 경험이 있는데 대도시의 급식하고는 확연히 달랐다. 소수의 장점이랄까. 스무 명 남짓한 밥상이다. 공간의 쾌적함은 음식에 대한 신뢰를 높인다. 작아서 가능한 일이고 작은 것을 살리는 일이 큰 사회의 미래를 결정할 것이다.

　　점심을 잘 먹었다. 한 시 삼십 분까지는 쉬는 시간이다. 잠시 교정을 걸었다. 점심시간에는 청소를 한다. 아이들과 선생님들이 함께 청소를 한다. 커피 한 잔 마시고 한 선생님과 이야기를 나누는데, 유림이는 불만이다. 선생님이 같이하지 않으니 청소가 힘든 것이다.

　　– 그래 그래 금방 갈게.

　　– 방과 후에 청소를 하지 않나요?

　　– 끝나고는 갈 길들이 바쁘고 해서 점심 먹고 청소를 합니다.

　　유치부 꼬맹이 다섯 명은 점심시간 직전에 학교로 돌아왔다. 청소로부터 자유로운 아이들이다. 뒷마당이 놀이터다. 뒷마당이 소담하고 예쁘다. 큰 운동장에서 놀기엔 쓸쓸하기도 하다. 이렇게 놀고 들어가서 또 놀 것이다.

　　점심시간은 끝이 났다. 아이들은 제 각각의 교실로 돌아갔다. 일순간 정적이 감돌았다. 돌아가던 필름이 멈추고 'to be continued' 자막 없이 그냥 'end' 자막까지 야속하게 올라가버리고, 관객들은 주섬주섬 자리에서 일어나야 할 것 같은 일순간의 침묵이었다. 잠시 벤치에 앉았다. 벚나무를 올려다보았다. 스스로 참 좋은 곳에 살고 있다는 자각이 들었다.

　내가 그림을 전공한 것은 선생님이 되어야겠다는 생각 때문이었다. 사명감이 아니라 이런 교정에서 나른한 인생을 즐기는 것을 원했기 때문이었다. 그 또래의, 전형적인 허무주의에 빠진 고등학생이 품을 만한 생각이었다. 그리고 대략 삼십 년 만에 나는 다시 선생님이 되고 싶었다.

　2층으로 올라갔다. 5학년과 6학년 합반이다. 음악시간이다. 손뼉을 치면서 박자를 맞추고 노래를 부르고 있었다. 내가 들어서자 아이들은 뒤를 돌아보았고 이내 고개를 앞으로 향했다. 고학년들은 카메라를 의식한다. 창가에서 해바라기를 하고 있는 녀석조차 평화로워 보였다.

　1층 유치부로 이동했다. 조용했다. 노는 녀석들과 자는 녀석들이 함

계하고 있었다. 이곳은 어쩌면 유치원도 학교도 아니다. 그냥 아이들이 사는 공간이다. 유치부에서 6학년까지 어차피 하루 종일 이 공간에 머문다.

뒷마당에 인기척이 있다. 영어수업을 마친 찬서와 유림이, 하은이가 놀고 있다. 아이들은 세 시에 진행될 바이올린 수업시간까지 기다려야 한다. 찬서는 확실히 작년과 다르다. 조용하지만 의사표현이 명확했고 어휘력이 정확하다. 어쩌면 나는 성급하게 찬서의 졸업식을 기다리고 있는지도 모른다. 이곳에서 초등학교를 졸업한다는 것은 중요한 결정을 내려야 한다는 의미이기 때문이다. 중학교를 어디로 결정하느냐에 따라 아이가 살 곳이 결정된다.

오후 세 시가 가까워지고 있었다. 아이들과 나 사이를 가로막았던 카메라로 인한 긴장감은 사라졌고 나 역시 편안했다. 자세히 살펴보지 않았던 교정을 돌아보았다.

나는 왜 연곡분교를 찾은 것일까?

내 행동의 까닭은 무엇일까? 나이를 먹을수록 행동은 까닭에 기반하지 않고 목적을 우선한다. 정해놓은 결론을 향해 행동한다. 모든 행동이 그러하지는 않지만 많은 부분에서 그렇다. 나는 그런 듯하다. '듯하다'는 표현은 나를 위한 이기적인 배려일 것이다.

하여간에 나는 연곡분교에서 무엇인가를 보고자 했던 것이다. 순수함, 작은 것의 아름다움, 뭐 그런 것이 아니었을까. 왜 그런 것을 보고자 했을까? 세상이 그러하지 못하다는 소리를 하기 위함이었을 것이다. 결국 세상을 욕하기 위해 세상의 변방을 찾는 것이다. 어른들은 이런 이야기를 좋아하고 이런 이야기를 통해 반성하는 척하기 때문이다. 아홉 번의 의도적인 잘못을 한 번의 기도와 고해로 탕감할 수 있다는 종교라는 장치보다는 고약하지 않지만 반성의 수단으로 아이들을 택한 것 또한 결국 순수하지 못한 것이다.

아이들의 환경은 결국 어른이 결정한 것이다. 간혹 '너 스스로 결정해라'라는 말을 제 자식에게 하곤 하지만 사실 아이들이 내릴 수 있는 결정의 구 할은 부모의 생각과 환경이 강제하고 있다. 십육 년의 정규교육 시간 동안 나는 단 한순간도, 단 한 사람의 선생님도 마음에 담지 못했다. 간혹 만나는 인생의 결정점에서 찾아뵙고 조언을 구할 사람이 없다. 그것은 불행이다.

아이들은 결국 부모가 선택한 삶의 방식 속에서 아주 작은 선택권을 가지고 있을 뿐이다. 그래서 어른의 역할이 중요하다. 연곡분교의 아이들 역시 스스로 이런 환경을 택한 적은 없다. 이 작은 단위 안에서도 다양한 환경과 조건의 아이들이 공존하고 있다. 경제적으로 힘든 것은 공통적인 것이고 조손가정도 있고 다문화가정도 있다. 의지로 모든 난관을 타개할 수 있는 것은 아니다. 삶은 문학이 아니라 주로 기술이었다. 기술은 연마하고 구사하고 전수하는 것이다.

인생을 착하게 살아가기 위해서 필요한 공부는 초등학교 1학년 과정만으로 충분하다. 거짓말은 좋지 않고, 친구와는 친하게 지내는 것이 좋다는 등의 이야기와 하나에 하나를 더하면 두 개가 된다는 정도만 알아도 착하게 살아갈 수 있지만 세상은 그것만 아는 놈에게 인간의 품위를 인정하지 않는다. 가장 먼저 교육받은 내용은 인생을 살아가면서 가장 지키기 힘든 것들이기도 하고 지킨다고 해도 별로 알아주지도 않는 일이기도 하다. 하지만 교육에서는 그것이 중요하다고 말한다. 그리고 엄청나게 많은 교육을 받은 어른들이 심심찮게 TV에 나와서 거짓말하는 모습도 보여준

연곡분교에서는 모든 학생이 과외 시간에 바이올린 수업을 듣는다.

다. 되돌릴 수 없는 세상이란 것은 너무 뻔한데 나는 이곳에서 '너희들은 아름답다'를 반복하는 것으로 아이들에게 힘을 줄 수 있을까.

　　연곡분교의 특색 있는 것 중 하나가 바이올린 수업이다. 전교생이 바이올린을 익힌다. 그것은 어쩌면 어른들이 상상할 수 있는 로망으로서의 시골분교 그림을 완성시킨다. 어쩌면 그것은 〈내 마음의 풍금〉스러운 영상을 떠올릴 수 있는 적절한 아이템이지만 연곡분교엔 이병헌도 전도연도 없다. 집중력이 부족한 아이들은 바이올린 수업을 힘들어한다. 어쩌면 모든 수업을 통틀어 가장 힘든지도 모른다. 합주이기 때문이다. '내가 틀리면' 전체가 틀린 것이 된다. 그래서 익혀야 한다. 그런데 그 과정이 쉽지 않다. 나는 몇몇 아이들에게 작년의 '너희들 모습이 얼마나 멋졌는지'에 대해 이야기해주었다.

　　금년에는 찬서도 바이올린을 익히기 시작했다. 2009년에는 무늬만

바이올린이었는데 이제 찬서도 가을 학예발표회 무대에 올라야 한다. 끽끽끼이익. 이번 가을에는 찬서의 바이올린 소리를 들을 수 있을 것이다.

하교 풍경. 이제 하루를 마감해야 한다. 잠을 자던 유치부 아이들도 일어나서 집으로 갈 채비를 마쳤다. 내일이면 꽃비를 내릴 벚꽃 아래로 은희가 엄마와 함께 집으로 갔다. 이유는 모르겠지만 학교로 오는 발걸음보다 집으로 가는 발걸음이 훨씬 가볍다. 역시 '해야 하는 일'은 '하고 싶은 일'보다 무겁긴 하다. 하지만 '하고 싶은 일'을 하기 위해 '해야 하는 일'에 충실해야 한다고 어른들은 말한다. 언젠가부터 나는 그 말에 살짝 의문을 표했다. 어른들은 끝까지 해야 하는 일만 하고, 자신이 하고 싶은 일은 하지 못하는 경우를 많이 보았다. 또는 하고 싶은 일이 있기나 한 것인지 의심스러웠다. 그리고 자신을 탓했다. 어린 시절에 해야 할 일을 열심히 하지 못한 탓에 그리되었다고. '카르페 디엠 carpe diem'은 어른들이 새겨들어야 할 말일 것이다.

찬서 동생 찬이와 엄마가 마지막으로 학교를 나선다. 김찬우, 김하은, 김찬서, 김찬 없는 연곡분교는 쓸쓸할 것이다. 그녀는 네 명의 아이를 분교로 보내고 있다. 멀리서 시집 왔다. 그녀의 이름은 다나카 유코.

겨우 오후 네 시를 넘어서고 있었지만 계곡의 해는 짧았다. 그리고 아이들의 생각이 어떠하건 나는 아이들이 부러웠다. 너희는 세상에서 가장 아름다운 학교의 주인이니까.

귀촌 신입생
– 마을 사무장 박용석과 사무장댁 윤은주

2009년 7월 어느 날. 서울 사는 젊은 부부가 구례를 방문했다.

후배의 문의가 있었다. 지리산 자락에 살고 싶어하는 친구 부부가 있는데 한번 찾아가도 되겠냐고. 지리산닷컴을 보고 간혹 메일로, 전화로 귀촌 관련한 문의를 받지만 원론적인 수준 이상의 답변은 하지 않는다. 나는 귀촌, 귀농에 관해서 고민해본 사람이 아니다. '어떻게 하다보니 내려온 사람'이라 특별히 도움될 만한 의견이 없다. 그리고 다른 사람의 결정에 영향을 미치는 말을 하고 싶지도 않다. 일종의 개인적인 원칙이다.

비가 억수같이 내리는 날이었다. 그 부부는 버스를 타고 내려온다고 했다. 터미널에서 픽업했다. 산동으로, 송정리로 가이드를 했다. 내가 사는 마을을 보여주었고 우연히 마을 이장님과 같이 점심을 했을 것이다. 오후에는 사무실로 돌아와서 그 부부의 계획을 들었다. 지리산둘레길, 게스트하우스, 땅 사고 집 짓고… 뭐 그런 이야기를 들었다. 연배와 다닌 직장을 유추해보면 돈이 그렇게 많지 않을 것은 분명했다. 그래서 '없는 것들'의 정착방식 중 땅 사고 집 짓고 모든 것을 던지는 게 가장 좋지 않은 방법이라고 말해주었다. 일단 돈을 들이지 않고 일 년 정도 살 수 있는 방법이 최선이라고. 그 시간 동안 본인들이 몇 가지 판단을 하는 것이 좋겠다는 의견을 말해주었다. 이를테면 마을사무장 같은 일이 요즘 시골에는 있다고. 여자는 활달했고 남자는 신중한 스타일로 보였다.

도시를 떠나려는 사람에게 도시의 친구들은 두 가지 질문을 한다.

– 왜 떠나는데? 내려가면 어떻게 먹고살 건데?

시골로 온 '외지 것들'에게 이곳 사람들은 두 가지 질문을 한다.

– 왜 왔는데? 이곳에서 뭐해서 먹고살 건데?

그러나 대개의 경우 아버지를 죽인 원수를 찾아 복수를 해야만 하는 필연적인 스토리를 가진 인생은 드물다.

나 – 왜 내려왔나?

부부 – 특별히 할 게 없었어요.

나 – 회사에서 잘린 것인가?

부부 – (강하게 부인하며) 아니에욧!

나 – 왜 발끈한 반응을 보이지?

부부 – 우리가 그만두면 안 되는 상황이었지만 그만두고 싶었어요.

○○출판사에서 십 년 가까이 근무한 부부다. 사내 커플이다. 남편 박용석, 38세. 총무·관리·인사·저작권 등의 업무를 담당했다고 한다. 아내 윤은주, 36세. 십 년차 경력의 전형적인 편집자였다.

윤 – 지쳤어요. 그리고 처음부터 십 년만 하고 싶었어요. 경영진이 교체되면서 기회가 왔죠. 사표 던지고 십오 일 후에 출국하는 비행기 티켓을 끊어둔 상태라 그만두어야 했어요.

나 – 그러면 용석 씨는?

박 – 따라한 거죠. 마누라가 간대잖아요! 작은 조직에서 저는 경영진과 직원의 경계선에 위치했어요. 실질적으로는 경영진의 입장에 서야 했죠. 스트레스가 심했고 능력의 한계를 느꼈어요.

나 – 통상 한 명은 벌어야 하지 않나?

윤 – 사표 지점에서 사람들이 놀랐어요. 사람들은 박용석 씨를 현실적인 스타일로 생각했거든요.

박 – 나 혼자 돈 벌 수는 없었어요. 쟤 혼자 노는 꼴은 못 봐요!

나 – 불안하지 않았나?

박 – 둘이 하면 뭘 해도 될 거란 생각이 들었어요.

귀농과 귀촌의 이유에 꼭 포함되는 것 중 하나가 '지쳤다'라는 항목이다. 먹고사는 일은 역시 쉽지 않다. 사냥 아닌가. 짐승은 지금 배가 부르면 만족하지만 인간은 지금 배가 불러도 내일을 걱정하는 스타일의 생명체. 그것을 '미래에 대한 준비'라고 하는데, 짐승이 아니기 때문에 하는 행동이라고도 한다.

나 – 그 직장에서는 '변산공동체'에 내려가서 정기적인 '노가다'를 했다고 들었다. 그런 것이 귀촌에 영향을 주었나?

윤 – 입사하면 일주일 동안 변산공동체에서 연수를 해요. 봄(모심기)과 가을(수확)에도 정기적으로 내려가요. 나 같은 사람은 절대 귀농 못 하겠구나 하는 생각이 들더라고요. 공동체란 게 쉽지 않아 보였어요. 그러나 어떤 형식이건 결국 영향을 받았을 거예요. 아무튼 나에게는 맞지 않았어요. 나는 너무 날라리라서.

나 – 원래 귀농이나 귀촌을 생각했나?

박 – 사오 년 되었어요. 시골에 살고 싶었다기보다 도시를 떠나고 싶었죠.

윤 – 회사 그만두고 간 여행에서 그런 생각이 들었어요. 도시에서 살지 않아도 되겠다는.

박 – (웃음) 점쟁이를 찾아갔는데, 시골과 우리는 맞지 않다고 해요. 그래도 정 살고 싶다면, '시골 근처에 살아라. 우울하면 차 타고 읍내나 한번씩 돌아라'라는 이야기를 했어요.

나 – 아무튼 도시를 떠나는 문제를 합의했을 것 아닌가.

부부 – 설득하거나 합의한 적 없어요. 나는 좋다, 너는 어때? 뭐 나도 괜찮아. 그런 식이었죠.

나 – 그게 언제쯤인가?

부부 – 사표 내고 여행 다녀와서. 지리산에서 게스트하우스나 할까? 그런 이야기를 했어요.

나 – 여행은 언제, 어디를 다녀왔나?

부부 – 2009년 4월 13일부터 6월 13일까지 2개월. 태국 – 라오스 – 운남성 – 베트남 – 태국으로 돌아오는 코스로. 중국 운남성 리장에 호도협이란 곳이 있어요. 해발 3천 미터 넘는 협곡인데, 그곳의 '차마객잔'이란 곳에 머물렀어요. 거기에 머무는 동안 구체적이지 않은 그런 이야기를 했어요. 이렇게 살면 좋겠다, 뭐 그런.

나 – 왜 지리산인가?

부부 – 뭐 우리나라에 별다른 산이 있나요? 그냥 지리산이 일반적이지 않나? 제주 올레, 지리산 둘레길 정도 생각했어요. 2008년 실상사 템플스테이 기억도 좋았고, 그래서 돌아와서 지리산 둘레길을 좀 걸었어요.

나 – 그러면 아주 긴 고민이나 깊은 생각, 이곳저곳을 둘러본 것은 아니네?

부부 – 그렇죠.

나 – 그러면 구례에 살고 싶었다, 뭐 그런 것은 없었네?

부부 – 그때 만났을 때 당신이 지금처럼 하라고 권하지 않았나? 그래서 그냥 그렇게 한 건데?

종합해보면 내가 몰랐던 사실은, 또는 들었는데 잊어먹고 있었던

사실은, 이 부부는 긴 시간은 아니더라도 다양하고 깊이 있게 새로운 정착지를 탐색하지 않았다. 짧게 생각하고 쉽게 결행했다. 직장 주고 집 주는 데 손해 볼 것은 없는 경우다.

나 – 그럼 사무장은 용석 씨가 한다고 원래 정했던 것인가?

부부 – (동시에) 아뇨.

윤 – '남편이 잘해낼 거야'라고 생각했죠.

박 – 그래서 그랬죠. '야! 니가 안 해?'

2009년 12월 어느 날 '녹색농촌체험마을 사무장 채용공고'가 나갔고 12월 24일에 면접이 있었다. 내가 한 일은 "여전히 의사가 있는지?"를 두어 번 확인한 것과 "군청 사이트에 채용공고 올랐어요"라는 정보전달 정도였다. 아, 그리고 또 있군. 우리집으로 전입신고를 시킨 것이다. 바뀐 규정에 의하면 마을사무장은 해당 지자체에 거주하는 사람이어야 했다. 급 전입신고를 한 것이다. 인근 도시에서, 또는 외지에서 지원해서 마을사무장을 맡은 경우들이 있는데, 이게 전국적으로 그렇게 좋은 결과를 얻지는 못했다는 소리다.

회사에서 업무분담하듯이 '여기까지가 내 일', 뭐 이런 것은 시골 정서상 힘들다. 마을 사람들이 원하는 것은 한글문서 작성, 첨부파일로 메일 보내기, 사이트 게시판에서 댓글 관리 능력뿐만 아니라 '마음'이나 '태도'를 원한다. 이것은 월급 백만 원짜리 봉사직이란 생각이 필요하다. 원론적인 마을사무장의 주요한 업무는 마을체험프로그램 개발과 운영, 마을사이트 운영과 관리 등이다.

채용공고에서 채용결정까지 일주일도 걸리지 않았지만 박용석은 구례군 마산면 상사마을 사무장이 되었다. 2010년 1월 4일부터 출근을 해야 했다. '그렇게 하면 되겠네'라고 생각하고 있었겠지만 막상 순식간에 일이 그렇게 진행되었으니, 무엇보다 서울, 아니 파주 살림집이 정리되지도 않았으니 당황스러웠을 것이다. 옷가방 하나 달랑 들고 박용석만 전라도 땅으로 입성했다. 며칠은 우리집에 머물렀다. 주소지니까.

　　나 – 처음에 혼자 내려왔을 때 기분은?
　　박 – 불을 끄면 눈을 감은 것같이 정말 깜깜했어요. 시골은 정말 깜깜해요. 서
　　　　먹했고 업무파악도 되어 있지 않았고, 겨울이고.

　사무장 업무를 시작하면서 가동을 시작한 사무장의 블로그에서 당시의 심정을 엿볼 수 있는 대목을 들고 왔다.

> 2010년 1월 28일 12시 19분.
> 비도 오고 파전에 술 한잔이 생각나는데, 지리산닷컴 이장님은 맛있는 거 먹으러 멀리 가시고 아는 사람도 없고… 외롭다. T.T 주말부부… 할 게 못 된다. -_-;;

　사람이 터전을 옮기는 일이 설마 완전 쉬울 수는 없는 일 아닌가. 주말부부 생활도 이삼 회 정도 하는 듯했는데 곧이어 윤은주도 간략한 가방을 꾸렸다.

> 2010년 2월 19일 10시 53분.
> 1월 한 달 동안은 파주 구례를 오르락내리락 지냈다. 하지만 마누라를 심하게 사랑하는 사무장을 더 이상 외롭게 둘 수 없었던 관계로 커다란 가방 두 개를 들고 1월 29일 구례로 이주한다. (중략) 물론 겨우

> 이십 일 동안에도 진한 커피 한잔이 간절하고 내 입에 딱 맞는 엄마 반찬이 고프고 서로의 안면에 침을 튀어가며 떨어대야 하는 바로 그 수다가 그리울 때가 있었다.

나 - 언제부터 마을에 대해서 감을 잡기 시작했나?
박 - 여자노인정에서 점심을 먹기 시작하면서부터인 것 같아요. 어르신들을 알게 되고 마을 사람들과 구체적인 접촉을 하기 시작한 계기가 되었어요. 일 때문에 여자노인정으로 들어가면 꼭 취해서 나왔죠.

> 2010년 2월 20일 10시 8분.
> 새해 모두 건강하자고 축배도 들었습니다. 오늘도 어김없이 취해서 노인정을 나왔습니다. 밥그릇, 커피잔에 가득 부어주시고 마실 때까지 쳐다보고 계십니다. 이러다 알콜중독이 되겠습니다. 그래도 항상 반겨주시는 노인정 어르신들이 고맙습니다. 여기만 오면 저보고 '애기'라십니다. 젊어지는 느낌입니다. ^^

윤 - 처음에는 집도 전쟁터 상태고 수리도 되지 않은 상황이라 추워서 힘들었어요. 그러나 곧 좋아졌어요. 십 년 만에 노니까 정말 좋더라고요. 신경 쓰던 것들 다 놓아버리니까 정말 살겠다는 느낌. 심지어 '이래도 되는 건가'라는 생각도 가끔 들지만 뭐 아직은 그냥 좋아요.
나 - 살아보니 어떤가? 좋은 점 나쁜 점 뭐 그런.
박 - 시골에 대해 아는 게 없었으니까 모든 게 새로웠어요. 무엇보다 마을 분들이 생각보다 쉽게 마음을 열어주셨어요. 할머니들이 큰 힘이죠. 아주 작은 일에도 고마워하세요. 읍내 나갈 때 차 한번 태워드리는 것도 무지하게 고마워하세요. 그리고 인간관계에서 머리를 안 써도 돼요. 좋고 싫고가 명확하죠. 칭찬과 비난이 직설적이에요. 서울에서는 일을 중심으로 놓고 대화에서 산수를 해야 했는데 여기는 그런 것이 없어요.

나 – 사무장이란 역할이 도움이 되나?

박 – 아, 네. 마을 사람들과의 관계를 형성하는 데 엄청나게 시간을 단축시켰어요. 그리고 직장생활처럼 그렇게 눈치를 살피지 않아도 돼요.

짧은 기간이었지만 연착륙하는 중이라고 보아도 무방할 듯하다. 개인적으로 "마을과의 관계에서 이렇게 저렇게…"라는 조언이나 매뉴얼을 제시하지 않았다. 왜냐하면 시골에서 산다는 것은 정말 케이스 바이 케이스다. 일반화는 힘들다. '내가 이러했으니 너도 이럴 거야'라는 것은 백전백패다. 사람과의 관계가 가장 중요한 일인데 그것은 상대적이다. 결국은 겪어봐야 답이 나온다.

내가 강하게 요청한 것은 "가급적이면 일 년 임기는 채워야 한다"라는 점이었다. 중도에 대략 떠나는 경우가 많기 때문이다. 누가 뭐래도 내가 소개해서 마을로 들어온 사람이라는 사실은 부인할 수 없다.

나 – 요즘 서울 가면 어떤 느낌인가?

윤 – 뭐 파주에 살았으니 많이 다른 느낌은 없어요. 파주에서 서울 가면 공기 탁하고 소음공해….

박 – 서울은 직장을 다니는 사람들이 사는 곳? 뭐 그런 느낌이에요. 중독성 강한 월급에서 벗어났다, 뭐 그런.

나 – 귀촌에 이르기까지 가장 중요한 결정은 결국….

박 – 사표를 내는 것! 한 달짜리 인생이었죠. 월급에 맞게 모든 것을 짜는, 전형적인 월급형 인간이었어요.

나 – 다시 서울에서 살 수 있겠나?

윤 – 못하지는 않겠죠. 이곳에 투자한 것도 없고. 우린 어디에서건 살 수 있을 것 같아요. 그런데 안 갈 거예요.

나 – 그래도 귀촌이라는 결정은 중요한 장면 아닌가?

박 – 당연하죠. 지금까지 살아오면서 가장 중요한 마디인 것은 분명하죠.

나 – 시골로 오겠다고 했을 때 부모님의 저항은 심하지 않았나?

박 – 그게 예상보다 심하지 않았어요. 처음에는 직장을 그만두었으니 걱정이 셨는데 곧 "직장을 구했다, 백만 원이지만 도시에서 2백만 원 이상 효과가 있는 액수다." 뭐 그런 식으로 이야기해서 최소한 뭐해서 먹고살 거냐는 질문은 단기적으로 피한 셈이죠.

나 – 친구들 반응은?

윤 – 처음에 내려가겠다니까 별 반응이 없었어요. 많은 사람들이 그렇게 이야기하니까. 그런데 정말 내려와버리니까 전부 놀랐어요. 정말 그렇게 할 것이란 생각은 하지 않았던 거죠.

나 – 그런데… 참 지겨운 질문인데, 왜 내려왔어요?

윤 – 좋은 곳에 가서 살고 싶다. 이기적인 욕망에서 출발한 것이겠죠. 그러지 못할 이유도 없고.

> 2010년 3월 28일 23시 54분.
> 정말 그랬다. 이 년 동안 우리는 이 집을 너무나 좋아했다. 짐을 다 싸고 텅 빈 거실과 방을 돌아보았다. 마음 한구석이 '찡' 하고 울렸다.

| 이제 정말 안녕이구나.

2010년 3월 27일 토요일. 사무장네는 파주에서 상사마을로 이사를 완료했다.
　사무장네가 사는 집은 마을에 남은 거의 유일한 빈집이었다. 집주인들과 마을이장님의 합의하에 '마을에 외지 사람이 사무장으로 들어온다면' 그냥 살게 하고 집을 돌보는 조건이었다. 우여곡절 끝에 빈집 수리

사무장이 가장 먼저 한 것은 화덕을 만드는 일이었다.

봄볕에 이불을 말린다. 자두꽃이 피었다.

자금을 지원받는 것이 결정되었고 다시 사람이 살 수 있게 수리를 진행했다. 그 작업으로 2월과 3월이 스쳐 지나간 것이다.

그렇게 마을에 젊은 부부가 들어오게 된 것이다. 그렇게 또 다른 신입생의 시골살이가 시작되었다. 짧은 기간이지만 무수히 많은 에피소드들이 있었다. 나는 이 부부에게 "무엇을 상상하건 그 이상을 보게 될 것이다!"라는 예고편을 던져두었다. 이 부부는 역시 예고편과는 비교도 할 수 없는 어마어마한 본편 영화를 매일 감상했다. 확실하게 사람이 중심이 되는 영화들이었을 것이다. 그러나 정말 재미있는 이야기들은 세상 밖으로 발설할 수 없다. 그것은 나 역시 그렇다. 그런 발설은 영화사에 시나리오로 팔아먹고 마을을 뜰 때나 가능하다.

나 – 노인정에 자주 가니 재밌는 이야기들이 많을 것인데?

윤 – 퇴근하고 집에 오면 사무장이 혼자 '히힛' 하고 웃고 그래요. 그러면 저는 말해봐 말해봐 그러죠.

박 – 마을에 외판원이 와서 여자노인정에서 믹서를 몇 사람이 샀어요. 그래서 제가 '그런 건 인터넷으로 사면 싸다'라고 말씀을 드렸고 할머니들의 믹서 구매대행을 했지요. 인터넷의 위력을 할머니들이 알게 된 것이지. 며칠 뒤, 읍내 택시 승강장에 마을 할머니들 여섯 분이 택시를 기다리시길래 두 분 정도 태우고 들어가려고 이야기 중인데 그 ○○댁이 저에게 비밀스러운 요청을 하신 것이지.

– 그… 인터방에서 미국쌀 좀 사다줘.

– 아유, 미국쌀 사면 안 돼요. 맛도 없다는데.

– 그랴? 음… 그래도 인터방에서 좀 사줘. 떡국할라고 떡국. 떡국은 관계없어.

> 2010년 4월 20일 1시 27분.
> 어르신이 말씀하신다. 미소를 지으며 경청한다. 듣는 자세는 목 15도, 등 15도, 무릎 15도를 굽힌 자세로 살짝 웃으며 '아~' '예~'를 이어가며 알아듣는 척한다. 물론 알아듣지 못한다. 하지만 시간이 지나면 알게 되는 일이 많으니 걱정할 것 없다.

노인들의 사투리를 알아듣지 못해서 자꾸 "예? 예?"를 반복하면 그 노인 분들은 이후에 말씀을 꺼리게 된다. 어르신들은 다른 방식의 언어를 구사하실 수 없기 때문이다. 그냥 알아듣는 척하고 뒤에 정황을 조합해서 해석하고 젊은 사람들에게 확인받는 것이 좋다. 그래서 귀촌매뉴얼 작성이 무의미하다. 핵심은 '인간에 대한 예의'다.

나 – 마을 사람들 어떤가?

박 – 처음에는 제가 일하는 마을회관에 거의 아무도 찾아오시지 않았어요. 그냥 이장님이 주시는 일만 했죠. 그러다가 한 사람씩 오시기 시작하는데 일단 커피를 대접했어요. 그러면 본인 이야기를 하기 시작하세요. "나, 일자무식이여!"로 시작하시는 분이 많아요. 결국 하신 말씀의 요지는 "날 무시하면 안 된다"라는 것이죠. 제 일은 주로 듣는 거예요. 어차피 무슨 목적을 가진 말씀들이 아니니 경청하면 돼요. 들어준 것만으로 그분들은 고맙게 생각하세요. 며칠 지나면 집에 된장, 채소, 모종 등을 들고 오세요.

중요한 대목이다. 사람은 대우받을 때, 인격적으로 존중받고 있다는 느낌을 받을 때 상대방을 새롭게 본다. 특히나 대우받지 못한 인생을 살아온 사람들은 특히 그렇다. 그 반대일 경우 사람은 거칠어진다.

윤 – 도시에서는 거의 일하면서 만든 인간관계였어요. '여우짓'도 많이 했죠.

사무장은 여자노인정에서 품절남 대우를 받는다. 사진 by 박용석

감언이설 같은 것. 편집자이다보니 필자들과의 관계에서 종종 그래야 할 필요가 있었거든요. 또는 도시라는 곳 자체가 나 스스로 부각되거나 주목받는 것이 생존에 유리하잖아요. 그런데 시골마을은 여자가 부각될 필요 없는 환경이라, 여기선 그냥 사무장댁으로 모든 것이 정리됐어요. 지금은 그게 편하고 좋아요.

박 – 도시에서는 지식을 배웠어요. 일에 필요한 것들. 그래서 어느 순간에 조직에서 더 이상 배울 것이 없거나, 이전에는 나보다 위였던 사람이 그렇지 않게 돼버리기도 했죠. 그런데 여기서는 지식이 아닌 다시 살아가는 방식을 배워요. 도시에서는 점점 꼰대가 돼갔는데 여기서는 다시 어려진 상황이에요. 장면이 형님에게 버섯 따는 것을 배우거나 점식이 형에게 닭에 대해 물어봐요 그런 것은 지식과는 좀 다른 차원인 것 같아요.

그렇다. 이곳에서는 익히고 배우고 싸우는 일들이 단순명료하다. 비방하면 듣고 아니라면 화를 내면 된다. '이 일의 여파'에 대해서 복잡한 경우의 수를 계산하지 않아도 된다. 그리고 바쁘다. 귀촌자들은 특히나 여러 겹의 일들을 진행하기 때문에 나름으로 더 바쁘다.

나 – 힘든 점은 어떤 게 있나?

박 – 긴장감의 종류가 달라요. 그런데 겸손하기만 하면 대략 해결돼요. 그리고, 늦잠 문제.

윤 – 지난번에도 마을 할머니들이 사무장한테 새우젓 신청하는 거 확인하러 아침 여덟 시에 오셨잖아요. 제가 깨어 있어 그나마 다행이었지. 정말 늦게 자고 늦게 일어나는 문제가 어쩌면 지금 당면한 가장 큰 문제점이에요.

박 – 지난번에 벚꽃 출사 나갈 때 새벽 여섯 시에 사람이 그렇게 많을 줄은 몰랐어요.

윤 – 그리고 주시는 게 너무 많아요. 어떻게 해야 할지 모르겠어요.

나 – 돈. 그러니까 미래에 대한 불안감은 어때?

윤 – 전 돈 걱정은 안 해요.

박 – 저는 미래에 대해서 생각하는 스타일인데, 한 달짜리 인생을 살았으니까 당연한 것이기도 하고. 요즘은 좀 바뀌었어요.

나 – 사무장 월급 백만 원이면 두 사람 충분히 살지 않나?

부부 – 그렇죠. 사실 이전에는 적금이나 보험 같은 것이 우선이잖아요. 지금은 그냥 미래에 대한 투자를 덜하고 살면 된다는 생각이지요. 이전에는 전세 기간 만료되면 집 알아봐야 하고 그래서 일하고….

나 – 귀농이나 귀촌을 생각하는 사람이 많이 있잖아요. 귀농학교다 뭐다 여하튼 오랫동안 준비하면서도 막상 결행을 못하는 이유가 뭘까?

박 – 돈?

나 – 음… 그건 내가 이전에도 주변에 이야기했었는데, 돈 때문에 오지 못한다면 서울에서는 얼마나 안정적이란 이야기야? 돈돈돈 돈세상이 지긋지긋해서 옮기고 떠나고 싶은 것 아닌가? 그런데 시골에서는 그것을 마련할 방도가 더 불안해서 못 온다? 소박한 삶을 지향한다며?

박 – 내 말이….

윤 – 음, 정말 오고 싶다면 오지 않겠어요? 뭐 다른 복잡하고 거창한 이유가 필요하나요?

그렇군. 지금을 박차고 떠날 만큼 오고 싶다면 오는 것이지. 정말 오고 싶어요?

4부

어떻게 살아야 할까?

세상을 살아가는 데 그렇게 많은 것이 필요한가?
많은 것을 소유하고 소비해서 더 행복한가?
더 소유하기 위한 노력만 소중한 것이 아니라
덜 소유하고 조금 더 행복해지는 방법을
생각하는 것도 소중하다.

場, 色, 살림

2008년 7월 23일 아침 일곱 시 삼십 분 구례장터 북서쪽 입구.

하늘은 흐렸고 오후에는 비를 예정하고 있었다. 궂은 날이면 장은 한산하다. 그러나 여름 장터는 훨씬 빨리 열렸다. 장은 이미 완전히 준비되어 있었다.

요즘 이곳 농부님들의 기상 시간은 새벽 네 시경인 듯하다. 더 일찍 들판으로 나서는 분들도 있다. 아침 일곱 시에서 여덟 시 사이에 집을 나서는 나를 보고 마을 사람들의 소리는 한결같다. "늦네." 그들은 아침을 먹기 위해 집으로 돌아오는 길이다. 이곳에서 계절을 두 번씩 보냈고 이제 세번째 여름을 겪고 있다. 기상과 수면 시간은 철저하게 들판의 '컬러'에 따라 결정된다.

　　축협 마트에 주차하고 골목 앞에서 예상외의 번잡함에 잠시 멈칫했다. 장터 육곳간은 항상 골목 입구와 사거리 모퉁이에 자리하고 있었다. 구례장터를 백 번 정도는 찾았을 것이다. 한 달에 여섯 번 열리는데 그중 네 번은 갔을 것이다. 항상 장터 국밥으로 그날의 한 끼니를 해결하고 오일 분량은 아니지만 몇 가지 찬거리를 구입하는 것이 목적이었으니 시골에서의 장날은 아주 중요하고 요긴한 날이다.

　　구름은 두터웠지만 비는 쉽게 올 것 같지 않은 하늘이었다. 하지만 장 거리는 비가 올 것을 염두에 둔 비닐천막을 준비하고 있었다. 채도 높은 사진이 나올 수밖에 없는 하늘 아래 장터는 자체로 거대한 '색色'이었다. 그것은 주체들이 의식하지 못하는 야수파의 탄생이자 태생적인 키치kitsch 미美의 원단이며 자연 발생한 팝아트 주제의 비엔날레와 같은 향연이다. 하지만 그것이 박제화한 근엄함으로 치장된 미술관의 그것과는 다른 월등한 날것의 생명력을 발산할 수 있는 차별성은 그 중심에 사람이 있기 때문일 것이다. 場은 色이다.

　　플라스틱 슬리퍼. 비가 오나 눈이 오나 천하무적 재질. '몸뻬'에 플라스틱 슬리퍼 차림, 그것은 재래시장을 상징하는 실용적 코드의 대표 주자이며 가난한 컬러의 상징이다. 가난한 색 하나는 부담스러운 주목을 자청하는 살림살이의 상징이지만 가난한 색의 무리는 제법 힘을 형성한다. 역시 빈곤은 혼자이기보다 여럿일 때 신명난다. 하지만 이조차 대부분 중국에서 들어온다. 중국 땅 어디에선가 몇 십 년 전 우리의 아버지 어머니들이 코뼈에 구멍이 뚫리면서 만들었던 최악의 석유화학재료 플라스틱 슬

비가 오나 눈이 오나
천하무적 '플라스틱 슬리퍼'.

리퍼를 만들고 있을 것이다.

　　아침에 읍내로 나오는 길에 마을 할머니 한 분을 태웠다. 무작정 읍내를 향해 걷고 계셨다. 8킬로미터 정도 거리다. 차에 타시면서 고마움을 표시하고 방학이라 아침 버스가 오지 않는 모양이라고 말씀하셨다. 그렇다. 여름이 되면서 버스 시간은 잘 지켜지지 않는 듯하다. 하지만 그것에 대해 딱히 분노를 표하지는 않는다. 오지 않는 버스는 일상다반사에 속하고 걷는 일은 "일도 아녀"에 속한다. 모든 편리를 당연하게 생각하는 환경에 살다가 이런 불편을 처음 만나면 약간 화가 난다. 군내 버스는 군청의 예산 지원이 없다면 도저히 운행할 가능성이 없는 대차대조표를 보여준다.

　　요즘 지리산을 찾는 관광객들이 군내 버스를 이용할 가능성은 거의 없다. 산행을 위한 새벽 성삼재행 버스 정도가 이 시즌에 번잡할 것이다. 나머지는 이른바 내수로 채워진다. 그 채워짐은 시각적으로 텅 빈 버스일 뿐이다. 그래서 인근 면에서 첫 버스가 읍내로 당도하기 전인 이 시간 장터의 번잡함이 의외인 것이다. 비가 예정되어 있는데 예상보다 장은 제법 흥할 모양이다.

　　장에서는 원하는 대부분의 물건을 구할 수 있다. 물론 와인이나 수입 치즈, 질 좋은 커피 원두 같은 것은 없다. 장에서는 원하는 대부분의 물건을 싸게 구입할 수 있다. 물론 브랜드 상품이나 마음에 드는 디자인의 물건을 구입할 수는 없다. 장터 물건을 지배하는 기본 정신은 '값싸고 질기며 실용적인' 것이다. 전원생활을 꿈꾸며 원목으로 테라스를 꾸미고 그에 합당한 컬러와 디자인의 소품을 원한다면 시골장터가 아닌 온라인 쇼핑몰을 권한다.

사실 나는 여름이 오면서부터 담배 등을 넣을 수 있는, 허리에 착용하는 색sack을 구하고 있지만 이곳에는 원하는 물건이 보이지 않았다. 싸구려 색 두 개를 이미 아작 낸 다음이다. 결국 지난밤에 온라인 쇼핑몰에서 주문했다. 쇼핑몰에서 '물건다운 것 중' 비교적 값싼 것을 주문했는데 삼 만원에 가깝다. 장터에는 삼만 원짜리 색이 존재하지 않는다. 장터에는 녀자치 '빤스 오백 원'짜리가 존재한다. 이런 선택과 취향 역시 살아온 이력이 결정할 것이다. 간혹 만나게 되는 이런 경우를 제외하고 대부분의 경우 장터에서는 원하는 모든 것을 구입할 수 있다. 처음 보는 물건도 많다. 이사 와서 마누라가 저지른 만행의 하나는 밭일에 필요한 장화를 사오라고 했는데 모심기용 '물신'을 사온 일이다. 물신은 허벅지까지 올라오는 가터벨트형이다. 이 역시 처음 본 장화에 대한 과도한 신뢰가 만들어낸 참사였다. 그 물신은 밭일에서 사용하면 동네 망신이고 홍대 앞에서 착용하면 열광의 도가니를 보장한다. 다시 한 번, 장은 '값싸고 질긴 실용적인' 것의 경연장이다.

　　사진을 찍다가 '이것은 아름답다'는 생각이 들었다. 다양한 컬러의 집적은 결과적으로 단일한 아이덴티티를 구축한다. 하지만 나는 저 옷을 입을 용기가 생기지 않는다, 아직은. 단순한 농담이 아니라 디자인적인 취향을 포기하고 타인의 시선을 의식하지 않는 의상을 입을 수 있는 날을 고대한다. 자연스럽게 세련을 버릴 수 있다면, 좀더 이상적으로는 '의식하지 못한다면' 삶은 훨씬 간명해질 것이다. 과도한 의식적 키치 미 따위를 추구하는 또 다른 형태의 세련이 아닌 그냥 그렇게. '당신이 사는 곳이 당신을 말해줍니다' 롯데 캐슬 CF를 나는 인정한다. 시골에서 촌스러움은 타인의 시선을 집중시키지 않는다. 세련? 시골장터의 세련은 따로 있다.

시골장터에서 '세련'은 따로 있다.

    일전에 마을의 어떤 이가 집사람에게 양산을 부탁했다. 집사람이 선택한 물건이라면 신뢰한다는 것이다. 가능하면 비싼 것이 좋다고 했다. 이만 원이 넘는 양산을 찾아 장터를 이 잡듯 뒤졌지만 장터에서 '젤루 좋은 양산'은 이만 원을 넘지 않았다. 그녀는 이만 원 이상의 물건을 원했지만 그런 물건은 없었다. 가장 화려한 꽃무늬를 개인적 취향과 관계없이 선택했고 물건을 받은 이는 아주 만족스러워했다. 옆에서 나는 마음에 들지 않는다는 사인을 보냈지만 '화려한 꽃무늬'가 그녀가 원하는 코드라는 집사람의 생각은 확고했다. 이른 새벽과 해질녘. 들판과 차밭에서 대부분의 시간을 보내야 하는 그녀가 양산을 필요로 하는 이유를 따져보는 나의 생각이 '나도 예쁜 양산을 가지고 싶다'는 한 여인의 생각에 도달하려면 아직 멀었던 것이다. 어쩌면 영원히 도달하지 못할 것이다.

　　우리집의 경우 장에서 만 원 정도의 물건을 구입한다. 여름이면 수박을 이천 원에서 오천 원 정도에 한 통 장만하고 오 일을 보낸다. 오 일에 만 원이면 선방하는 편 아닌가? 찬거리 생선은 좀 미안하지만 만 원 단위로 진열해놓은 접시의 절반을 구입한다. 냉동실에서 생선 토막이 이리저리 방치되는 상태를 별로 좋아하지 않기 때문이다. 대부분의 찬거리는 한 번 먹을 양을 구입한다. 나머지 끼니는 '있는 것'으로 충당한다. 직접 가꾸는 텃밭은 없어도 다른 텃밭에서 나오는 채소들이 지천이고 다른 어떤 식재료보다 그것들을 신뢰하기 때문이다. 기본 재료를 구입하는 경우가 있으니 우리집의 일 개월 찬거리 비용은 오만 원 정도일 것이다. 과일 포함. 오히려 손님 등으로 인한 장보기와 외식으로 인한 지출이 훨씬 많을 것이다. 그래도 그 지출이 이십만 원을 넘지는 않을 것이다. 먹어야 사는데, 먹는 데 월 이십에서 이십오만 원을 지출한다고 보자. 나머지 비용은 어떤가? 지난 달 나의 핸드폰 사용 비용은 십오만 원을 넘었다. 전화비와 인터넷, 마누라 핸드폰까지 하면 이십오만 원이 될 것이다. 자동차 기름 월 삼사십만 원. 전기세와 가스비를 오만 원 잡고… 만약 지금 보일러 기름이 떨어진다면 사십만 원 가까운 돈이 날아간다. 보일러는 필사적으로 켜지 않는다. 마침 여름이다. 이번 겨울 기름보일러 비용을 생각하면 정말 머리가 아프다. 이란과 이스라엘이 맞짱 붙는다면 시골 보일러 기름은 한 드럼에 오십만 원이 넘어갈 것이다. 날이 갈수록 나는 이런 지출 구조가 코미디라는 생각이 든다. 일상의 편리를 구입하기 위해 팔아야 하는 각자의 노동은 생각하지 않는 것 같다. 그렇게 생산하는 것들은 또 무엇인가? 당신의 노동으로 만들어지는 결과물은 정말 세상에 필요한 것들인가? 너무 잔인한가? 서로 팔아주면서 살아가는 것인데… 그것이 시장경제라고.

대장장이에게 갔다. 잠시 다리를 쉬는 것이다. 그는 당연히 이미 불을 피웠고 낫을 벼르고 있었다. 장터 커피 언니에게 대장간으로 커피 두 잔을 주문했다. 냉커피는 한 잔에 칠백 원이다. 나는 온커피를 시켰다. 오백 원이다. 한턱 쏜 것이다. 찍었던 사진을 일별하며 삭제하기를 반복하다가 바로 코앞의 오늘 어디론가 팔려나갈 닭을 향해 포커스를 집중하는데… 지나가던 할머니가 문제제기를 해온다.

― 달구새끼(닭)는 뭐하러 찍누?

늦은 봄. 원고 청탁이 하나 있었다. 모르는 잡지였다. 잠시 고민을 했다. 주변 책 만드는 인간들에게 물었다. "형은 그 잡지하고 안 맞아요"라는 대답이 돌아왔다. 또 잠시 고민을 했다. 원고를 주기로 했다. 노력 대비 원고료가 짭짤했기 때문이다. 보름 정도 지나고 잡지가 왔다. 처음에는 내 글을 찾을 수 없었다. 다시 좀 찬찬히 보니 뭔 일러스트가 하단으로 깔린 페이지에 내 글이 있었다. 폰트 사이즈는 매킨토시 기준으로 8~9포인트 정도로 보였다. 가독성을 생각하면 일반적이지 않은 글씨 크기다. 거의 명함 수준이다. 몇 사람의 글을 2페이지에 몰아넣었다. 내 글이지만 읽다가 말았다.

며칠 지나서 저녁에 마누라랑 그 잡지를 뒤적거리기 시작했다. 명품 쇼핑 정보를 제공하는 것이 목적인 잡지인 듯한데 자세히 보니 광고 형식의 제품마다 가격이 표기되어 있었다. 문제의 발단은 마누라가 "이거나물 캘 때 쓰면 좋겠다"는 소리를 하면서 햇볕가리개용 모자를 보다가 가격을 발견한 것이었다. 대략 육십만 원. 아, 이 잡지 재밌다! 우리는 잠시 동안 가격표를 읽는 유쾌한 놀이에 빠져들었다. 단단해 보이는 고무장화가 보이길래 "이거 밭일 할 때 최고겠다" 하고 가격을 보니 뭐 대략 육십만 원. 이런 식이었다. 정말 불쾌하지는 않았다. 옷, 가방, 지갑… 몇백, 몇 천만 원이라는 가격을 보면서 우리는 정말 간만에 즐겁게 웃었다. 그 잡지에 내가 기고한 글은 권정생 선생을 기리는, 가난에 대한 내용이었다. 내가 속한 리그가 아닌데 헛짓을 한 것이다. 나는 어떤 글이 사람을 설득할 수 있다면 그것은 그 사람이 처한 환경과 조건이 그렇게 작용하게 만든 것이라는 생각을 가지고 있다. 만인을 설득할 수 있는 혀는 없다. 장터에서 햇볕가리개 모자는 이천 원이다. 그것은 누가 옳고 그르다는 차원의 차이는 아닌 듯하다. 우리가 사는 세상은 각자의 처지에 맞는 시장이 따로 있다.

    서울에서 시골로 옮겨와 좋은 점이 뭐냐는 질문을 받으면 오일장은 항상 순위권에 들어간다. 나는 장을 좋아한다. 내 손으로 음식을 하는 남자에 속해서 그런지 재래시장이 좋다. 서울 시절에도 우리는 거의 매일 시장엘 갔다. 처음에는 연신내시장을 들락거리다가 좀더 많은 물건과 규모를 가진 불광동시장으로 진출하곤 했었다. 그 시절 장보기 풍경 글이 있어 스스로 인용한다.

> 2005년 4월 26일.
> 불광 쪽으로 잠시 길을 나섰다. 햇볕 좋다. 불광시장 돌아 사거리 횡단보도를 바라고 휙 꺾었는데 오늘 유난히 산이 코앞으로 다가온다. 돌

찍었던 사진을 일별하며 삭제하기를 반복하다가

바로 코앞의 오늘 어디론가 팔려나갈 닭을 향해 포커스를 집중하는데…

지나가던 할머니가 문제제기를 해온다.

– 닭구새끼는 뭐하러 찍누?

아오는 길에 시장을 보았다. 혼자 나온 길이고 예정에 없었고 시간이 이르지만 어제 연신내시장에서 사지 못한 무시래기가 흔하길래 천 원어치를 샀다. 무시래기 된장찌개로 저녁 메뉴는 정해진다. 몇 걸음 가다가 다시 걸음을 멈추었다. 반건 굴비가 좋아 보여서 가격을 물었다.
"다섯 마리 만 원요."
"두 마리도 파나요?"
"하이고 다리야, 미안하지만 두 마리 좀 집어줄래요?"
그러면 저녁의 메인 메뉴는 굴비구이가 되는 것이다. 장바구니를 들고 나오지 않았다. 검정 비닐봉지 두 개가 왼손에 들렸다. 다시 몇 걸음 가다 섰다. 방울토마토가 두 근에 삼천 원이란다. 싸다. 샀다. 영후 이틀 먹겠다. 검정비닐 봉지 세 개가 왼손에 들렸다. 땀이 살짝 날 정도의 날씨다. 북한산은 가깝고 골목의 집 그림자는 평화롭고 몇 가지 꽃들이 오래된 집의 담장을 넘어서 피었고 주머니는 비었다.

  살림. 살아가는 형편이나 정도를 이르는 말이다. 장터에서는 '자산'이라는 용어보다 '살림'이라는 말이 더 어울린다. 하향평준화는 비교적 견딜 만하다. 대부분의 빈곤감은 절대평가보다 상대평가에서 오는 경우가 많다. 장터는 대도시의 대형마트와 같다. 봉급생활자들이 금요일 밤이면 대형마트에서 대형카트를 끌고 일주일 분량 아니면 일 개월 분량의 식품을 구입하는 것과 같이 이곳에서는 오 일 분량의 장을 본다. 대형카트는 없다. 대부분은 가격표가 없고 붙어 있는 가격표도 그렇게 완강하지는 않다. 오후로 넘어가면 생선은 거의 반값에 살 수 있다. 그러나 제품의 질은 그다지 높지 않다. 높은 질을 요구하는 소리도 거의 없다. 살림에 필요한 것들을 구입하는 것이다. 중요한 것은 필요와 구입의 균형이 지켜진다는 것이다. 이곳에서 충동구매는 힘들다. 모든 구매는 필요와 직결된다. 살림만큼 소비한다.

장은 몇 가지 구역으로 나뉘어진다. 도시와 시골을 막론하고 가장 번잡스럽게 존재감을 표현하는 구역은 바로 어물전魚物廛이다. 거의 같은 시간인데도 다른 전廛에 비해 단연 번잡스럽다. 시간으로 보자면 아홉 시경이다. 아홉 시부터 정오까지 그날 장사의 칠 할은 결판이 난다. 승부는 초장에 나는 것이다. 누가 선제골을 넣느냐에 따라 누가 먼저 '다라이'를 철수하고 집으로 돌아가는지 결정된다. 노점의 간격은 밀집형이고 손님을 잡는 목소리는 전투적이다. 옆자리 노점에서 구입하고 돌아서면 원망의 목소리도 노골적인 구역이 어물전이다. 손님과의 다툼이 자주 일어나는 곳도 어물전이다. 억척스러워서 어물전인지 어물전을 하다보니 억척스러워진 것인지 알 수는 없다.

어물전의 비린내는 필연적인 것이고 말린 생선이 아닌 다음에야 모든 생선은 신선도가 생명이다. 빨리 팔아야 한다. 세상의 모든 '빨리'는 사람의 마음에 날카로운 각을 형성한다. 약하게 보이면 상대방이 얕잡아 본다는 의식이 팽배한다. 의식적 행동은 습관이 되고 그것이 사람을 변화시킨다. 사람을 변화시키는 가장 강력한 원인은 항상 경제였다. 살림 형편이 사람의 성격과 본성까지 좌우했다. 우리 부모 세대들은 오로지 이 살림을 유지하고 살리기 위해 청춘의 대부분을 소진했다.

지난 이 년 동안 이미 몇 차례 눈알 큰 카메라를 든 외지 사람들을 강하게 거부하는 어물전 엄니들의 몸짓을 보았다. 그녀들은 다른 구역의 엄니들보다 카메라에 민감했다.

 — 엄니, 장어 좀 찍을게요!

시작부터 큰 소리로 선포를 했다.

 — 걍 찍지 마! 만 원씩 내.

눈길은 생선에 두고 소리는 나를 향하고 있다. 내가 외지 사람이라면 불쾌할 수도 있다. 그러나 이미 감안하고 예상한 반응이라 준비된 소리를 다시 내보낸다.

 — 아따, 좀 싸게 해주쇼.

그렇게 장어를 찍고, 굴비를 찍었다. 그러고 나서 나의 치열함은 그녀들의 원색적 치열함 앞에서 연기에 불과하다는 사실이 탄로 난다.

읍내 거리의 가게들이 사라져간다. 장터에도 빈 가게들이 하나 둘 생긴다. 불투명한 지역 경제는, 미래는 그런 현상을 가속화하겠지만 떠날 사람들의 태반은 떠날 수밖에 없는 상황의 사람들이다. 큰 도시가 아닌 시골에서 그 빈자리는 채워지지 않는다.

장의 노후화는 필연적이다. 오래된 마을들은 이미 생명력을 잃어가고 있다. 이 장터는 미루어 짐작하건대 위치 이동은 했겠지만 천 년 전부터 시장을 형성하고 있었을 것이다. 지속되어온 그 시간이 안타까운 것이다. 뉴타운 하나 건설하는 데 오륙 년이면 끝이 난다. 그곳에 몇 만 명 정도의 인구를 채우는 것은 어려운 일이 아닐 것이다. 이 장터는 삼십 년 전에 7만 명 정도의 인구를 거느리고 있었다. 지금은 2만6천 명 정도 될 것이다. 사람이 떠나는데 시골장을 이벤트화한다고 살아나겠는가? 살림의 필요에 의한 수요와 소비가 아닌, 관광객의 선택에 의한 구매로 농촌이 살아나지는 않을 것이다. 그것은 '장터 활성화 방안'이 아니라 순간의 인

가장 사진을 찍기 힘든 구역이 어물전이다.

공호흡기에 불과하다.

    군단위 지자체는 서울 광화문에서 을지로로 이어지는 지하보도 내 벽의 커다란 광고물로 존재한다. 양복 입은 단체장들은 고추와 과일을 들고 활짝 웃으며 자기 고장으로 놀러와서 돈을 좀 뿌려달라고 광고하는 것이 대부분이다. 얼핏 지나치던 넥타이 한 명이 자기 고향의 광고물을 보며 실없는 웃음과 아직 남아 있는 그곳의 부모님 얼굴을 떠올리겠지만 그는 고향으로 돌아가지 않을 것이다. 그의 고향에는 반바지 차림의 느린 걸음으로 아이들을 태울 대형카트가 없다.

대형카트는 없지만 대부분의 군단위 지자체에 중형 마트가 자리한 것은 이미 몇 년 전이다. 나는 개인적으로 농협 하나로마트 같은 경우는 전략적으로 군단위 지자체에서는 매장을 내지 않았으면 하는 생각을 한다. 대도시에서 대형마트 하나 들어서면 중형 마트는 문을 닫고 골목 안 구멍가게가 팔 수 있는 것은 담배뿐이다. 하물며, 장에서 배추 한 포기를 이천 원 주고 사서 나오는데 하나로마트 앞에서 판촉원들이 마이크 들고 "배추가 하나에 천 원~" 하고 있다면 오일장은 더 이상 존속하기 힘들다. 말도 안 되는 소리지만 농협은 농민들을 위해 만든 금융기관이라고 알고 있다. 작은 지역에서 이런 중형마트에 대항할 수 있는 가격 경쟁력을 가진 구멍가게는 없다. 이곳의 자영업 비율이 얼마겠는가? IMF 이후 대한민국의 자영업 비율이 35퍼센트라는 등의 뉴스를 몇 년 전에 들었다. 시스템이 보장해주지 않는 '제 알아 먹고사는' 인구가 최소 35퍼센트라는 소리와 같다. 구례군 전체의 자영업 비율은 75퍼센트이다. 나도 화장지 등은 이마트에서 구입한다. 다시 서울시절 글 한 토막으로 돌아간다.

> 2004년 12월 14일.
> 나는 이제 연신내시장으로 발걸음을 옮기지 않고 ○○마트로 간다. ○○마트로 옮기기 전에, 생선가게는 젊은 총각들이 하는 집으로 바꾸었다. 그 며칠간 이전에 생선을 구입하던 아주머니 가게 앞을 지나기가 어색하고 힘들었다. 아주머니도 가게를 바꾼 우리의 방침을 아셨고 우리가 지나칠 때면 시선을 마주치지 않으려고 한다. 나는 편리와 물건의 질을 택했다. 가격경쟁에서 대형할인매장과 경쟁력이 없는 시장 아주머니들은 결국 십 년 정도의 시간이 지나면 내용적으로는

완전한 몰락을 맞이할 것이다. 나와 같은 처지의 아주머니들을 위해 그들의 물건을 팔아주어야 하는데 혐오스러운 교포 재벌 집안의 매장에 내 돈을 던져주어야 한다는 사실이 화가 나고 슬프다. 나와 같은 계급의 주머니에 약간의 돈을 보태주기 위해서는 나는 지금보다 더 잘살아야 한다. 그래서 나는 망할놈의 ○○마트 금고에 내 주머니를 털어넣는다. 미안해 아줌마들….

장터 촬영은 오전 열 시 전에 끝이 났다. 수박 하나와 천 원짜리 정원용 가위를 구입했다. 그리고 하나로마트에서 유정란을 선택했다. 일찍 장을 본 사람들은 집으로 돌아가기 위해 버스를 기다리고 있었다. 각자가 돌아갈 마을로 향하는 버스는 짧게는 한 시간에 한 번, 아니면 두 시간에 한 번 들어올 것이다. 그리고 다음 장에서 우리들은 다시 만나게 될 것이다.

묵은지쌈 앞에서

　　도시에서 시골로 옮겨온 이후 가장 확연한 변화를 느낄 수 있는 것은 무엇인가?
　　그것은 바로 먹는 문제다. 구체적으로는 식재료의 질적인 변화다. 그렇게 느끼는 것은 당신이 먹는 문제에 일반인 이상의 관심을 가지고 있기 때문이 아닌가? 그렇다. 나는 잘 먹고 잘 싸고 잘 자는 것이 가장 중요하다는 생각을 가진 사람이다. 인간이 왜 그리 단순한가? 그것이 살림의 핵심이고 살림은 혼자가 아닌 가족이라는 최소 단위 공동체를 유지하는 가장 기본적인 룰이기 때문이다. 밥상을 함께하지 않는 집은 살림이 존재하지 않는 것이다. 살림이 존재하지 않는데 어떻게 가족이라는 개념이 성립하겠는가. 가족이라는 단위는 거의 유일하게 보상을 전제로 하지 않는 인간관계의 마지노선이다. 하지만 요즘은 많이 변했다. 출발은 항상 밥상이다.

    2007년 12월 15일에 담근 김장을 꺼냈다. 십사 개월 정도 지났으니 어느 정도 묵은지라고 주장해도 되지 않을까? 묵은지는 담그는 방법도 다르지만 요즘은 오래 묵은 김치를 묵은지라고 말하니 나도 그냥 그렇게 부른다. 요즘은 이 묵은지를 씻어 쌈으로 밥상에 올리는 경우가 많다. 계절이 그렇다. 지난 12월의 김장 김치는 2010년을 주요한 활동 무대로 설정하고 거의 소비하지 않았다. 두 식구 김장이 50포기, 80포기라면 물론 많은 편이다. 하지만 실질적으로는 밭에서 직접 키운 배추들이라 크기가 일반 배추의 절반도 되지 않는다. 신선한 김치는 그때그때 겉절이나 계절 배추와 열무로 해결할 수 있는 것이고 우리집 김장의 절반 이상은 일 년 이상 잠복근무를 한다.

    여하튼 이 묵은지쌈은 한 포기 깨끗하게 씻어서 물에 담가둔다. 하루 정도 찬물에 담가두면 적당하다. 물론 중간에 물을 한 번씩 갈아준다. 준비성 없는 이장은 그냥 한 시간 정도만 담가두었다. 묵은지쌈에의 욕망은 하루를 기다릴 수 없었던 것이다.

    파를 살짝 데쳐서 고추장과 진간장, 고춧가루, 통후추를 넣었다. 살짝 데치는 것이 중요하다. 그리고 취향의 문제겠지만 나는 이때 마늘을 넣지 않았다. 그냥 파 자체의 맛을 느끼고 싶은 것이다. 어떤 주제의 음식에서 나는 부수적인 재료와 양념을 거의 사용하지 않는다. 물론 손으로 무쳐야 한다.

　　장담하건대 우리집 밥상은 검소하다. 우리집에서 밥상을 받은 손님들은 다른 생각을 할 수도 있지만 일상적인 우리집 밥상은 거의 한 가지 찌개나 국만 준비한다. 그리고 밑반찬과 김치를 포함해서 두 가지 정도이니 1식3찬인 경우가 대부분이다. 사실 손님이 있어도 여러 가지를 준비하지는 않는다. 계절 채소를 기반으로 육류 또는 어류 1종, 5월 이후라면 초식만의 식탁도 간혹 제공된다. 잡채, 불고기, 생선류, 찌개, 국 따로 같은 밥상은 준비하지 않는다. 무엇보다 귀찮다. 대부분의 집들이 그렇지 않나? 아니면 밖에서 외식으로 대체하는 방법이 있겠지만 저녁 밥상은 거의 내 손으로 차려 손님을 대접한다. 중요한 것은 맛이지 반찬의 수가 아니지 않은가. 여하튼 이날은 뭔가 좀 파릇한 것을 먹고 싶었다. 나물은 아직 올라오지 않았고, 텃밭에는 서울에서 봄동이라 부르고 이곳에서 '도로(다시) 살아났다'는 뜻의 도사리배추만 있다. 그래서 손쉬운 파를 선택한 것이다.

겨울이 끝날 무렵이면 묵은지를 씻는다.

살짝 데쳐 무친 파나물은 봄을 위한 워밍업이다.

　　이날은 지리산닷컴의 K형이 지나는 길에 오이를 몇 개 건네주었다. 구례는 오이가 유명하고 많이 재배한다. 지인들의 오이 하우스에서 제품으로 출하하기 힘든 모양의 오이를 박스로 들고 오는 경우가 있다. 먹는데는 아무런 문제없다. 이렇게 얻은 오이와 텃밭에서 우리가 직접 키운 채소들은 가능하면 조리하지 않고 그냥 먹는다. 그것이 가장 맛있기 때문이다. 이날은 미리 오이박스에 대해 손사래를 치고 반토막 난 오이 몇 개만 골랐다. 박스로 받았다간 며칠간 오이만 먹는 상황이 발생할지도 모른다. 오잇값이 올랐다고 한다. 지역 사람으로서 기분이 좋았다.

　　나라와 민족을 불문하고 최고의 음식은 두 종류였다. 조리과정을 최소화한 신선한 음식과 발효음식이 그것이다. 조리과정을 가장 최소한으로 하는 것은 채취해서 씻고 다듬어 그대로 먹는 것이다. 이곳에서 먹는 식재료는 모두 농약과 화학비료를 하지 않은 이른바 유기농 식재료만을 사용하는가? 물론 아니다. 내 텃밭에서 기른 것이 아니라면 그 무엇도 이 기준에 도달하지 않는다.

심지어 내 텃밭에서 키운 채소들도 '퇴비'라는 것을 하는데 이 퇴비의 정체를 나는 알지 못한다. 짐작으로 음식물 쓰레기와 동물성 성분이 함유되었으리라는 것, 염도가 제법 높으리라는 것. 그래서 금년에는 손바닥 텃밭에 퇴비도 하지 않는 방안을 생각 중인데, 그러면 어떤 대체 비료를 만들어야 하고… 그것은 부지런한 사람들이나 선수들이 가능한 일이라 잠시 고민 중이다. 그럼에도 불구하고 이곳에서 취하는 재료의 장점은 이동 거리가 최소화된 이른바 '로컬푸드'라는 점이다.

더구나 이날은 장이었다. 사실 이날 밥상의 원래 아이템은 '두부나 하나 사서 먹자'였는데 뜻하지 않게 화려해졌다. 장날에는 평소에 판매하는 두부보다 실하고 맛있는 것을 고를 수 있다. 천오백 원이다. 두 사람이 한 번에 먹기는 양이 좀 많은 편이다. 우리집은 어떤 재료건 가능하면 그날 먹을 만큼 준비하는 것이 습관화되어 있다. 두부를 먹는 가장 흔한 방법은 역시 그냥 그대로 먹는 것이다. 묵은지쌈과 먹어도 되고 일상적으로는 파장을 만들어서 올려 먹는다.

두부는 콩으로 만든 가공식품이다. 금년 텃밭의 주요한 미션으로 콩을 설정할 것인지 아직 결정하지 못했다. 내가 직접 소량의 콩이나마 기르겠다는 이야기는 '콩-메주-된장-간장'으로 이어지는, 음식 맛을 결정하는 기본 소스를 직접 만드는 문제와 연결된다. 그것은 나의 로망에 해당하는 과업이지만 일단 그것을 실현 가능케 할 땅이 없다. 대안으로 마을에서 지켜보고 믿을 만한 사람의 콩을 구입하는 방법이 있다. 차선으로 최소한 국산콩이라는 사실을 확인한 상태에서 구입하는 것은 가능하다. 지난 설 무렵에 맛본 오미동 최위원장님 댁의 두부는 나에게 콩을 재배해야 겠다는 강한 동기부여가 되었다.

조리과정을 최소화하는 것이 우리집 밥상의 지향점이다. 차돌박이는 우리가 먹고 남은 기름에 잔반을 비벼 개나 고양이가 먹는다.

그리고 파장이다. 파장은 잔파와 조선장, 고춧가루만으로 만든다. 역시 마늘은 넣지 않았다. 조만간 밭에서 마늘이 나올 것인데 아마도 나는 그 시기까지 이런 파와 양파 등에 마늘을 넣지 않을 것 같다. 맛에는 아무런 문제없다. 수육을 삶았을 경우는 이 파장은 조선장이 아닌 새우젓을 넣고 장만한다. 파가 아주 맛있는 철에는 이 파장만으로 밥을 비벼먹는 경우도 있다. 파, 조선장, 고춧가루만을 넣었다고 걱정하지 않아도 된다. 맛을 내겠다고 이런저런 것들을 집어넣는 순간 재료는 정체성을 상실한다.

채소 섭취는 건강에 아주 중요하다. 개인적으로 육류를 많이 먹지만 그래도 몸에 대한 큰 위기감을 느끼지 않는 것은 그보다 많은 날것의 채소 섭취를 하기 때문이다. 늦은 봄부터 우리집의 채소 섭취량은 거의 소에 육박할 것이다.

정말 오늘 밥상에서 예정에 없었던 것은 차돌박이다. 장날이고 읍내에 나온 김에 식육점에서 주중에 먹을 김치찌개용 돼지고기나 사려고 갔는데, 월인정원이 뜻밖에 차돌박이를 보고 약간 혹하는 표정을 지었다. 자주 있는 일이 아니기에 만 원 한 장 주고 샀다. 생각해보면 나는 밖에서 이런저런 약속으로 육식을 하는 경우가 많은데 집에 있는 사람은 그렇지 않다. 채식주의는 아니지만 그때그때 생산되는 채소들을 소비하려면 아무래도 채식이 기본일 수밖에 없다.

우리가 육류를 구입하는 월성정육점은 금요일에 새로 도축한 한우를 판매한다. 따라서 이 차돌박이를 장착하고 있던 우공牛公의 사망 시간은 지난 목요일 오후였을 것이다. 영면하신 후 사오 일 경과했으니 숙성상태로는 이날이 더 맛있을 수 있다. 차돌박이는 얇게 장만하는 것이고 두 식구가 숯불 피우는 경우는 없다. 프라이팬에 그냥 소금, 후추해서 살짝 구워낸다.

이곳에서 지난 겨울 동안 자살한 꿩과 산비둘기, 토끼와 멧돼지를 먹어본 소감은 그것들이 우리들이 흔히 먹는 육류보다 식감이 못하다는 것이다. 일단 질기다. 고기 자체의 탄력과 고소함은 탁월하다. 국물도 진하다. 하지만 아이들에게 이것을 제공했을 때 과연 일상적으로 먹는 소와 돼지, 닭만큼 맛있게 먹을지 장담하기 힘들다. 보통 우리가 먹는 육류는 '동물의 고기'가 아니라 공산품 같은 시스템에서 생산한다. 먹기 좋게, 다음에도 무조건 다시 요구하도록 '생산된' 고기들이다. 사료에 의해 생산되는 이 고기들은 성장호르몬과 항생제로 몸을 구성하고 있다.

이런 엄청난 문제점에도 불구하고 나는 여전히 육식을 유지하고 있다. 그래서 위에서 언급한 문제점은 그냥 한쪽 귀로 흘리고 '동물의 고기'

가 아닌 '공산품'을 고기로 받아들이고 즐긴다. 이곳에서 약간의 비교우위는 그래도 신뢰할 만한 한우라는 믿음이다. 물론 전 과정을 취재한 것이 아니니 의심을 하기 시작하면 끝이 없다. 내가 고기를 구입하는 정육점의 젊은 주인이 목요일이면 어느 마을의 소를 구입하는 과정을 보기도 한다. 그 정도의 환경이라면 크기를 정한 축사에서 일정한 무게에 도달했을 때 죽임을 당하는 소의 고기보다는 양호하겠다는 생각이다. 닭은 적정한 육계로서의 무게와 크기가 정해져 있는데, 기준에서 1그램이라도 올라가면 사료를 공급하지 않는다고 한다. 공장형의 생산체계에서는 그렇다. 우리가 먹은 닭의 99퍼센트는 그렇게 짧은 일생을 라면박스 절반 크기의 집에서 사료만 먹다가 사망하신 분들이다.

  육식은 그 자체로 비윤리적이다. 뭔 육식주의자의 반성적인 고백이 아니라 당연한 사실이다. 먹을거리를 생산하기 위해 소용되는 에너지와 곡물사료, 축산과 토양오염 등은 그 자체로 비윤리적이다. 지구상에는 여전히 12억 정도의 인구가 끼니를 해결하기 위해 박투하고 있다. 먹을거리는 '지속가능'해야 하는데 서구자본이 생각하는 생산방식은 이것과 거리가 멀다. 읽어서 마음 편치 않은 이런 대목들 때문에 나는 가능하면 육식과 관련한 서적을 손에 잡지 않는다.

  묵은지쌈에 신선한 파장을 올려 먹는다. 그것은 낡은 것과 새로운 것의 크로스오버다. 한국 사람만 경험할 수 있는 고급스러운 미감이다. 하지만 그 준비는 지극히 저렴하다. 역시 김치를 반나절이라도 담가두어야 했다. 좀 짜다. 묵은지쌈은 겨울과 봄이 교차하는 때가 적절하고 나의 몸은 이 시기가 되면 저절로 그것을 요구한다. 이것은 경험치에 해당한다. 유년의 밥상이, 가족이 나에게 제공한 기억을 저장하고 있는 것이다.

반찬이 많은 밥상 앞에서는 마음이 좀 불편할 때가 있다.

　오늘 밥상은 손님이 온 듯한 밥상이다. 일상적으로는 위 사진의 밥상에서 세 가지 정도는 제외된 상태가 정상이다. 그래서 '오늘 우리가 왜 이렇게 거하게 먹냐?'라며 사진을 찍었고 찍은 사진에 이야기를 더했다. 그리고 세상의 모든 자발적이고 지속가능한 생산물들에 대해 죄스러운 마음이다. 실제 그러하다. 생전에 아버님은 밥상에 세 가지 이상의 반찬이 오르면 화를 내셨다. 물론 빈곤한 기억으로부터 연유한 것이겠지만 나는 적어도 아버님의 그런 면은 존중한다. 빈곤은 자의가 아니지만 검소함은 자발적일 수 있다. 세상의 물질을 아끼는 것은 당연한 것이다. 어차피 우리는 너무 많은 에너지를 소비하고 있다. 그래서 밥상 앞에서 죄송스러운 마음인 것이다.

세상은 풍요로운 먹을거리로 넘쳐난다. 식량과 식재료에 해당하는 것을 생산하는 기업들은 더 크고 많고 고소하고 달콤한 음식을 선보인다. 당연히 농업은 공장 생산 단위의 규모와 방식을 마련하다. 시각적으로 깨끗한 채소와 육류, 가공식품은 우리들의 식탁을 점령하고 있다. 물론 그 속과 본질까지 청정하지 않다는 사실을 우리들은 알고 있지만 먹는 문제 앞에서 일단 생각은 시각을 뛰어넘지 못한다. 무엇보다 도시에서 살아가는 대부분의 사람들은 선택권이 없다. 그리고 비만은 사회적 전염병이 되었다.

의식주를 인간사의 기본이라 학교에서 배웠는데 도시에서 농촌으로 회귀한 것은 어쩌면 그 평범한 진리에 조금 더 다가서기 위한 발걸음일 것이다. 세상을 살아가는 데 그렇게 많은 것이 필요한가? 많은 것을 소유하고 소비해서 더 행복한가? 더 소유하기 위한 노력만 소중한 것이 아니라 덜 소유하고 조금 더 행복해지는 방법을 생각하는 것도 소중하다.

차돌박이는 기름이 많다. 남은 기름과 잔밥을 비볐다. 고양이나 개가 먹게 될 것이다. 이곳에서 음식물 쓰레기는 최소화된다. 채소를 다듬은 것은 염소와 소를 주고 남은 음식은 개와 고양이 몫이다. 우리집 밥상은 대부분의 경우 식사가 끝이 나면 모두 빈 그릇이다. 그리고 우리는 현재 행복하다.

소유와 소비에 관한
영화 같은 생각

　　권정생 선생의 유언장을 본 것은 우연이었다. 이웃 블로그를 방문했다가 대뜸 시작되는 스캐닝받은 편지지의 글을 약간 힘들게 읽어내려갔다. '어쩌면 권정생 선생의 유언장이겠군'이라는 생각을 했다. 왜냐하면 유언장을 그렇게 쓸 수 있는 사람은 한글 문화권에서는 권정생 선생 이외에는 희박하기 때문이다. 내가 가진 정보로는 그렇다. 외람되지만 나는 선생이나 선생님 같은 존칭을 붙이지 않고 권.정.생으로 표기하겠다. 권정생은 한 사람의 이름이 아니라 하나의 고유명사이자 삶의 태도에 관한 하나의 대명사이기 때문이다.

> 내가 죽은 뒤에 다음 세 사람에게 부탁하노라.
> 1. 최완택 목사 민들레교회
> 이 사람은 술을 마시고 돼지 죽통에 오줌을 눈 적이 있지만 심성이 착한 사람이다.
> 2. 정호경 신부 봉화군 명호면 비나리
> 이 사람은 잔소리가 심하지만 신부이고 정직하기 때문에 믿을 만하다.
> 3. 박연철 변호사
> 이 사람은 민주변호사로 알려졌지만 어려운 사람과 함께 살려고 애쓰는 보통사람이다.

우리집에도 두세 번쯤 다녀갔다. 나는 대접 한 번 못 했다.

위 세 사람은 내가 쓴 모든 저작물을 함께 잘 관리해주기를 바란다. 내가 쓴 모든 책은 주로 어린이들이 사서 읽는 것이니 여기서 나오는 인세를 어린이에게 되돌려주는 것이 마땅할 것이다. 만약에 관리하기 귀찮으면 한겨레신문사에서 하고 있는 '남북어린이 어깨동무'에 맡기면 된다. 맡겨놓고 뒤에서 보살피면 될 것이다.

유언장이란 것은 아주 훌륭한 사람만 쓰는 줄 알았는데 나 같은 사람도 이렇게 유언을 한다는 게 쑥스럽다. 앞으로 언제 죽을지는 모르지만 좀 낭만적으로 죽었으면 좋겠다. 하지만 나도 전에 우리집 개가 죽었을 때처럼 헐떡헐떡거리다가 숨이 꼴깍 넘어가겠지. 눈은 감은 듯 뜬 듯하고 입은 멍청하게 반쯤 벌리고 바보같이 죽을 것이다. 요즘 와서 화를 잘 내는 걸 보니 천사처럼 죽는 것은 글렀다고 본다. 그러니 숨이 지는 대로 화장을 해서 여기저기 뿌려주기 바란다.

유언장치고는 형식도 제대로 못 갖추고 횡설수설했지만 이건 나 권정생이 쓴 것이 분명하다. 죽으면 아픈 것도 슬픈 것도 외로운 것도 끝이다. 웃는 것도 화내는 것도. 그러니 용감하게 죽겠다. 만약에 죽은 뒤 다시 환생을 할 수 있다면 건강한 남자로 태어나고 싶다. 태어나서 25살 때 22살이나 23살쯤 되는 아가씨와 연애를 하고 싶다. 벌벌 떨지 않고 잘할 것이다. 하지만 다시 환생했을 때도 세상엔 얼간이 같은 폭군 지도자가 있을 테고 여전히 전쟁을 할지 모른다. 그렇다면 환생은 생각해봐서 그만둘 수도 있다.

- 2005년 5월 1일 쓴 사람 권정생

권.정.생.

생각과 실제 삶을 일치시킨 보기 드문 사람이다. 2007년 5월 17일에 선생은 이 세상을 떠났다. 서가에 권정생의 책뿐만 아니라 소로의 『월든Walden』으로 시작해서 니어링 부부의 책 등, '어떻게 살 것인가?'에 대한 암묵적인 방향의 책들로 장식된 집들은 많이 있을 것이다. 하지만 책은 책이고 현실에서의 우리 삶은 그 수준의 실천을 감당하기 힘들다. '실천을 감당하기 힘들다'라는 표현은 사실 자기 자신에 대한 관대함이다. 현실에서는 책에서 공감했던 내용과 정반대의 논리로 작동할 때가 많을 것이다. '나의 이익'과 '나의 소유'가 증가하는 경우 엄정한 잣대는 버리는 것이 정신건강에 좋기 때문이다. 적어도 '나는 나의 재산을 나쁜 곳에 사용하지는 않을 것이니까'라는 비교우위로 스스로를 설득한다.

그래서 권.정.생이다.

'말과 글'로 감화를 줄 수 있는 허명虛名 가진 사람은 지천이지만 기회가 있어 그 사람들과 가까이 하다보면 그들이 내가 생각했던 것보다 너무 많은 것을 '소유'하고 있어 속으로 놀랄 때가 종종 있었다. 더 놀라운 것은 그들이 자신이 가진 것을 양보하거나 포기할 기미가 보이지 않더란 사실이다. 허명. 실속 없는 헛된 명성. 허명 뒤의 '뒷담화'는 항상 풍성했고 그 대부분은 사실인 경우가 많았다. 그래서 권.정.생은 특별하다. 생각과 실제 삶을 일치시킨 보기 드문 사람.

〈가족의 탄생〉이라는 썩 괜찮은 영화를 만든 김태용 감독이 베트남 1800킬로미터를 종단하는 이야기를 담은 다큐멘터리를 EBS에서 보았다. 베트남 1800킬로미터를 종단하는 길에 '사파'라는 곳에서의 이야기를 보았다. 사파는 해발 1600미터에 위치한 고산촌이다. 이른바 문명의 손길이 미치지 않은 곳이었다. 그러나 TV에 나올 지경이면 어떻게 되었겠는가? 그들의 농경문화와 민속유산은 관광자원이 되었고 어쩌면 그들의 노동은 관광객들에게 보여주기 위한 하나의 '설정'이 된 상태였다. 원래는 맨발이 었지만 돈을 알고 난 이후 신발을 신었다. 그 신발은 수입 정도에 따라 브랜드별로 구별되었다. 신발을 신지 않았을 때 그들은 가난해 보이지 않았다. 그러나 신발을 신고 나자 남루해졌다.

이제 그들은 가난을 알게 되었다. 김태용 감독은 그것을 안타까워했고 상황은 이미 끝이 났다. 당연하게도 라다크의 과거와 현재, 미래를 다룬 『오래된 미래 Ancient Futures』라는 책의 반복이었다. 가난을 인식하게 되면 전혀 다른 차원의 불행을 경험하게 된다. 어쩌면 많은 시간이 흐른 후에 그들 소수민족 출신의 어느 지식인이 '자발적 가난'이라는 개념을 받아 안고 고향에서 분투하게 될지도 모를 일이다. 자발적이지 않아도 가난할 수 있는 기회는 끝나버린 것이다.

소유하기를 포기한다는 것은 영화 중에서도 공상과학 영화 속 이야기보다 더 현실성이 떨어지는 소리이다. 인간은 지구상의 어떤 생명체보다 많은 것을 소유하고 있지만 대부분 자신의 소유 정도에 대해 만족하지 못할 것이다.

나는 집을 소유하고 있지 않다. 나의 의지로 그런 것이 아니라 지금까지 그럴 만한 경제 수준을 누려본 적이 없다. 사는 마을로 들어서는 큰 길 입구에 있는 슈퍼마켓을 아주 가끔 들릴 때가 있다. 필요한 것만 사서 나오려 해도 늦은 밤 시간이라 주인아주머니는 나에게 물어온다.

– 어디 놀러왔소?

— 아닙니다. 상사마을에 삽니다.

— 아, 그 나무로 종구로 지어놓은 집 사람이구먼.

아주머니가 보기에 농사짓는 사람으로 보이지 않고 젊은 편인데 관광객 모드로 보이지 않으니 궁금하신 게다. 간혹 그림엽서 같은 이곳에서 그림 같은 집을 지을 생각이 없느냐는 이야기를 듣곤 한다. 그러면 나의 대답은 항상 똑같다.

— 저요? 돈 없습니다.

풍광 좋은 이곳의 땅에는 하루가 다르게 곳곳에서 '저 푸른 초원 위에 그림 같은 집들'이 건축되고 있다. 원하는 땅에 원하는 형식의 집을 지을 수 있는 경제력이 있다면 나 역시 그림 같은 집을 짓고 살게 될까? 간혹 스스로에게 던져보는 질문이다. 자문 앞에 자답은 항상 갈팡질팡한다. 형편이 되면 그렇게 사는 것이 특별히 부끄러운 일은 아니겠지만 상상만으로도 그런 나의 모습이 좀 어색하다. 또는 불편하다. 또는 거짓말이거나. 거짓말이라 해도 절대 다수의 사람들은 나의 이런 자세를 비난하지 않을 것이다. 욕구와 소유는 본능의 영역에 속한다는 암묵적인 동의가 있기에. 나는 권정생이 아니기 때문이다.

— 아니, 살다보니 일하고 일하다보니 들어오는 돈을 어떻게 하란 말입니까? 버립니까?

권.정.생의 사진에서 나는 항상 그 어떤 '세련'도 발견하지 못했다. 가난해도 치장은 가능하다. 특히나 그것이 지식인의 경우, 진보적이라는 평가를 받는 지식인에게도 그런 세련을 구사하는 센스를 자주 보았다. 문화적 취향이고 그것을 즐긴다. 찻잔 하나, 서가의 책상, 책장 등에서 그런 취향은 숨길 수 없이 나타난다. 기회가 주어진다면 그들도 저 푸른 초원

구례장터.
장터에서의 소비와 지출은 항상 겸손하다.

위에 그림 같은 집을 짓고 명품은 아니지만 손으로, 몸으로 무엇인가를 꾸밀 것이다. 그들의 주변이 그러하고 관계의 수준이 그러하다. 문제는 그 수준. 수준은 필연적으로 '그 수준의 소유와 소비'를 발생시킨다. 그렇다면 권정생은 수준이 낮거나 그 자체가 없는 사람이란 말인가? 아니다. 수준의 문제가 아니라 차원이 다른 사람이다. 많은 예술 장르의 정점에 이름을 올린 사람들은 선천적인 재능을 타고난다. 권정생은 선천적으로 '무소유'라는 재능을 타고났다. 그것은 분석하거나 따라할 수 있는 일이 아니다. 무소유를 위해 노력하거나 소박해지자는 슬로건을 주장할 필요도 없다. 개인적으로 그런 책이나 말씀을 대하면 우습다는 생각을 한다.

― 뭘 노력을 해? 노력 안 해도 이미 가난한데.

직접 키운 채소를 먹는 일은 이제까지와는 전혀 다른 차원의 삶이다.

없는 사람들이 그것을 위해 노력할 필요도 없는 것이고, 있는 사람들이 그렇게 바뀔 이유도 없다. 사람들이 자신의 처지에 대해 특별히 불편함을 느끼지 않거나 부끄러움으로 생각하지 않는다면 그냥 그렇게 제 처지대로 살면 되는 것이다. 없는 자가 있는 자를 부러워하지 않는데 다툴 일은 없는 것이다.

존경하는 마음을 결정하는 것은 절대평가를 기준으로 하고 내 삶의 방식을 결정하는 것은 상대평가가 가름한다. 이것은 권정생을 존경하면서도 동시에 내가 권정생처럼 살지 않아도 되는 근거이기도 하다. 나는 이 두 가지 기준이 하나로 일치되지 않는 한 세상은 근본적으로 변화하기 힘들다고 생각한다. 꿈속에서나 가능한 이야기이고 영화에서나 만들어지는 이야기다. 그것은 자본으로부터 자유로울 수 없는 언론이 통제와 광고 없이 객관적 사실만을 보도할 수 있을 것이란 망상과 같다. 그것을 모르는 사람은 거의 없다. 하지만 하루 중 열두 시간 정도는 자신이 알고 있는 뻔한 진실을 망각하고 매체를 들여다본다. 우리가 취하고 있는 정보의 99퍼센트는 이미지로 채워지고 판단과 선택은 형편없는 질과 수준에서 이루어지고 있다. 문제는 수준이 아니라 차원이다. 그런 것 같다.

다수가 가난할 수밖에 없는 시스템이니 부富에 대한 시선은 곱지 않다. 곱지 않은 시선과 시신경으로 연결된 라인을 따라가보면 결국은 부를 열망하는 심장 하나와 만나게 된다. 그 심장박동 소리가 가까이서 들리네. 어, 내 심장이네… 세상을 욕하면서 그런 세상이 자신에게 기회를 부여한다면 거부하지 않을 것이다. 내가 아니면 내 자식이라도 밀어올려보겠다고 아등바등거리는 것이 대부분 우리들의 삶이다. 왜 '대박'이라는 용어가 일반적이고, '부자 되세요'라는 인사가 덕담인가. 미디어가 조장한 것? 그것뿐인가? 남편이 죽었는데 십 억을 받았다는 보험광고와 카드 연체시키면 집구석 결단 나니 아빠 힘내라는 광고를 별 거부감 없이 받아들이는 사회에서 자신이 가진 것을 포기하거나 줄여보자는 권고는 미친 소리이거나 멋있는 척하는 소리일 것이다.

 줄이고 포기할 것이 없다는 아우성을 먼저 들을 수 있을 것이다. 뾰족한 수가 없다보니 사는 대로 살아갈 수밖에 없다. 이 악순환은 결국 생각한 대로 살아보는 것을 단 하루도 해보지 못하고 사는 대로 생각하게 될 것이란 폴 발레리의 악담을 실현하는 것이다. 우리보다 훨씬 많이 가진 자

처음 무를 수확하고 우리는 어떻게 저장을 해야 할지 난감했다. 사실은 저장할 필요도 없는 생산량이었지만.

들의 축적과정과 승계가 정의롭지 않은데 겨우 먹고사는 우리들에게 가혹한 잣대를 들이대는 것은 잔인한 일이기도 하다. 하지만 우리 자신의 삶의 차원을 달리하기 위해서는 상대평가라는 잣대를 버리고 가끔은 절대평가라는 잣대를 적용해보는 것도 필요하지 않겠는가.

당장 무엇을 어떻게 전환하자는 것이 아니라 적어도 가끔 들이대는 절대평가 잣대를 통해 아이를 학원에 보낼 것인가 과외를 시킬 것인가, 대안학교를 보낼 것인가 특목고를 보낼 것인가, 지하철을 탈 것인가 승용차를 탈 것인가, 금년 어머님 생신에 십만 원을 쓸 것인가 백만 원을 쓸 것인가 등과 같은 고민과 결정 말고 뭔가 다른 근본적인 질문이 가능하지 않겠나. 꼭 같은 곳에서 줄을 서야겠나.

결론적으로, 상대평가에서 많이 가난한 나조차 절대평가에서는 소유하는 것이 너무 많다. 내가 코끼리보다 더 많은 에너지를 소비해야 하는 생물학적 근거는 없는데 과소비하지 않으면 불편은 물론이고 굶어죽게 된다. 많은 사람들이 글과 말로 해온 소리들이지만 그것들은 나에겐 전혀 가치가 없다. 소유의 허망함을 권하는 글과 소리 들조차 책은 책이고 현실은 현실이었던 것이다. 그래서 중요한 것은, 신선하지 않은 소리라도 내 안에서 스스로 '나는 너무 많은 것을 소유하고 있다'라는 자각이 생길 때, 바로 그때가 중요한 것 같다. 오늘 이렇듯 제법 '주장'에 가까운 '권고'를 무리하게 주절거리는 이유 또한 내 안의 바람風이 잠시 지나가는 계절풍은 아닌 탓일 게다.

중요하지는 않지만 우리집 최근의 난제 중 하나는 '우리도 에어컨을 살까?'이다. 물론 비축된 자금은 없으니 최근 진행하는 일이 끝나면 우선지출 순위를 잡을 것인가 말 것인가 하는 결정이 남아 있는 것이다. '우리까지 에어컨을 설치한다면…' 이것이 내 머릿속에서 머무는 한 줄 화두이다. 그렇게 되면 우리집은 더 많은 화석연료를 소비하게 되고 뭔가 더 많은 재화를 소유해야 한다. 이장댁 에어컨은 남극의 빙하를 조금 더 빨리 녹게 만들 것이고 귀신고래 한 마리 정도는 더 죽이는 결과를 초래할 것이다. 편리를 향한 달콤한 유혹이 가능한 것은 내 눈앞에서 북극 빙하가 녹는 것도 아니고, 그 고래가 내 눈앞에서 죽는 것도 아니기 때문이다. 상대평가라는 잣대를 들이대면 문제없는 것인데 절대평가라는 잣대를 들이대면 결정이 쉽지 않다. 윤리적이지 않다. 혼자 '지랄'을 하는 것이다.

하지만 스스로 어떤 대목의 소비가 윤리적이지 않다는 생각이 드는 순간 불편해지는 것 또한 사실이다. 사무실에는 에어컨이 있다. 사무실은 컨테이너 박스와 같은 재료로 지은 구조물인데 한여름 오후가 되면 실내온도가 섭씨 45도 정도까지 올라간다. 일을 할 수 없다보니 그렇게 되었다는 합리화를 한다. 그렇다면 에어컨이 필요 없는 친환경적인 사무실을 짓는다면 해결되겠지만 그럴 여유는 없다. 이것은 웃기는 악순환이다. 그래서 역시 절대평가라는 잣대를 나 스스로에게는 들이대지 못한다.

생각해보면 지리산 자락으로 내려와서 많은 실수를 저질렀다. 가장 큰 실수는 '농촌'을 '개조 대상'으로 바라본 나의 기본 시각이었다. 그런 시각은 이른바 '세련되지 못한' 몇몇 감각들과 일 진행방식에 관한 안타까움에서 출발한 것이었지만 근본은 교만이고 착각이다. 평생을 살아왔던 그 많은 도시의 마을들을 개조해볼 생각을 과연 단 한 번이라도 했었는가? 없었지 않은가? 왜? 문제점이 없어서? 대한민국 문제점 100가지

중 99가지는 도시에 있지 않은가? 선의로 위장한 나의 카운슬링은 궁극적으로는 개발을 부추기는 작용을 했을 것이다. 실제 그런 의도였기도 했다. 왜? 도시나 이곳이나 사람들의 주요한 관심은 좀더 많은 소유에 있기 때문이다.

아주 간혹 일부 방문자들이 '이런 좋은 곳을' 더 좋게 하는 방안을 이야기할 때 그들의 모습에서 나를 보았다. 그것을 깨닫는 순간 약간 섬뜩한 기분이 들었다. 나의 말을 들어주었던 제법 많은 사람들은 나의 입을 보면서 무슨 생각을 했을까? 귀촌 사 년을 맞이하면서 나의 가장 큰 변화는 이른바 반성장론자에 가까운 인식으로 바뀌었다는 것이다. 원리주의나 교조적인 입장, 학습에 의한 결과가 아니라 내 눈앞에서 소비되는 그 무지막지한 낭비를 지켜보는 것에 질려버렸다.

어쩌면 나는 조금씩 '제법 피곤한' 사람으로 변해가는 과정에 있는지도 모른다. 이전에 내가 피곤하게 여겼던 생각들, 예컨대 나의 에어컨이 북극의 빙하를 더 빨리 녹게 만들 것이란 생각 같은 것을 진지하게 고려하기 시작한 것이 그렇다. 자전거를 버리지 못해 안달이었는데, 살림집을 읍내에서 시골로 옮기면 나는 가까운 거리는 자전거를 이용할지도 모른다. 고려 단계이니 발설은 성급하지만 내 스스로 그럴 필요성을 느낀다.

이번 봄부터 마누라가 채취해온 나물 등속으로 음식을 장만하면서, 텃밭에서 대부분의 채소를 해결하면서 '우리가 살아가는 데 꼭 필요한 물질이 과연 무엇인가'라는 질문을 자주 하게 된다. 화폐를 주고 필요한 물건을 확보하는 비율을 줄여나가야 할 것이다. 더 많이 벌기보다, 더 적게 벌어도 되는 쪽으로 생각은 이동한다. 결국 이런 과정을 통해 세상을 운영하는 시스템의 영향으로부터 조금이라도 멀어지기를 원한다. '그들'

말린 고사리보다 생고사리가 훨씬 맛있었다. 봄이 오면 뒷산에는 고사리가 지천이다.

또는 '그 생각들'로부터 적게 영향받고, 나의 소유와 소비가 그들과 그 생각들에 이익을 안겨주는 결과를 줄이고 싶다. 그러면 세상은 긍정적인 방향으로 망하게 될 것이다. 결과적으로 세상과 불화하게 될 것이고, 세상과 불화하는 사람이 증가할 수 있도록 말하고 글 쓸 것이다. 그런 언행에 대해 지속가능한 삶 또는 자급자족 같은 용어를 동원해서 나를 규정하는 일 따위에는 관심이 없다. 내가 말했던 반대편의 생각이 세상을 움직이는 것이 마음에 들지 않으니 그렇게 표현하는 것이다. 그 과정에서 내가 의무로 생각했던 많은 부분들을 수행할 능력은 현저하게 줄어든다. 소유하지 않으면 그 의무를 수행할 수 없고 내 생각은 점점 소유로부터 멀어지는 추세이니 이 차이는 쉽지 않은 고민을 안겨준다. 힘겨울 것이다. 오랜 시간 동안 생각과 현실이 모순되는 삶을 지속할 수밖에 없을 것이다. 하지만 점점 더 적게 소유하고도 점점 더 행복해질 수 있는 방법을 찾고 싶다. 그것은 현실이 영화처럼 되는 그런 과정이리라.

> 생각은 생각대로, 현실은 현실대로 돌아갈 것이다. 하지만 생각은 항상 현실에 패배했었지.

영화 〈키 라르고〉에서 험프리 보가트가 주절거린 말이다.

땅과 말씀의 아포리즘
– 지정댁과 대평댁 그리고 국밥집에서

2007년 5월, 지정댁과 대평댁을 만나다.

읍내에서 토지면 오미동으로 사무실을 옮기면서 한 가지 문제가 발생했는데, 담배를 피울 수 있는 장소가 마땅치 않은 것이다. 이게 무슨 귀신 씨나락 까먹는 소린가? 사무실은 금연이다. 지리산닷컴 K형은 담배를 피우지 않는다. 그래서 일곱 평 사무실에서 내가 담배를 피우는 만행을 저지를 수는 없다. 그러면 밖으로 나와서 피워야 하는데, 시골 정서라는 것이 갑자기 등장한 젊은 놈(시골에서 사십 대는 영계와 다름없다)이 마을 길에서 담배를 피우는 모습은 아름답지 않을 뿐만 아니라 '마을에서 말이 나올' 풍경이다. 그래서 사무실에서 스무 걸음 이내에 있는 지정댁에게 부탁을 했다. 사정이 이러하니 엄니 댁 마당을 흡연실로 해도 되겠냐는 나의 청을 들은 지정댁은 "참으로 반듯하구만"이라는 수식어를 하사해주셨다. 그리고 자신의 대문간 외부화장실에서 일상적으로 똥을 싸도 좋다는 보너스까지 보태주셨다. 흡연실 여쭤보러 갔다가 화장실 문제까지 해결한 것이다.

이렇게 해서 지정댁 마당을 자주 들락거리다보니 지정댁과의 대화는 일상이 되었다. 나는 간혹 장날이면 지정댁의 김 기사가 되어 읍내로 모시고 나가고, 서로간의 계산은 정리가 되는 것이다. '드라이빙 미세스 지정댁'이다.

대평댁은 상대적으로 사무실 왼편의 밭을 가로질러 가야 하기 때문에 지정댁을 방문하는 것에 비하면 30퍼센트의 방문률 정도를 유지했다. 지정댁보다 대평댁이 연세가 더 많으시다. 고백하건대 나는 '대평댁의 손가락'이었다. 전화를 대신 걸어드려야 했다. 열에 열한 번은 서울의 자식들에게 전화를 거는 일인데 나의 등장으로 인해 대평댁의 '폰 라이프'는 한결 원활해진 것이다. 그 일에 대한 대평댁의 감사한 마음은 주로 '적(전 또는 지짐)'을 굽는 것으로 표현되었다. 문제는 대평댁이 전을 굽는 시간이 대중 없고 사이즈가 좀 심하게 넓다는 점이다.

나는 주변 사람들에게 '좌 대평, 우 지정'이라고 말하곤 했다. 두 엄니는 분명히 '좌 청룡, 우 백호'에 버금갈 만큼 나에게 많은 도움을 주신 분들이다. 그런 인연으로 두 분은 지리산닷컴의 편지에 자주 등장하신다. '엄니'라고 두 분에게 호칭하지만 실질적으로는 나의 시골살이 '베스트 프렌드'다.

2007년 8월 3일.

도라지꽃 주인은 광주 큰 병원으로 가셨다. 새벽부터 저녁까지 밭과 들판에서 노동을 멈추지 않았다, 스스로. 근자엔 아침마다 토지면의 용하다는 한의원으로 침을 맞기 위해 걸음을 하셨다. 오른쪽 어깻죽지가 천근만근이었던 것이다. 당신의 마당에서 매일 오전 벌어지는 대화.

- 아, 좀 쉬시라니깨!

- 상추 조까 뜯어 갈란가?

저녁에 전화를 드렸다. 광주 큰 따님이 받았다. 수술은 잘되었다. 가시면서 나에게 남기신 당부는 이러했다.

- 비 오믄 우리 꼬치 좀 넣어줄란가.

2007년 8월 16일.

지정댁은 새벽 잠결에 리모컨을 잘못 눌러 TV가 나오지 않았다. 이른 아침에 나를 보시고 유난히 반색하신다. TV 전원을 켜고 상단 귀퉁이에서 깜박거리는 '비디오1'이라는 사인을 보고 신묘한 손놀림으로 '비디오2'를 지나 단 두 번의 터치로 지정댁의 '테레비'를 소생시켰다. 지정댁은 비디오 또는 DVD플레이어가 없다. 비디오플레이어를 가지고 있어도 사실 무용지물이다. 30가구 마을에서 비디오 가게를 개업할 사람은 이후에도 없을 듯하다. 따라서 TV 리모컨의 그 많은 버튼들은 지정댁에겐 열에 아홉은 불필요하다. 지정댁의 핸드폰 뒷면에는 전화번호가 딱 네 개, 종잇장에 씌어 찰싹 붙어 있는데, 지정댁은 두 아드님과 두 따님을 두고 있다. 맥가이버는 어깨에 힘을 주며 아침 담배연기를 날렸고 비닐에 담겨 있는 풋마늘을 만지작거리며 물었다.

— 엄니, 나 이 마늘 몇 개 가져가도 될 거나?

— 먼 마늘? 쪽파 모종이여. 아 그런 것도 모른당가.

지정댁 얼굴에 의기양양한 웃음이 번지는 것을 보았다. 역시 그냥 입 다물고 있어야 했던 것이다.

2007년 9월 17일.

월요일 지리산닷컴 편지가 도착할 즈음이면 제주도를 쑥대밭으로 만든 태풍 나리는 한반도를 벗어난 다음일 것이다. 이미 이틀 동안의 비와 바람으로 일부 들판의 벼는 쓰러졌다. 일요일 늦은 열 시 삼십 분. 아직 사무실이다. 바람이 몇 시간 사나웠고 지금은 별이 총총하다. 들판은 묵墨바다이니 상황을 알 수 없다. 출렁이는 황금빛 가을 들판을 상상하기엔 아직

이르고 인간은 거대한 힘 앞에서 너무 무력하다. 당신이 지난 가을에 어느 들판 길을 가로질러 그 황금빛 물결 속을 유영했다면 그것은 그 모습을 가능하게 한 늙은 농부의 피나는 노동 덕분이라는 것을 알아야 한다. 바라보아서 아름다운 것은 그것을 지키기 위한 각고의 노력을 전제로 한다.

- 엄니, 오늘 밤에 태풍이 여수로 올라온다네요. 큰일이요.
- 하이고, 흘 수 없제. 하늘 흐잔 대로 흐야제 벨 수 있단가.

2007년 10월 4일.

열무를 내려다보다가 지정댁이 독백했다.

- 마루 밑에 신발 신 두 커리 있을 때 돈 못 챙기믄 그 담서부텀은 심들어.

자식 생기고 돈 모으기는 이미 늦다는 말씀. 딱히 대꾸하지는 않았다. 하지만 지정댁의 소리는 계속 나를 바라보고 있었다.

2007년 10월 10일.

지정댁이 마지막까지 밭에서 거두어들인 고추가 오십 근 넘게 나왔다. 자식들 보내주고 김장 200포기 이상 담그려면 스무 근 정도 더 사야 한다. 경제와 살림 이야기로 담배 한 개비가 금세 공중으로 사라졌다. 그러나 이야기의 끝은 항상 이만하기 다행이고 족하다는 것으로 마감한다. 돌아서 나오다가 며칠 전부터 물어보려고 했던 일이 생각나 목에 각을 좀 세우고 약간 사납게 물었다.

- 지정 엄니, 엄니가 형한테 내 배추농사는 엄니 입으로 짓는다 했소?
- 그래제. 나 시킨 대로 허잖여.

밤중에 다시 몰래 와서 지정댁 감나무를 사정없이 흔들어버려야겠다.

2007년 10월 11일.

　　대평댁과 지정댁이 큰소리로 싸운 것이 보름은 지났다. 두 집은 지리산닷컴의 좌대평과 우지정으로 자리하고 있고 나는 두 집을 모두 들락거린다. 대평댁 마당의 홍시를 따기 위해 대나무 작대기를 잡고 씨름 중인데 대평댁이 소리한다.

　　— 지정댁은 몬차 와서 잘못혔다 소리를 안 흐까? 입 달린 사람은 다 지정댁은 그러는 거 아니라고 소리를 허는디. 행이나 지정댁한테 가믄 이런 소리는 허들 말어. 자네는 입 안 달린 겨.

　　— 예.

　　다음날 지정댁 마당에서 담배를 피우는데 지정댁이 소리한다.

　　— 대평댁은 그러고는 나한테 말을 안 혀. 입 달린 사람은 다 대평댁은 그러는 거 아니라고 소리를 허는디. 대평댁한테 가믄 절대 이 소리는 허들 말어. 자네는 입 없는 겨.

　　— 예.

대평댁이 고구마순을 다듬고 있고, 지정댁이 고추를 말리고 있다.

입 달린 사람들이 누군지는 뻔한 것이고, 두 집에서 소리한 입들은 모두 같은 입들이 틀림없다.

2007년 10월 24일.

영화 〈황산벌〉에서 전라도 사투리 '거시기'에 대한 장면이 나온다. 그래서인지 서울에서 내려오는 손님들은 가끔 물어온다. 정말 '거시기'라는 표현을 자주 사용하는지. 많이 사용한다. 특히 오늘은 정말 '거시기의 날'이었다. 부산, 서울, 산행을 하느라 사무실 이웃들의 가을걷이를 도와주지 못했다. 화요일 해거름에는 급기야 지정댁의 다급한 SOS가 타전되었다.

사무실 창문을 두드리며 밖에서 큰 소리로 말한다.

- 거시기, 내 오도바이가 거시기되얐는디 네 거시기로 거시기 한번 혀줄란 가?(번역: 어이, 내 전기오토바이가 고장났는데 자네 차로 나락 한번 옮겨 줄 수 있나?).

지정댁의 마지막 단지 논을 수확한 벼를 말려서 한 가마니씩 길가에 세워놓았다. 이것을 차로 집까지 옮겨드리는 미션이다. 트렁크에 두 가마니, 뒷좌석에 한 가마니 해서 두 번을 나르고 미션은 끝이 났다. 해는 지고 온 마을이 쌀가마니 운반하는 경운기와 오토바이, 수레로 정신이 없다. 쌀가마니 옆에 쪼그려 앉은 지정댁이 차창 밖의 다른 아주머니에게 소리 한다.

- 거시기, 나 거시기 혀놓고 갈 텐께 자네도 거시기 혀놓고 거시기로 와잉!(번역: 어이, 나는 창고에 쌀 부려놓고 갈 테니까, 당신도 쌀 부려놓고 다시 논에서 보자고.).

- 거시기 빼고는 말씀이 안 돼요?
- 왜 거시기헌가?(번역 : 이건 좀 어렵다. 두 가지 의미가 있다. ① 왜? 알아 듣기 힘들어? ② 왜? 아니꼽냐?)

2007년 11월 12일.
마을에 뭔 일이 있는 것인지 하루 동안 세번째 떡을 담은 접시가 사무실 창을 통해 전해졌다. 대평댁이었다. 나에게 전해준 손은 오른손이었고 왼손은 뒤로 감추고 있다.

- 대평 엄니, 그 뒤로 감춘 건 뭐요?
- 언제… 암껏도 아녀….

대평댁 왼손엔 다른 떡 그릇이 하나 더 들려 있었고 지정댁 마당으로 들어간다. 달포 전에 싸운 뒤로 말도 하지 않더니, 내가 화해하시라 그렇게 일러도 두 분 모두 꿈쩍도 하지 않으시더니, 떡 그릇을 들고 가? 지정댁 마당에 들어서는 대평댁 등 뒤로 고함을 질렀다.

- 아, 그 집을 왜 들어가시요? 펴엉생 말 안 하고 살지!

대평댁은 대꾸가 없고 마당에서 참깨 두드리던 지정댁이 소리 한다.

- 엠뱅허고 자빠졌네. 말 안 허고 워쩌케 살어!

나 이런, 나 보고는 '자네는 입 안 달린 겨' 한 것이 언제라고….

2007년 12월 13일.
3일 장날에 차를 좀 타자고 하시니 해거름에 지정댁 마당으로 들어섰다.

- 낼 장에 몇 시에 나갈라요?

- 자네 나갈 때.

- 뭐 사실라고?

- 배추.

- 배추?

- 누가 좀 폴라고 혀서 이만 완 받고 냉기고 낭께 지(김장)꺼리가 모지랠 성 시푸네.

- 얼매나 사실라고?

- 한 사만 완은 허얄 것이여.

- 배추 지어서 이만 원에 팔고, 사만 원 주고 남 배추 사는 건 뭔 산수요?

- 그… 책으서 산수허고, 사는生 산수허고는 원래 달른 것이여.

2008년 2월 21일.
퇴근하려다가 지정댁 마당에서 나무 패는 소리가 들려 들어섰다.

- 아, 하루 종일 어디에 있었소?

- 잉, 노인정에. 글고 말이시… 그 거시기 리모콘이… 아니제 그 거시기…

- 핸드폰?

- 잉, 핸드폰. 그거이 말이시, 손자가 만져갖고 거시기가 나들 안 혀.

- 진동으로 했다고?

- 잉, 진동. 거시기를 좀 거시기 해줄란가?

- 소리 들리게 바꿔달라고?

- 글제, 당최 전화가 오는지 알 수가 있남.

- 그거 힘든 기술인데….

- 아, 좀 해줘!

진동 모드를 벨소리로 바꾸고 내 전화기에 입력된 지정댁 번호로 확인전화를 한 번 한다.
잠시 후 신호가 울리고 전화벨이 울린다.
- 하이고, 요로코롬 간단한 거이….
- 간단하다니요. 이게 얼마나 힘든 기술인데!
- 엠뱅허고 자빠졌네! 그거이 뭐가 심들다고!
- 그래요. 앞으로 김치냉장고 안 열리고 TV 리모컨 안 되는 거 나는 모르는 일이요!
- 호랭이 물어가겠네!
도끼로 쪼갠 나무를 아궁이로 던져넣는다.
- 내일이 보름이요.
- 그랴. 너물이라도 혀묵어야제. 혼차 살아도 그런 거슨 다 챙겨 묵어야 사람 구실 흐는 뱁이여. 워쨔, 내일 너물해서 점심밥이라도 흘란가?

2009년 7월 9일.
오후에 사무실로 들어오는데 지정댁 혼자 나무 아래 앉아 계신다. 간만에 지정댁과 대화를 시도한다.
- 엄니, 집은 언제 된다요?
- 몰러, 지그 맴이제.
한옥으로 집을 개축 중이라 지정댁은 이 개월 이상 허드레 공간에서 생활하고 있다. 계절도 계절이지만 피난살이 같은 살림살이가 노인에게는 힘들어 보인다.
- 참나무가 셋바닥을 내밍 거 본께 또 비 오겄네. 참말로 징허네.

사무실에 들어와서 일기예보를 살펴보니 아닌 게 아니라 일주일 분량이 모두 우산 아이콘이다. 참나무 '셋바닥'이 네이버보다 정확할 것이다.

2007년 8월 28일.
지리산닷컴 사무실이 놓여 있는 땅의 백여 평 밭을 나누어서 배추랑 무를 심기로 했다. 여름내 잡초 무성했던 땅을 일요일 아침에 트랙터로 갈아서 엎었다. 배추와 무를 함께 갈아 먹을 동지들 모시고 읍내 종묘상 가는 길에 깜박 잊고 음악을 끄지 않았다. 게이코 리의 〈I will wait for you〉가 나오고 있었다. 뒷좌석의 대평댁이 결국 한마디 하신다.
 - 먼 놈에 노래를 디져불 모냥으로 해쌌냐? 살기 오지게 심든 모냥이네.

2008년 3월 25일.
오전 10시쯤이나 되었을까? 좌측 방향에서 컨테이너 모서리부터 두드리고 오는 것을 보아하니 대평댁이다.
 - 여그 와서 괴기 쪼깨 먹어.
 - 예? 아침부터 뭔 고기요?
 - 아 잔소리 말고 언능 나와.
하던 일 접고 신발 신고 밭고랑 따라 쫄래쫄래 따라간다. 어제 잔칫집 다녀오셨는데 돼지수육이라도 얻어오신 모양이다. 그래도 아침에는 부담스러운데… 대평댁은 꽃이 피지 않은 배춧잎을 몇 주먹 따서 앞선다.
 - 쌈 싸서 묵으믄 괘안흐겄네.
대평댁 부엌. 삼겹살이 프라이팬 위에서 가득하니 익고 있다.

– 시방 아침부터 이것을 나보고 먹으란 말씀이신가?(방백).

– 어여 쪼깨 들어.

눈앞이 캄캄해진다. 원래 아침을 먹지 않는데 고기를 구워놓고, 그 양도 만만치 않다. 대략 몇 점 먹는 시늉하다가 일어서야겠다는 판단을 했다.

– 엄니도 같이 듭시다.

– 나는 금방 그만치 꿔서 묵었어. 자네 줄라고. 다 묵어.

– 아니 저….

– 자, 배추 쌈하고이잉.

먹자. 이미 구워진 것을 어떻게 하겠나. 그런데 이거 양이 장난이 아니지 않나.

– 밥도 조깨 흘란가?

– 아니요, 엄니 이따 점심 먹어얀께….

– 머슬 시방 벌린 짐에 기냥 다 해결해뿔어.

– 그럼 아주 쪼끔만 주세요. 쪼끔요.

머슴밥이 담겨 나온다. 각오는 했지만 너무 가혹하다.

– 묵고 모지래믄 더 도라고 혀.

오전 열 시. 절반은 타버린 유럽풍 베이컨 스타일의 삼겹살. 그리고 고봉밥.

2008년 4월 18일.

동네 한 바퀴 하면서 사진을 찍었다. 사무실로 돌아오니 늦은 두 시나 되었을까. 옷에 붙은 풀과 흙을 쓸어내고 사진을 집어넣는데 대평댁이

창밖에서 뭐라 소리를 한다. 문을 열고,

– 왜요 엄니?

– 이리 와. 언능 조용히 와.

음식인가보다. 각오를 다지며 대평댁 뒤를 쫄래쫄래 따라간다.

– 퍼지기 전에 잡사봐.

잡채다. 개인적으로 좋아하지 않는다. 가끔 시골 잔칫집 뷔페에서 잡채와 김밥에 집중하시는 할머니들을 이해하지 못하곤 했다. 역시 접시에 한가득 담는다.

– 엄니 좀만 주쇼. 밥 먹은 지 두 시간도 안 됐는데….

먹는다. 불어터진 잡채를 맛있는 표정으로 먹는다.

– 되야지괴기가 밑으로 싹 다 빠져뿌렀네.

돼지고기를 빌미로 2차 당면 공수가 감행되었다. 다시 한 그릇이다. 모두 비웠다.

– 쪼까 마셔.

큰 병 환타다. 본 지도 간만이다. 무지 달짝지근한 환타. 좋아하지 않는다. 마셨다.

– 여그 파적도 지져놨응께 한 장 묵어봐.

파전이다. 밀가루 7, 파 3 레시피의 대평댁 파전이다. 지난번에 맛있게 먹어드린 것이 역시 화근이었다. 대평댁 파전의 지름은 기본적으로 30센티미터는 된다. 이번에는 물리적으로 속도가 나지 않았고 아주 천천히 그 달짝지근한 환타까지 한 잔 더 부어서 천천히 이런저런 이야기를 하며 모두 먹었다. 배에 균열이 생기고 있는 것이 느껴졌다.

– 하이고 엄니 잘 먹었소. 다음에는 저 땜에 이런 거 준비하지 마쇼.

– 여그 떡 묵고 가.

– 예?

– 찰시리떡 쪼까 쪘응께 한 장만 묵고 가. 쩌번 참에 그 잡지 사진 크게 뽑아 줘서 고마워서 내가 준비한 거잉께.

– 언능 묵어.

대평댁이 김이 무럭무럭 나는 찜통을 막 연다.

지난번 아침 삼겹살 공세보다 더 검은 먹구름이 몰려온다. 다시 환타를 한 잔 부었다.

– 하이고 잘 마시네. 그 썬한 거 싹 다 마시고 가이.

두 엄니는 나의 시골살이 '베스트 프렌드'.

2007년 8월 22일.

장터 국밥집에서. 구석에서 혼자 아주 천천히 국밥을 드시는 할머니. 그 속도가 식욕과 연관이 있어 보였는지 주인아주머니가 묻는다.

— 혼자 드시니까 밥맛이 없소?

할머니는 주인장을 바라보지 않고 대꾸하신다.

— 내가 올해 팔십일곱이요. 내 나이 쉰일곱에 혼자 되야서 이제꺼정 혼차 밥 묵었소.

— 영감을 하나 구하지 그랬소?

— 하이고, 술구신 보내고 또 머더러 영감을 구한당가.

제삼자 입장이지만 나 역시 예정된 영감인 탓에 '구한다'라는 말씀에 고추가 유난히 맵다. 국밥값 계산하고 나서면서 삼십 년 동안 혼자 식사하신 할머니는 한 말씀 더 남기고 떠나셨다.

— 술구신도 한번썩은 짠헙디다.

2008년 4월 29일.

— 형님 거시기 콧잔등에 긁힌 거요?

— 술 묵고 올라온다고 긁어불데….

국밥집에서 영감 서넛이 모여 국밥에 소주를 곁들이며 하시는 소리를 듣고 있자니 이전에 국밥집 엄니가 하시던 소리가 생각났다.

— 썩을 영감들 영겁을 살아봐라 철드나!

2008년 9월 9일.

장터 국밥집.

세 분의 할머니가 맥주 한 병 놓고 이야기 중이시다. 가운데 할머니는 팔순은 넘어 뵌다.

    - 여그 얼매요?

    - 이천오백 원요.

호기롭게 천 원짜리 두 장과 동전 다섯 개를 꺼낸다.

    - 엄니 오늘 돈 많이 써뿔어서 어짠다요.

    - 아야, 큰 가게 가믄 이만 완도 쓴 적이 있는디야!

먼저 일어나셔서 길을 재촉하신다. 허리가 꼿꼿하시다. 국밥 그릇에 코를 처박고 있다가 남은 두 젊은 할머니들에게 물었다.

    - 저 엄니 연세가 어떻게 되세요?

    - 팔십…일곱 되시제.

자주 나오지 않는 매운탕감 생선이 보여서 샀다. 세 마리에 만 원이다. 부가세 환급받아서 만 원짜리 몇 장 있다. 나는 반성해야 한다.

2009년 2월 4일.

    - 어쩌 다 못 잡사?

    - 찔거(질겨).

느린 걸음으로 할머니가 국밥집을 벗어나신다. 뚝배기에 국밥을 말던 아주머니가 혼자 말씀을 하신다.

    - 저 어르신이 십 년 만에 우리집 고기가 질기시구나.

생선전을 벗어나는 할머니의 뒷모습을 바라보는 아주머니의 시선이 곱다.

장터 국밥집에서 우연히 만난 '타짜' 아저씨는

자신의 얼굴을 찍어달라고 말했다.

다음 장에 사진을 인화해서 국밥집에 맡겨두었다.

가끔 그가 궁금하다.

에필로그
내일은 조금 더
행복해질 계획이다

여전히 간혹 지인들은 나에게 묻는다.

– 시골에서 심심하지 않아?

나의 대답은 여전히 퉁명스럽다.

– 심심해보는 것이 소원이다.

나를 아는 대부분의 사람들은 내가 이곳에서 풍광 좋은 곳이나 찾아다니면서 사진 찍고 사이트에 글 올리는 것이 주요한 일이라고 생각하는 듯하다.

간명하게, 결코 그러하지 않다.

나 역시 매일 아침이면 촬영하러 나가고 오전에는 사진 정리하고 점심 먹고 글이나 쓰면서 하루를 보내고 싶다. 가끔 친구들이 찾아오면 숯불에 삼겹살이나 뒤집고 텃밭에서 내가 키운 채소로 디스플레이하고 그들이 들고온 와인을 마시며 긴 밤을 이야기로 채울 것이라는 상상도 했다. 또 그렇게 살고 싶어서 서울을 떠났다. 몇 번은 그렇게 하기도 했다. 그러나 그것은 여전한 나의 로망일 뿐이다. 현실은 그렇지 않다. 밥벌이는 때로 우리를 구차스럽게 만들지만 모든 우아한 가치보다 우선한다. 도시를 떠났다고 밥벌이의 괴로움으로부터 탈옥한 것은 아니다.

이곳에서 나의 하루는, 아침 여덟 시에서 아홉 시 사이에 겨우 눈을

뜨면 간단한 세면을 하고 바로 십 분 거리에 있는 사무실로 출근한다. 아침밥은 서울 시절의 버릇 그대로 먹지 않는다. 자연을 느끼고 생태를 생각하면서 향기로운 풀 향기에 취해 건강한 도보로 출근하는 것이 아니다. 주행거리가 20만 킬로미터를 훌쩍 넘은 낡은 차로 화석연료를 소비하면서, 아침 첫 담배를 물고 왼쪽 뺨으로 연기가 흐르도록 필터를 지그시 씹는다. 두 마을을 지나서 사무실에 도착한다.

화학재료로 지은 컨테이너박스형 사무실 창을 활짝 열어 환기를 시키고 커피물을 끓인다. 컴퓨터 두 대를 부팅하고 다시 담배 한 대를 피우고 '봉다리 커피'를 투하하고 의자에 앉는 것으로 실질적인 하루를 시작한다. 메일 확인, 지리산닷컴 확인, 살펴봐야 할 개인 서버의 몇몇 사이트들이 무사한지 체크한다. 답해야 할 메일은 바로 보내고 사이트와 블로그의 댓글은 보통 오후로 넘긴다. 그리고 모니터에 코를 처박고 당면한 과제를 처리하는 것이다.

지리산닷컴은 최소한 일주일에 다섯 장의 쓸 만한 사진을 필요로 한다. 이 풍광 좋은 지리산과 섬진강 사이의 마을에서는 쉽게 마련할 수 있지 않냐고 말한다면 나 같은 재주 없는 사람은 마음의 상처를 받는다. 쉽지 않다. 그래서 일주일에 한 번은 사진을 위한 소풍을 나가야 하지만 대부분 계획적인 사진을 찍지 못한다.

나는 아침마다 지리산닷컴 주민들에게 '행복하십니까' 라는 제목을 단 아침편지를 보낸다. 그 물음표 없는 질문은 나를 향한 것이기도 하다. 나에게, "행복하십니까?" 절대적 기준에서는 확신에 찬 대답을 못한다. 그러나 상대적 기준 즉, 이제까지 도시에서의 삶과 지난 사 년 동안 구례에서의 삶을 비교하자면 나는, 우리 부부는 명백하게 '조금 더' 행복하다.

서울에서나 이곳 구례에서나 여전히 일 속에서 허우적거리지만 삶의 결이 다르다는 것을 확연하게 느낀다. 이곳에서 나는 산과 강과 들과 사람들과 나무와 풀과 꽃들을 보는 것만으로 위로받고 치유받는다. 또 스스로 치유 가능한 에너지를 공급받는다. 이곳에서는 상처가 빨리 아문다.

얼굴 모르는 이들이 간혹 나에게 물어온다.
귀농이나 귀촌에 관한 고민이다. 나의 대답은 보통 두 줄기로 진행된다.

- 저는 표준이 아닙니다. 일반적이지 않아요.
- 그러나 너무 심각하게 생각하지 마세요. 다른 색(色)으로 한번 살아보는 것이지요.

구례로 거처를 옮긴 지 사 년.
처음에는 마을의 많은 것을 바꾸고 싶었고, 지금은 내가 영향을 미친 몇몇 마을의 변화에 대해 후회하고 있다. 살아보니 생각이 자꾸 변하고 진화한다. 점점 반성장론자에 가깝게 접근하는 나를 느낀다. 하지만 나는 일상적으로 내가 지향하는 생각과 일상의 편리가 각축하는 접점에 서 있다. 금년 여름에는 결국 에어컨을 설치했다.

나는 점점 마을의 대소사로부터 멀어지는 방향으로 가려고 하고, 마누라는 마을에서 우리밀 제빵교실과 요가수업을 하고 있다. 그것은 옳고 그름의 문제가 아니라 저절로 그렇게 되는 것이다. 우리는 마을 속에서 살아가기 때문이다.

매일 새롭다. 출근길의 나무 한 그루가 새롭고 온몸으로 느끼는 계절의 전환은 충격적이다. 예측은 가능하지만 확신할 수 없는 랜덤한 시나리오를 가진 영화 속에서 살아가는 조연배우가 된 기분이다. 늘 보았던 영화가 아니라 재미있다.

내일은 조금 더 행복해질 계획이다, 스스로.

시골에서 농사짓지 않고 사는 법
ⓒ 권산 2010

1판 1쇄 2010년 10월 6일
1판 2쇄 2010년 10월 29일

지은이 권산
펴낸이 김정순
기획편집 서민경
디자인 홍지숙
마케팅 한승일 임정진 박정우

펴낸곳 (주)북하우스 퍼블리셔스
출판등록 1997년 9월 23일 제406-2003-055호
주소 121-840 서울특별시 마포구 서교동 395-4 선진빌딩 4층
전자우편 editor@bookhouse.co.kr
홈페이지 www.bookhouse.co.kr
전화번호 02-3144-3123
팩스 02-3144-3121

ISBN 978-89-5605-482-7 03810

이 도서의 국립중앙도서관 출판시도서목록(CIP)은 e-CIP 홈페이지(http://www.nl.go.kr/ecip)에서
이용하실 수 있습니다. (CIP제어번호: CIP2010003412)